FATHER AND CHILD REUNION

Warren Farrell, ph.D.

ファーザー・アンド・チャイルド・リユニオン

共同親権と司法の男性差別

ワレン・ファレル：著

久米泰介：訳

社会評論社

ファーザー・アンド・チャイルド・リユニオン＊目次

第Ⅱ部　父親を家庭に戻す政治学

第六章…男性のＡＢＣの権利　165

本書の刊行に寄せて

福田雅章（一橋大学名誉教授　弁護士）

1．男女平等社会へ向けての大胆な問題提起

男のプライドとアイデンティティは、愛すべき家族のためにいかに多くの給料を家庭に運ぶかにかかっている。これは伝統的な父親役割から導かれる男の価値だ。でも、悲しいことに男が家族を愛するがゆえに頑張れば頑張るほど、男は外に出て家族から遊離しなければならず、家族との親密な愛情関係を失って情緒不安定になる。子どもは父親に対する飢えのなかで自己肯定感と共感性が育たない。著者はこれを男が「経済的子宮」になることで「父親の堂々巡りの矛盾」が生じたと言う。

たしかにこのような父親役割は産業化が進むなかで家族の生存を維持するためにはやむを得ないものだった。しかし現在は科学技術の進歩や女性の社会的進出等によって父親が「経済的子宮」のために、また危険な仕事や戦争のために家族と分離しなければならない必然性は著しく低いものになった。父親と母親両方が家族にいる選択肢を持てるようになった。それにもかかわらず未だに多くの父親は家族と愛情を紡ぎながら妻と共同して子どもの養育に当たるという、人間にとって本能的ともいえる幸せの機会を得られないでいる。父親解放のための社会的条件が整っているのに、男性に不利な性差別が厳然と残っている。本書はそのことがいかに社会に不利益をもたらし、なぜそうなっているのかを真正面から問うている。以下本書の概要を瞥見しよう。

2. 父親の養育者としての家庭への参入

著者は、女性が二〇世紀の終わりに男の独占していた職場への社会進出を勝ち取ったように、今度は母親が独占している職場である家庭養育環境へ父親が参入するという「静かな革命」の世紀に入ったと指摘する。前者が「強い声を張り上げた」人目を引くフェミニズム運動に支えられたのに対して、後者は、父親が、お金の稼ぎ手としてだけではなく子育てをする人として、保護者ではなく養育者（＝人間関係を築く人）として、そして母親に打ち勝つのではなく母親と協力して、家庭に愛の実践をもたらすための「静かな」マスキュリズム運動の一環として遂行されている。

それでは何が父親が家庭の養育環境に進出するのを妨げているのか。著者は克服すべき主たる要因として二つを挙げる：

第一に、フェミニズム運動によって獲得された中絶（abortion）、避妊（birth control）および育児（caring）といったリプロダクティブに関する女性の過剰な権利が法構造化され、体制のなかに強く存在していること。これに対する解決策として、本書は、女性の権利と男性の権利とのバランスが図られなければならず、特に養育に関しては母親と父親の権利の対立構造としてではなく、子どもの権利を中心に据えて、両者とも子どもに対して責務を負う者として位置づけられなければならない、と主張する。

第二に、伝統的に母親役割として観念されてきた自分の主要な仕事と主要なアイデンティティを父親によって奪われるという母親の無意識の恐怖、および離婚に遭遇した場合には、男を通しての保護が成就されないという失望と憎しみ、および古代ギリシャ神話のメーディアが「男に一番深く傷を負わせる方法として、息子と生きて二度と会えないようにした」ように「自分が蔑まれ捨てられた」ことに対する母親の復讐心。本書は、これに対する有効な解決策の一つとして、「完全に感謝されていると感じられるようになるまで（元）妻を尊重する」ことを挙げている。

3. 離婚後の共同養育者としての父親の参入

このような阻害要因を克服して、父親が母親と共同して子どもの養育者になる（あるいはなれる）意義、言い換えると「父親と子どものリユニオン」の意義は、父親と母親が離婚する場合に典型的に顕在化される。多くの場合子どもは母親と同居することになるが、家庭から「解雇」された別居親である父親の共同養育者としての機能（子どもとの人間関係を継続すること）が保障されなければならないからである。本書全体を通じてリユニオンに関するさまざまな局面のさまざまな問題について、著者の四〇年にわたって集積した情報と深い知識が縦横無尽に披露されている。とりわけ七章以下最終章にいたる離婚と共同養育に関する個別テーマ毎の叙述は圧巻である。いくつかを拾ってみよう：

たとえ親が離婚していても「夫婦は〝元〟になることができるが、親はできない。どんな家庭も両親が生きている限り二人親家庭である」という家族観に基づき、「離婚した両親、調停員、裁判所がまず最初に前提としなければならないことは、子どもたちは両方の親を必要としており——それが実現できるようにしよう」という「平等な育児がゴール」であると言う。父親は失敗を恐れない「男性スタイルのユニークな育児」を通して、「父親の世話が親密で継続的なとき、（子どもたちは）自分たちが将来なるであろう父親を好きになる。母親は父親からより注意を向けられたとき、もっと注意をひくために買い物をする必要はないことを知る。そして父親が家族の愛に投資すればするほど、家族の愛を受け取るために株式市場に投資する必要はないと感じるようになる。愛情が愛情を増やす」としてリユニオンの価値を高らかに宣言している。すべてがうまくいくわけではない。「養育費を払い、子どもと過ごす時間を否定される」父親、そうあたかも「代表なくして課税あり」の状態に置かれている父親はたくさんいる。このような子どもへの平等なアクセスを否定された男性に対しては、もし女性に男女雇用機会均等委員会があるならば、男性に「男女家庭機会均等委員会」があってもいいのではないかとし、これを通して養育費の第三者への供託といった大胆かつユニークな救済方法も提案されている。

4. 性差による役割分担の解消で「子どもは苦しみ」から救われるか？

以下、感想を述べさせてもらおう。著者ファレルは、一九七〇年代初期、「アメリカの子どもたちのほとんどが、あまりに母親と接しすぎ、あまりにわずかしか父親と接しないことで苦しめられている」というフェミニストの問題意識に共鳴して活動していた。フェミニズム運動が女性の利己的な権利に固執し、共同養育を否定して父親の育児参加を拒絶するようになったとき、父親と母親のバランスの必要性を求めるマスキュリズムの視点から父親の養育への参入を説くに至った。本書はまさにその集大成である。

ただ、ファレルの偉大さは、父親の共同養育への参入を単なる性役割の解消という視点からのみならず、より広い人間の本質や人権論と結びつけて考察することを示唆しているという点にある。ファレルは、本書の随所で、①父親と子どもとの間に愛し愛される人間関係が存在すること、および②親の権利ではなしに子どもの権利を中核に据えることの重要性を説いている。明言されていないのではっきりしないが、ここでのファレルの問題意識は「父親と母親のアンバランスが解消されたら、本当に『子どもの苦しみ』も解消されるのか」という点にあったように思われる。

5. ファレルの主張は新たな社会へ向けての第一歩

今子どもとのリユニオン（愛情のある人間関係）が切実に求められているのは父親だけではない。母親も学校の先生もそうであると筆者は考える。なんと多くの子どもが、家庭でも学校でも両親や先生や社会の願望や期待に沿うべく支配・管理され、居場所を奪われ、孤独と絶望の淵を彷徨い、自分の感情さえも捨てて演技していることか。ついには社会的に序列化され、選別（差異化）され、知的能力は高いが自己を殺して権力や組織の中で従順に生きる少数のエリートと多数の生命力を失った人たちが排出されている。両者とも他人のことを考える余裕はない。子どもがおとなの鏡だとするなら、日本社会全体が人間関係を喪失した社会になっていると言っても過言ではない。

もちろん日本とアメリカを同一視することはできないが、ファレルは、子どもの権利を尊重し、父親と子どもとの間に愛し愛される人間関係が構築されなければならないと説く。彼の説くところは、子どもが自らの尊厳と成長発達を実現するためには「愛情と幸福と理解のある環境」の保障が絶対に不可欠であるとする「子どもの権利条約」（条約前文）の理念とまったく同じである。条約の歴史的な意義は、この「愛情と幸福と理解のある環境」（＝愛されるべき地位）の保障の実現をおとなに委ねるのではなく、乳幼児をも含むすべての子どもが自ら実現できる権利として保障したという点にある。生命を維持し、孤独の不安から逃れるために動物が本能として有している愛着行動をも含めて、子どもの発する呼びかけに対して、親や先生に無条件で受容的に応答する義務を課し、自己肯定感と共感能力が醸成されるような人間関係をつくる権利として「意見表明権」（条約一二条）を保障したのである。このように子どもの権利の本質は、「理性的人間像」「人格的自律性」「合理性」「効率性」といった近代の最も根源的な価値からだけでは説明できない。同じことは、ファレルの言う「愛し愛される人間関係」にも言える。なぜなら究極の愛は自分の命をも捨てるという非理性的・非合理的な要素を含んでおり、本質的には近代の価値である理性や合理性から導かれるものではないと思われるから。

このように考えると、子どもの権利と「愛し愛される関係」を共同養育の中核的な内容として主張するファレルは、単に父親と母親の性的役割の解消だけではなく、近現代を構築している基本的な価値観を超える新たな社会へ向けての展望をも示唆しているように思えてならない。ファレルの共同養育論は、個の自律性を最優先する「理性的存在」という人間特性だけではなく、人は一人だけでは生きられないという「動物的・関係的存在」という特性をも承認する社会、すなわち「すべての人が自然や他者と共感し合いながら生きることのできる」新たな社会の樹立に向けての「静かな革命」の理論をも内包する先駆的な業績として高く評価されるものと、筆者は確信する。

本書の翻訳の労をとられた久米泰介氏は、日本におけるマスキュリズム運動の第一人者である。この運動が新しい人間観と人権運動と結びついてやがて同じ地平線上で花開くことを心から期待する。

日本語版への序文

ワレン・ファレル　Ph.D

『ファーザー・アンド・チャイルド・リユニオン』（Father and Child Reunion）の出版は私に強い喜びと悲しみを与えてくれた。

『ファーザー・アンド・チャイルド・リユニオン』を読んだあと、育児する父親になり、それによって愛情と使命感に心が開かれたと父親たちから声を聞くとき、それは私に大きな喜びを与えてくれる。

父親たちが離婚後に引き離された彼らの子どもの目に映る悲しみを見て胸が張り裂けそうだという声を聞くとき、それは私に強い悲しみをもたらす。

父親が彼にとって自然な養育のスタイル――活発に遊んだり、ルールの線引きを守らせたり、ゲームをしたり、ジョークを言ったりすること――が、子どもの感情知能、学業成績、モチベーション、そして約三〇の子供の発達面に重要であるという章を読んで養育に参加することをより動機付けられた話を聞くとき、それは大きな喜びになる。

母親が子供に父親の悪いところだけ聞かせているというEメールを父親から私が受け取り、そしてその子どもたちが鏡を見て父親に似た鼻や目を見ながら、半分の遺伝子を父親から受け継いでいるなら、父親が無責任な嘘つきと言い聞かせられているように自分もそうなることが運命付けられているのではないかと問うことになることを知っているため、それは深い悲しみを私にもたらす。

『ファーザー・アンド・チャイルド・リユニオン』の中の根拠を平等な養育時間をもたらすために母親と父親の裁判所での争いに使えるとき、その子どもの利益になるだけでなく、またその子どもたちの子どもの利益になることを知っているため、それは私に大きな喜びを与える。

過去の数年間で『少年の危機（The Boy Crisis）』（私の次に出すジョン・グレイとの共著の本）について調査してきた中で、いかに多くの命を使い捨てにされた兵士が父親との関係が無かったりわずかであったりしたことを見て、この世界中での暗示は私に大きな悲しみをもたらした。

私の新しい研究が『ファーザー・アンド・チャイルド・リユニオン』で述べたテーマ――父親と過ごす時間は父親からのお金よりも大切で、高葛藤の離婚下の子どもさえ両方の親が養育に参画していれば、良い影響を受けること――を補強する証拠を発見したとき、それは私に大きな喜びを与えてくれた。

世界規模の男子の危機の一〇の主たる要因の内、少年が父親に会うことができないことの要因が最も大きいことを発見し、次にそれがいかに多く起こっていることを見るとき、それは深い悲しみを私に与える。

私が世界中の父親たちが、私の世代の子どもたちがほとんど経験できなかったレベルで、買い物、料理、キャンプ、探求を子どもとしているのを見るとき、私に大きな喜びを与える。

父親たちが世界中の父親を奪われた自分の子どもを見て、諦めるとき、それは私に強い悲しみを与える。

母親たちと父親たちがマザーリング（母親の子育て）とファザーリング（父親の子育て）の抑制と均衡（check and balance）が子どもにとっていかに重要か学び、それを声に出し、組織を作り、父親たちと子どもたちのリユニオンのためにまた戦う政治家を選出するのを見るとき、それは私に強い喜びを与える。

私は『ファーザー・アンド・チャイルド・リユニオン』が、あなたに大きな喜びをもたらすことを望んでいる。

ワレン・ファレル ,Ph.D
カリフォルニア州
www.warrenfarrell.com

二〇一七年 七月一二日

イントロダクション

私が男性と女性の問題を研究してきた三〇年の、書籍を書くために使用してきた研究の中で、本書のために用いた研究以上に私の感情を動かすものはなかった。私はこの調査を父親は子どもにとって重要であるという感覚で始めたが、どのようなものとして重要なのかという考えはなかった。それは私が父親を奪われた子どもたちに会ったことがないからではない。私は、母親は〔子どもの〕実の父親（biological father）と再婚する気はないが、実の父親と一緒にいたいと願っている子どもたちのステップファーザー（義理の父親）――または準ステップファーザー――になるくらいには幸運だった。

私の友人でパートナーの女性であるリズは、この絵を一〇歳の娘アレックスから受け取った――アレックスの父親とリズが別れた七年後……。

ママへ
アレクサンドリア・ブランチャードより（訳者注：アレクサンドリアはアレックスの正式名）

アレックスが後に（妹のエレンと犬のシャンペンを含んだ）より完全な家族の絵を

描いたとき、彼女はまるで離婚しておらず仲の良かった家族が一度も損なわれていないかのように、生物学的な父親ジェフを再び絵に戻していた。家族に犬が加えられていたり、ハムスターや妹が引かれていたことは良くても、父親が引かれることは良くなかった。それはまるで、最初に並べられた一定数の位置があり、そしてもし彼女の父親が最初に並べられなかったら、彼はフィールドから消えることを要求されるようだ。現実では、ジェフは五〇〇マイル離れた所に住んでいた。より正確には、一つの現実としては彼は五〇〇マイル離れて住んでいる。別の現実では、彼は彼女の心にずっと存在していた。そしてこの現実は両方ともあまりに強力で弱いためアレックスは両方の現実を安定して認識することができなかった。この間、私の養父《ステップファーザー》としての視点から見て、アレックスはその昔の安定を強く、絶望的に保とうとしていた。その絵の中に私が入るには、ジャグリング（訳者注：juggling曲芸。二つ以上の事／ものを入れ替えつつ同時に行う比喩）する必要があった。アレックスはジャグリングをしてほしかったわけではなく、彼女はパパが欲しかった。それがアレックスの方だ……。

リズにはもう一人の娘がいた、エリンだ。エリンは時折、「私はもらわれた子よ！」と言って会話を遮った。リズとジェフはエリンが産まれたあとすぐに彼女を養子に迎えた。エリンは頭では生物学的母親（薬物問題の前科があり、多くの男性との間に子どもを作っていた）と一緒にいるよりもリズといることでずっと彼女の人生が良くなったことを知っていた。そうであっても、何年もの間、エリンが疲れたり、嫌になったり、悲しくなったとき、彼女は悪夢を見て生物学的母親を求めて泣き叫んだ。別の場面では、彼女は養子として自分を引き取った父親、ジェフを強く恋しがった。

それは、受容と安定を伝える初期の愛着関係が壊れたとき、まるで私たちの体の全ての細胞の膜が壊れるかのように、拒絶され捨てられることの恐怖が私たちの免疫システムに忍び込み汚染するかのように見える。私たちがそれを精神的な傷、ぽっかり空いた穴、飽くことなき飢えなどどう呼ぼうとも、現在、私たちは父親への飢えで深く傷ついた文化に住んでいる。父親がより重要だからではなく、父親がしばしば欠けているからである。

私はアレックスとエリンの経験と父親の重要性の研究の最初の下書きをジェフに送った。偶然にも、彼は最近の結婚が終局を迎え、キャリアの移行を熟考していた。ジェフはアレックスとエリンをより頻繁に訪問し始めていた。彼とリズは多くの基本的なことで意見が一致しなかったし、明確に養育のスタイルが異なっていたが、最終的に二人はリズの家を増築し彼はそこに移り、訪問者としてではなく、より父親として子どものそばにいられるようになった。

　父親と再び一緒にいるようになった数年以内に、アレックスとエリンは人材プログラムを通じた学校の特別援助や、家庭教師を通した自宅での特別援助を受けていた状態から、それ抜きでオールAの成績をとれるように変化した。ジェフのキャリアと人間関係の移行は半分の時間は家庭の外で過ごすことを意味していたが、アレックスとエリンは彼が帰ってきたと認識していた。彼女たちは安定した父親を得た。生物学的な母親を求めて泣くことは実質上なくなった。アレックスとエリンの学業成績と情緒安定は両方とも飛躍的に高まった。

　この父親に対する飢えはアメリカだけの現象ではない。ほぼ全ての先進国はそれを経験している。なぜだろう？　国が経済的に安定すればするほど、それは離婚を許す。離婚が増えるほど、多くの子どもが母親とだけ住むようになり、だから父親に対する飢えが増える。

　私の著作『男の不可解 女の不機嫌（Why men are the way they are）』と『男性権力の神話（myth of male power）』が他の言語で翻訳されて以降、この飢えを反映した先進国から手紙を受け取った。本書を私が書いている間、ある大学教授がドイツの『デア・シュピーゲル』（訳者注：ドイツで最も発行部数の多い雑誌）に載った父親を恋しがる絵を私に送ってくれた……。

　アレックスとエリンとの個人的な体験は、ほとんど毎日のように私の心に触れたが、しかし父親に会えていない子どもにとってどの経験が特異的でどの経験が普通なのかは知ることができなかった。例えば私が見ただけでもいかに父親のいない子どもが学校で苦しんでおり、そしてアレックスとエリンが学校で反抗するのを目の当たりにしたとき、私はリズとその子どもたちが膨大な地雷原を歩いていることに深い共感を感じ始めてきた。そしてステップファーザーである私の利益とときどき対立すると感じるにも関わらず、私はリズに子どもたちの生物学的父親を育児に関わらせるように励ます重要さを感じた。

　幸運にも、ある程度の移行は起きつつある。二一世紀は父親と子どものための二つの希望に満ちた兆候で始まった。まず、ハリス世論調査は父親の意識を引き出し、「若い男性は二〇代の間、家庭で過ごす時間のために高い収入を諦める傾向が若い女性よりも七パーセント多い傾向があった」(1)。男性全体の七〇％vs女性全体の六三％だ。収入を諦める。先例のない世代的な変化だ。

この世代的な変化はキャリアや子育ての新しい議論の形を必要とするだろう。近年では、子どもができて、キャリアに重点を置く女性が育児をするために休暇をとって「私のキャリアを諦める」と話したとき、犠牲を払ったとされる。未来では、子どもが計画的に作られ、子どもを愛する父親がフルタイムで働くことを期待されて「僕の子育てを諦めている」と話したとき、犠牲を払ったとされるだろう。

その過程の中で、夫婦の緊張は変わるだろう。ここ二五年間、夫婦はしばしばどちらがキャリアに重点を置くことを「得られるか」戦い続けてきた。次の二五年は、夫婦はどちらが二人の子どもたちと一緒にいることを「得られるか」戦い続けることになるだろう。

二〇世紀の最後の三〇年間の課題が働く人としての女性のための平等な機会を作ることについてだったように、二一世紀の最初の三〇年の課題は親としての男性のための平等な機会を作ることについてになるだろう。両方のゴールが達成されない限り、どちらのゴールも達成されないだろう。職場にいる女性よりも家庭にいる父親がより重要であるため、その受益者は子どもたちになるだろう。職場は女性から利益を得るが、その家庭は父親を必要とする。

二つ目の父親と子どもにとっての希望の兆しは、エリアン・ゴンザレスが彼の父親と父と子の再会（リユニオン）をしたことだ。それは自分たちのエリアンと再び会おうと戦っている何百万人の父親たちの象徴であった。

我々のエリアン・ゴンザレスの事件に対する反応は、私たちが辿り着かなくてはならない地点がいかに遠いかということを教えている。母親が溺死し、母方のアメリカ人の親戚が引き取ったニュースが流れた瞬間、最初の反応はその父親への疑いを反映していた。「エリアンはきっとその母方の親戚といるべきだ。たぶんお母さんは彼をよりましな国に連れてこようとしていたんだ、きっと虐待的で不適格で、子どもを愛していなかった父親から逃がそうとしていたんだろう」。つまり、私たちは、無罪が立証されるまで父親を容疑者の位置においた。

その父親は既にキューバで調査されており、法的親権をキューバで獲得していたが（強制力のなさで弱められていただけで）、米移民局（ＩＮＳ）が彼を調査した(2)。全ての指標が父親が愛情があると示していたとき、まだ広がっている見方は、彼女の命を子どものために犠牲にした母親と、子どもを取り戻したいに過ぎない父親の戦いの事例の一つというものであった。その母親が死んだとき、アメリカ人であるその母親の親戚たちは母親の願いを叶えるために、ましてや彼女の犠牲の名誉のためにエリアンを確保するために戦った。

しかしもし私たちが父親と母親を入れ替えたら、私たちの見方がどのように変わるか見てみよう。現実では、子どもをさらっていたのは母親とそのボーイフレンドだった。それが父親とそのガールフレンドだった場合、私たちは父親が命を犠牲にして子どものために良い環境を作ろうとしていたとみなすだろうか？　それとも、急に、我々の双眼鏡は法的親権を勝ち取っていた母親から子どもを一方的に奪った男やそのガールフレンドと見るだろうか？　児童誘拐犯として、彼らは一九八〇年連邦親による児童誘拐法（the Federal Parental Kidnapping Act of 1980）の対象になっただろう。その焦点は児童誘拐犯の自己犠牲ではなく、子どもが危険な目にあったことになるだろう。

一度主要な容疑がその父親よりも共謀者としての母方の親戚にかかると、エリアンのフロリダ州マイアミの引き取り人の四人には、近年に飲酒運転、重罪の窃盗、そして偽造の前科があることが見つかるまで二ヶ月もかからなかった。ラザロと兄のデルフィンには飲酒運転な有罪歴があった。別の親戚のジョース・シッドは、重罪窃盗、偽造、執行猶予での違反によって一三年の刑期が施行され始めると、エリアンに会いに来るのをやめてしまった。そしてジョースの双子の弟のルイスは、自身が強盗の裁判にかけられていたときもエリアンに会いに来た(3)。全てのこの親戚たちは、一つのことが共通していた。彼らはエリアンを実の父親と引き離すように支援していた。エリアンと父親を再び合わせようと支援したラザロの弟は、彼らによってエリアンに会えないようにされた。

この情報によって、窃盗、偽造、飲酒運転の前科がある者がエリアンをマイアミ中車で連れまわし、父親のことから気をそらすためにディズニーランドを使っているメディアに載っていた写真は、子どもを楽しませているのではなく、児童虐待として見られるようになった。

現実では、その父親は五ヶ月もメディアの見出しに載り、息子を返してほしいと懇願していた。しかし彼がアメリカ合衆国に到着するまで、ほとんど誰も彼の名前を知らなかった。請願が私たちを囲んでいてもその人の名前は見えないままであり、それは根強い偏見、父親が声をあげているときでさえ人として話を聞くことを妨げる偏見の証である(4)。母親が泣くイメージは私たちの心を悩ませ、胸を締め付けるだろう——私たちは彼女の請願と名前を覚えているだろう。距離は問題ではなかった。

私はエリアンを誘拐したのがその父親とガールフレンドで、エリアンはアメリカ人の親戚と一緒に住む方がよいかもしれないという人がいたら、私たちの反応は「それは問題をずらしている。法律は片方の親が子どもを誘拐することを許していない」でなかったかと疑問に思う。それが泣いている母親だったら、フェミニストたちや、アメリカ市民、キューバ市民は「エリアンをお家に返せ！」と一つの心になったのではないだろうか。私たちのその反射的な反応は、エリアンに、現在のマイアミの安定した環境があるからといって母親の元に帰るのを妨害されるべきではないという主張を議題にのせただろう。

簡単に言えば、もし母親から子どもが奪われた場合、私たちの同情的な精神はすぐに「母親と子どものリユニオン」をするための道を開こうとする。その代わりに、父親から子どもが奪われた場合、私たちの疑念に満ちた精神は刑期を受けている親戚を調べる前に親権を持つ父親を捜査し、父親と子どものリユニオンに障害を招く。

この本の挑戦は、だから二重になっている。第Ⅰ部では父親を無視するとき何を無視しているか私たちの理解を深めることで、それにより父親を家庭に再び戻す私たちの責任について深める。第Ⅱ部では、私たちの父親を育児に参加させる意識された願いと、その育児参加を弱めている私たちの無意識のあり方のギャップに立ち向かうよう挑戦している。

第Ⅰ部では、父親が去っていったり、母親が父親たちを関わらせないときの、何百万人のエリアンとその弟妹の心理的な代償を見ていく。いかに父親が彼らがしていることで子育てに貢献しているか、しばしばそれを知っていなくても。父親を家庭に再び連れてくる心理学と生物学。父親を近づけないまたは寄せ付けないことについての神話。父親になることの男性の内的な対立。家族に使い尽くされる恐怖。家族から切り離された財布になる恐怖。優しく触ることの恐怖。彼の触り方に対する非難への恐怖。彼の父親よりもよい父親になりたいこと。どうすればよいのかわからないこと……。

第Ⅰ部では母親だけと暮らす子どもvs父親だけと暮らす子ども、vs共同親権の取り決めvsステップペアレンティングの取り決めvs離婚していない家庭の概観を私たちに与える。第Ⅰ部ではシングルマザーに育てられた子どもよりも常にシングルファーザーに育てられた子どもの方がより状態が良い理由の新しい強い証拠を提供する。

しかしながらそれは、母親としての女性より父親としての男性の方が優れていると言っているわけではない。私たちはこれにたくさんの理由（収入、教育の差異など）があることを見ていくが、しかしその中で最も重要な事実はこの本で議論するような法的偏見、文化的偏見を克服してシングルファーザーになるタイプの男性は例外的に動機が強い傾向があるということだ。父親そのものと一緒にいることで子どもがよりよい状態になるのではなく、おそらく高いモチベーションを持つ親といることで良くなるのだろう。現在の育児をフルタイムでする父親は、二〇世紀半ばに社会的役割の圧力を克服してフルタイムのキャリア女性になったタイプの女性と同じだ。どちらも異性の同僚よりもモチベーションが強い。これらの女性がその男性の同僚と違ったように、だからシングルファーザーはその同僚のシングルマザーたちと違う。

　未だに多くの父親たちが、私が「経済的子宮」と呼ぶものを提供することで、家族を慈しんでいる。このプロセスは常に、父親が愛する家族から離れることで家族に愛情を示すことを意味する。この父親の堂々巡りの矛盾は、乳児の世話をしたい男性に苦痛を与える。そのため私たちはシングルファーザーになりたい男性を、平均的な父親――または平均的な「働く父親」と言うべきだろうか――に入れることができる歴史の地点にはまだいない。

　第Ⅰ部はまた、何が父母の揃った家庭を機能させているかいくつかの直感に反するような方法を見ていく。例えば、父母の揃った家庭システムの行動の中で作られる緊張は、国の二大政党制（または複数政党制）でつくられる緊張と同じであると仮定する。それは政党間の緊張がより国にバランスをもたらすように、両親の緊張はより子どもにバランスをもたらす。父親、母親、子どもの間の緊張さえ、国の立法、行政、司法のバランスの間の緊張のように働くと見ることができる。それら誰もが別々に動くよりも良い結果を生む権力の抑制と均衡を作り出す。

　皮肉にも、子どもたちはしばしば、離婚に導いたかもしれない母親と父親の違いによってまさに利益を受ける。その挑戦は、いかに離婚した人間が彼女や彼を離婚させたその特性を通して、ときに子どもに肯定的貢献ができるかを見ることである！

　第Ⅰ部の終わりに向けて、私はいかに、二〇世紀の最後の四半世紀で、それが父親の貢献の話になると、振り子はパパはなんでも知っているの時代からパパは性的虐待者の時代へ、世帯主としてのお父さんから養育費を払わないお父さんへ揺れてきたかを見る。

この――悪夢としてのお父さん――イメージはまさに父親が育児参加するインセンティブにはならない。そして調子よく整備された車のように、家族は、バランスがおかしい影響を燃料として補給したとき、プスプス音を立て始める。例えば、父親の育児参加の欠如は母親の子どもの過保護につながる。すぐに、過保護を肯定する理論はうんざりするほど多くなった。次に、その多くの理論は法律になった。そのような理論の一つは全てのことが「子どもの最善の利益」を軸にして回るべきというものだ。ある程度まで、それは正しい。しかし私たちがまた「母親の最善の利益」と「父親の最善の利益」を考えて子どもを育てないとき、私たちは子どもに自分自身の利益を中心にしか世界は回らないと認識する準備をさせてしまう。それはうまくいくだろうか。

第Ⅰ部では、私は、しばしば息子たちから人生の初めの一〇年間におけるポジティブな男性ロールモデルを奪ってしまう、母親が世帯主の家から女性によって運営される小学校までの移行が与える、子どもへの影響を見る。多くの人が男性の賞賛と男性アイデンティティを求めてギャングになるのは不思議なことだろうか?

第Ⅱ部では、政府が「訪問権（面会権）」の履行に払うお金一ドルに対して三万四〇〇〇万ドルが養育費の履行に使われていること、または男性の選択する権利を考慮することなく女性の選択する権利に焦点を当てることなどの、他のアンバランスによっていかにこの過剰な女性有利の不均衡が強化されるのか私は見ていく。もし私たちが平等に父親に育児参加してほしいなら、私たちは女性のリプロダクティブの権利と男性のリプロダクティブの責任について語るべきではない――私たちは両性のＡＢＣの権利と責任と私が呼ぶものについて平等に話すだろう。（責任よりも権利について話すのは、大人ではなく思春期である印である――あなたがガソリン代、保険代、修理代を払っているのにその車の権利を欲しがる人だ！）

私は現在の子どもの最善の利益の理論が、女性の中絶を選択する権利の法律と対立しているかどうか見ていくだろう。そしていずれにせよ、もしそれらが対立しているなら、その対立は権力の適切なバランスになる。そして胎児と母親に適切なバランスがあるならば、この構図の中に父親はどこにいるのだろう?

これらの多くの質問がある中で、個人的に愛着がある答えを私は持っていない。しかし私は対話を組立直すことを好み、だからそれはあるイデオロギーや別のイデオロギーに執着しない。だから誰もが含まれている、対立している理論はオープンに開かれる。歴史の今の時点において父親は忘れられた親だ。しかしもし父親がよい親になると推定されていたら、この本は『マザー・アンド・チャイルド・リユニオン』という題名になるだろう。

第Ⅱ部は鶏か卵が先かの相互作用になっている私たちの心理と社会の政策を見ていく。どのようにして私たちが過去に機能的だったものを未来で機能的なものに変えることができるか見ていく。変化の青写真は具体的だ。男性のＡＢＣの権利と責任から平等な育児機会の八分円まで。それはなぜ二一世紀において父親を母親の平等なパートナーにすることが、二〇世紀の間職場において女性を男性と平等なパートナーにしてきたことよりも、複雑な挑戦であるかを明らかにするだろう。

私たちが、母親が選んだ者によって生物学的父親を置き換える法律をまだ通していることを一つの理由として、父親と母親を平等にする挑戦はより複雑になるだろう。例えば、二〇〇〇年、子どもの生物学的母親が死亡したあと、ペンシルベニア州の最高裁判所は、生物学的父親が善良な男性で子どもに愛情があり子どもを育てたがっていると判断していたが、ステップファーザーがその子どもといることができるような判決をくだした(5)。その息子は自分が父親になるとき、彼の自然権は妻の気まぐれで止められることを知っているだろう。

その結果？　私たちはいかなる動物も人間も自分たちが愛するものが他の誰かの気まぐれで失われることを知っていたら、情緒的に参加できないことを探求するだろう。私たちは、もし父親が、ある日恋に落ちた別の女性をその子どもの新しい母親に選択できるなら、母親が感情を子どもに注ぐとは予想しない。次に、家畜化された犬が子犬に餌を与える必要がなく、子犬がどこかへ連れて行かれうることがわかっているときいかに養育本能を遠ざけられるのか、それと同じ方法で父親の養育本能をいかに疎外しているかを見るだろう。より詳しくは後にしよう。

もしあなたが第Ⅱ部を自分が「政治に関わらない」から関係ないと思うなら、あなた自身に立ち向かうように私はお願いする。私たちが生きている以上、私たちは政治に関係がある。政治はギリシャ語の人々を意味するpolisに由来している。私たちが一人でいるときでさえ、私たちは人々のことを考え、人々が私たちについて考えていることを考える。私たちが我々のパパたちをよりポジティブに見るとき、父親の愛情と関心を引く私たち自身の価値をよりポジティブに見るようになり、私たちはどのような方法で父親を家族に入れたくて、だからどのような方法で職場に入れたくて、だからその両方を管理する法律がほしいか私たちは見方を変え始める。

私たちの財布としての父親の扱いは固定されたものではない。それは産業化以降拡大されてきた見方だ。しかしながら、それは現在では至る所に見られる。例えば、本書の最初の原稿を読んだ女性の友人は電話をかけてきて言った。「信じられないかもしれないけど。私があなたの原稿を読み終えたとき、くつろぐ必要があったから、『ジェパディ（Jeopardy）』（訳者注：アメリカのクイズ番組）にチャンネルを合わせたの。〝アンサー〟のカードは〝一年で電話が一番なる日〟という文章だった。クエスチョンは〝母の日とはどのような日でしょう?〟だった。次の〝アンサー〟カードは〝一年で一番着信先払いの電話が鳴る日〟だった。クエスチョンは〝父の日とはどんな日でしょう?〟だったわ。だから財布としての父親の危機についてのあなたの本から逃れて休もうとしたのに、財布としての父親のクイズ番組に出会うだけだったわ！」

静かなる革命

二〇世紀の最後の二〇年の中で最大の人口統計の変化の一つは、父親が世帯主のシングルペアレントの割合が一〇%から一九%まで増加したことだ。シングルファーザーの割合はおよそ二倍になっている！(6) 音も激しさもなく。母親が家庭の外に出るのはニュースの見出しになる革命であった。父親が家庭の中に入るのは静かなる革命だった。

この傾向は、インターネットの参入が二一世紀型産業になっていくように、父親の参入が二一世紀型家族になっていく地点まで続いていくだろう。父親たちは、家族に再入場する革命の初期にいる、今回はお金の稼ぎ手としてだけでなく、子育てをする人として。〔家族の外敵に対する〕人殺し＝保護者ではなく養育者＝コネクターとして。母親に打ち勝つのではなく、母親と協力して。

私たちはひょっとすると近代の歴史の中で最も多様な政治的（半政治的）運動（半運動）の公分母を見ることで、その心理学的政治的勢いを探ることができるかもしれない。胎児段階の男性運動だ。

この男性運動は多様性をはらんでいる。森の中のニューウォーリアーズ（The New Warriors）から法廷での父親たちまで。大部分が白人の再生派キリスト教のプロミス・キーパーズ(7)からアフリカ系（黒人）アメリカ人の百万人大行進（Million Man March:1995, Washington D.C.）まで。フェミニズムを建設的に見る男性から破壊的なものとして見る男性まで。しかし全ての運動は一つのゴールを持っている。二〇世紀に女性を職場へ入れる準備をしたように、二一世紀に父親を家族に再入させるための準備をすることだ。

多くの人がロバート・ブライと彼の本『アイロン・ジョン（Iron John）』を連想するニューウォーリアーズは、男性を新しい世界――それは父親の傷を理解するための彼の感情だ――の戦士になるように準備させる。それは父親と十分でないつながりしかないため感じる空虚感だ。それは男性を自分自身の子どもたちとの関係を変えるようにインスパイアする。もし彼がどのように話を聞くか学ぶために森の中に戻るなら、それはどのように話すか教える世界から撤退することである。そしてもし太鼓を叩いて自己の感情に触れることを体験するなら、それは自分には触れる感情があることを知る体験になる。それぞれのステップはその男性、その父親を深める。

その男性運動のフェミニストの部分は、男性に平等に育児の責任をとらなければ男女平等主義者（イーガリタリアン）になれないと伝えることで男性を家族に参加させる準備をしようとする。それは男性を女性の必要性と女性のエンパワーメントへの男性の役割に敏感にさせる。それは彼に娘が選択肢を追求することを支援し、彼の息子が結婚する女性を支えるように教育する。

プロミス・キーパーズ――クリスチャン男性運動――は家族との契約を守るように男性を組織する。グループでは毎週、男性はこれを達成する障害に立ち向かい、彼らの感情と恐怖を話し合い、神に助けを祈る。プロミス・キーパーズは男性が一家の大黒柱という伝統的家族役割を担うように男性をサポートするが、しかし伝統的でないやり方で人の援助と神の導きを求める。同じくミリオン・マン・マーチの中のアフリカ系（黒人）アメリカ人の男性たちは同じ約束を家族としている。プロミス・キーパーズのように、彼らは人のコミュニティーや神の導きを得るために教会に行く――それはしばしば彼らを薬物、アルコール、法律違反から離れるように支援する。

男性運動には別の分野がまだある——父親と子どもの権利の分野だ。責任だけでなく権利のこともまた話すため、それ自体は他の運動と異なる。父親の権利だけでなく、子どもが父親を持つ権利だ——財布としてではなく父親として、訪問者としてではなく親として。

私たちが見ていく父親権利団体は、実際は女性の権利団体が女性の権利団体であるのと同じあり方で父親権利団体であるわけではない。父親の権利団体が闘っている「権利」は子どもへの権利よりも子どものための責任である。その反対に、女性の権利団体が戦うのは子どものための責任ではあまりなく、より収入のためである。（中絶の権利は家庭参加と責任を減らす、三つのCの権利：育児（child care）キャリア（career）避妊（contraception）と同じく。女性の権利団体は職場での女性の責任を増やすことに焦点を当てている。）

私たちはこれらの父親の権利団体が何かを達成するとどのようにして予測できるだろう？　リトマス紙はこれだ。主要な運動や革命の大部分は、三つのことを共通して持っている。大人数が経済的な損害と感情的な拒絶を同時に経験すること。女性運動の触媒は、大人数の女性が同時に不平等な賃金の経済的損害と離婚の感情的拒絶を経験したことだ。公民権運動では、不平等な機会による経済的損害と「バスの後部座席に座れ」という感情的拒絶がそれだった。

父親の権利団体もまた革命になるこれらの二つの前提条件を経験している。離婚は多くの父親に経済的な損害を与え（慰謝料、養育費、彼が住んでいない家のローン……）、感情的拒絶に関してはその二倍を感じる。妻と子ども両方の喪失だ。

法律が大人数の父親に同時に、母親と同じくらいしか会うことができない子どものためによりお金を払うことを要求すれば、父親は〝代表なくして課税あり〟の形を経験する——アメリカの独立運動を導いた同じ基本的な不公平だ。父親の場合、経済的損害と感情的拒絶は法的な不公平の文脈でつながっている。その法律はいつも保護本能を行使する男性の方法であった——この場合子どもに対しての。そのため、私たちは男性運動の父親の権利と子どもの権利の部分に同時に燃料を注ぐ五つの強力な力を持つ。大きな人数、経済的損害、感情的拒絶、法律の不公平、保護本能だ。

ではなぜ父親運動は実際それよりも強力ではないのだろうか？　なぜならそれは他の運動が面したことのない主たる相殺する勢力と向き合っているからだ。女性を保護し、彼女たちと戦いたくないという男性の（特に既婚の子どもがいる男性の）性癖。女性運動の政治的力（部分的には女性と戦うよりも保護したいという男性の性癖によって作り出されている！）。家族を経済的に支えるように、しかし家族に情緒的には参加しないようにする男性の生物学と社会化。他者を守るために戦い――泣き虫、意気地なし、気難しい奴、赤ん坊と呼ばれるといけないため――彼ら自身を守るために戦わないようにする男性の生物学と社会化だ。

通常は政治運動を作り出すその勢力は、政治運動を妨げる勢力と緊張関係にある。これらの勢力は女性と男性に特有である。

しかし男女問題独特の反対勢力は父親運動のポテンシャルを強める。父親が失うとき、その家族も失う。その家族に女性も含まれている以上、多くの女性が父親と子どものリユニオンをますます擁護している。セカンドワイフの組織（訳者注：離婚した男性が次に結婚した女性の組織）が登場し、多くの親たち、子ども、兄弟姉妹が、自分たちの息子や、父親または兄弟が愛していた子どもを失った悲劇に深く心を動かされている(8)。

性別の戦いの勝者に見える多くの女性たちは、どちらかの性別が勝つとき、両性が負けることを認識してきている。

声をあげるべきことを言ったために頭がおかしい、怒っている、気難しいとして退けられる男性の恐怖は、何百万人の父親の人生の経験を私たちが理解し損なうことにつながる。しかし彼らを無視することは、彼らに力をつけ主要な運動を発達させることを余儀なくさせる、一面的なイデオロギー、反官僚主義、感情的な抑圧を目に見える力に変えてきた他のあらゆる集団と協力しない精神を伴う。その平等を実現する過程で、これらの男性は浪費され、多くの子どもたちが傷つけられ、新たな歪んだ愛の形を次世代に与えるだろう。もし私たちがこれらの男性の声を聞けば、私たちは彼らの子どもたちに父親を与える。

女性と対立することへの男性の恐怖は、女性の怒りの恐怖のために多くの男性の感情を麻痺状態にしてきた。なので、まず父親について話すことから始めよう……。

主に父親へのメッセージ……

怒り。「なぜ彼女はそんなに怒ってるんだ？　彼女はまるで映画『ファースト・ワイフ・クラブ』に出てくる〝女性を軽く見ることは地獄よりも恐ろしい〟女みたいだ」。

多くの父親は彼らの前の妻がそこまで怒っていることに驚く。彼らはノーマン・メイラーを言い換えて「君は裁判所で彼女に会うまで自分の妻のことを知ることは決してできない」とジョークにする。この怒りが何についてなのか、そして彼らがコミュニケーションをとってもとらなくても感情が非難されることを知らなければ、その父親は残された方法は法手続きしかないと感じる。元妻の怒りの一部は彼の人格に関するものかもしれないが、より深いところにしばしば続いていることを知ることは父親を助けることができる。

多くの父親は元妻が自立を主張するのを聞き、次の瞬間にお金を要求することに不満を感じる。彼の視点からすると、これは自立ではなく、特典と依存の願望を反映している。父親はお金目当てで結婚しない女性が、子どもにとって最高の保護者と結婚していないことを意味していた何百万年を思い起こすとき、この矛盾をより理解することができる。

ときどき彼はこの夢を妻の悪が原因であると考える。しかし、男性を通した保護を求めることは母親業に非常に機能的であったため、大部分の女性は連れ去られる（swept away）夢を持って育ってきた。それは女性の精神に深く織り込まれたように彼女が経済的に助けを誓願しあなたの弱さにする、あなたの若く美しい女性とセックスしたいという夢と同じように。〝連れ去られたい〟という願望は解放以前の夢ではないのか？　そう言うのは難しい。二〇〇〇年放送のフォックステレビの特別番組「億万長者と結婚したいのは誰？」を覚えているだろうか？　匿名の億万長者と結婚したいと電話をかけてきた女性があまりに多かったためフォックス局のパソコンはパンクした。

女性と男性の夢両方はパンケーキからシロップをなくすことくらい難しい。両方の夢はシロップがパンケーキに作用し歪めるように心に作用して歪める。

ポイントはこうだ。あなたの元配偶者の心理にその夢が横たわっていればいるほど、離婚は連れ去られる夢が連れ去られたことを意味する。そしてそれはあなたの人格には関係がない。

女性と男性は別の並立したノイローゼを抱えている。あなたは道を聞きたがらない男性（道に迷ったことを否定しながら？）にいかに女性が怒るか知っている。ええ、女性は似たような否定の分野を持っている。「億万長者と結婚したいのは誰？」の番組の五人の決勝戦出場者は全員その男性と結婚したい理由にお金は関係ないと誓った（お金を持っていること以外彼女たちは彼のことを何も知らない）。だからもしあなたの前の妻がお金持ちに連れ去られることを望んでいたとしても、彼女がこれを認めて満足することは期待しない方がよい。

もし離婚が（〝連れ去られる〟夢が連れ去られた）彼女の最初の悪夢を作り出すなら、二つ目の悪夢は離婚後の彼女の将来を見積もるときだ。それは彼女の見込みを再び連れ去る。彼女は鏡に映し出された四〇歳に見える顔を見る。その外見が悪くなっているのは男性も同じだが、それはあまり観察できず、男性は一人の四〇歳と二人の二〇歳の女性を交換する。彼女は使い捨てられたと感じる。

彼女の〝連れ去られる〟夢が連れ去られたとき、彼女の使い捨てられる恐怖は、自分を使い捨てたと感じるその夫を使い捨てたくさせる。その恐怖から出てくる怒りは映画『ファースト・ワイフ・クラブ』への女性の反応に最もよく表されている——その映画は女性が元夫の生活を破綻させるため力を合わせるクリエイティブなやり方で人気を集めた——それに値するように彼らは全員描写されていた。公開の第一週目で、女性の映画ファンの全体の半分がその映画を選択した、他の全ての映画の中で。あなたの前の妻の使い捨てられることの恐怖と、そこから出てくる怒りは、だからあなたの人格と何の関係もない。

彼女があなたに怒っているのは部分的には、あなたが彼女の希望であり、そして希望が失望させられたからである。彼女の失望があなたに対してなのかそれに対してなのかは容易に混同されうる。

もしあなたが彼女の失望を個人的に受け取るなら、あなたたち二人ともが防衛的になるだろう。防衛的になることは弁護士たちがプールを自宅に作るエネルギーになる。防衛さは柔軟さの敵であり、柔軟さの欠如はあなたの子どもにとって最大の路上障害物になる。あなたの子どものもとへ戻る道は、あなたの元配偶者の心理的な家族を維持することから始まる。たとえあなたが離婚したとしても、彼女のチームにいることは可能だ。

あなたが彼女に価値を置いていることを話し合う

子どもの母親と膠着状態になっている大部分の父親は、自分たちが元妻のことをよく知り評価していると考えているが、もし私がその元妻に同意するか聞けば、彼女たちは笑うだろう。誰が厳密に正しいかは大して関係ない。コミュニケーションの視点からすると、もしその母親が耳にしていなければ、それは起こっていない。私は元妻たちの方がこれにより優れていると言っているわけではない。上記で言及された理由により、彼女たちはそうではない。しかし現在私が話しているのは父親たちに対してである。そして私が発見したことは、あなたが元妻に価値を感じ続けているとき、彼女があなたに価値を感じることを拒むことが難しいということだ。

これ（彼女への価値の表明）を最もよくできる父親は、小さいことでも特定の感謝を探すのが得意である人だ。「子どもは君が連れていってくれる映画が本当に好きだと言ってるよ」。大部分の父親は、皮肉の点からそれを考え、「君が一番の母親だよ」という最高の発言か、「君は良い母親だ」という絶対的な発言に一掃されるため、感謝しない。彼らはそのように感じず、嘘もつきたくないため、何も言わない。他の父親は裁判で利用されるかもしれないことを言うことを恐れる。しかし「子どもはあなたが連れて行った映画が本当に好きだと言ってる」という具体的な発言は悪い面を作るわけではない、豊富な善意の良い面であなたを納得させる。それに加えて、あなたの元妻はその言葉を実際に耳にする。

またあなたが子どもの母親から学んだ特定で小さなことに注目してほしい（「サラは君が毎朝彼女の髪をとかしていると言っていた。僕はサラは自分でできると思っていたけど、一度とかしてみたらサラはより安心をしていることに気付いたよ」）。

たとえ小さくても彼女が育み深めようとしていることを探してほしい（「子どもが自分でできるように、僕が宿題の答えを教えなかったことを子どもに伝えてくれてありがとう」）。その感謝がいわれのないものではないことを彼女に経験させるような文脈も見てほしい。

一つの特定の肯定的な感謝の見過ごされている源は、批判の悪い面を検証することだ。あなたは妻が連れて行った映画に子どもを連れて行きたかったかもしれないが、「なんだよ、僕が子どもを連れて行こうとしてた映画なのに」と言う代わりに「子どもは君が連れて行った映画がとても好きになったと言ってたよ」と言ったほうがよい。ほとんど全ての批判は見つけることはできない賛辞を隠している。

多くのパパは、それを昔の否定的な態度と比べる。例えば、もし彼女が以前よりも三者面談の情報を彼に知らせてくれたら、「以前までのように僕に知らせないのをやめてくれて、どうもありがとう」と彼は言うかもしれない。彼は賛辞と見るが、彼女は批判と見る。なぜ？　なぜなら文章の「やめてくれてありがとう」を除くあらゆる言葉は、彼女が間違ったことをしたことに関してだからだ。今度はこう言ってみよう「知らせてくれたおかげでスケジュールを組み直すことができたよ、ありがとう」。今度は全ての言葉が彼女が正しいことをなぜやったかに関してである。

ポジティブなところに注目していると感じる多くの父親は、元妻がそれをそのように見ないことに未だ不満を持つ。時々はそれは彼らの元妻に問題があるが、確定する前に確認してみよう。「今回は僕を三者面談に誘ってくれてありがとう」だったらどうだろう？　あなたの元妻は間違いなく「今回は」を聞くだろう。彼女にとってそれは皮肉なジョークだ。彼女は「僕を三者面談に誘ってくれてありがとう」の方を好むだろう。

あまりに微妙で細かく特定なことだろうか？　もしあなたがセールスをやったりコメディを演じたりしたことがあるなら、いかに言葉やトーン、一定の間でさえ敵を味方に変えることができるか知っているだろう。多くの男性はこれらの営業の特性にとても技能があるが、しかし自分たちが拒絶されたと感じる女性に対応するとき、彼らの技能は消え去る。

私たちの元妻の心は彼女たちが完全に感謝されていると感じるとき完全に開かれる。この尊重があれば、元妻は元夫を好きになる。

子どもは単なる子どもではない

離婚になったとき、男性の最大の恐れは情緒的不安定だ。女性の最大の恐れは経済的不安定だ。

離婚の取り決めは経済的不安定の恐れを彼女からあなたに移行させるかもしれないが、離婚の初期の段階は男女両性の不安定を拡大するため、一部の女性は自分の雇用の保障を一つの理由に子どもをほしがるかもしれない。あなたの仕事が彼女の収入になっていたレベルと、その収入を作るための彼女の貢献が育児であったレベルは、あなたが子どもをとることがあなたが彼女の仕事をとるレベルになる。あなたが前の妻と子どもをめぐって戦うとき、あなたが自分の仕事をめぐって誰かと争うときに感じるのと同じように彼女は感じるかもしれない。これは伝統的な女性にとっては特に真実である。そしてあなたが経済的に成功していれば、特に真実になる（あなたがより収入が高ければ高いほど、彼女の〝仕事〟は良くなる）。

では次に、彼女に自分の経済力をつけるように援助することで、経済的不安を減らすことを助けることを考えてみてほしい。その女性が自分の経済力の上昇を、娘が良いロールモデルを持つことを助ける方法として認識するとき、このアプローチが最も上手くいくと私は見る。それはしばしば自己実現のためよりも主に収入を得るために教育に励むことを彼女に説得させる。彼女は自分自身の経済力を良い母親である要素の一つとして見る必要がある。そしてそれは良い母親である、なぜならそれはあなたが父親としてより育児参加することを自由にし、あなたがより育児参加することが、良い母親になることの一部になるためだ。

しかし、このアプローチは、彼女があなたをまだ彼女のチームにいると感じない限り、うまくいくことはないだろうことを私は保証する。

女性は経済的恐れが減少したときのみ、あなたの重要性を子どもに聞かせることができる傾向が強い。私が、あなたの子どもに対するあなたの「権利」と言っていないことに気付いてほしい。あなたの元妻は、あなたの権利よりもあなたの子どもの必要性に、より関心がありがちだ。もしあなたがそれについて私と同意見なら、では彼女にそのようにそれを表現すべきである。

父親の貢献を主張しよう、しかし母親の貢献も含めるのを忘れずに

女性が彼女たちの価値観（育児休暇、セクシャルハラスメント、ジェンダーセンシティブ）を職場に持ってくる責任を負ったように、男性は私たちの価値観を家庭に持ってくる責任を負わなくてはならない。

あなたの元妻に子どもへのあなたの貢献の価値観を紹介することは、彼女の貢献を合体させる例を含む。もしあなたがひょっとしてリスクをとることを励ますことであなたの価値観を子どもに伝えているなら、あなたは安全にさせようと励ます女性の子どもに対する価値観についてもまた議論することになるだろう。もしあなたの息子や娘が木に登り、あなたの元妻が「そんなことしちゃだめよ、危ないでしょ」と言う傾向があるとき、子どもの安全性への女性の注意深さは彼女の貢献であることをまず認めてほしい。そうすればより彼女はあなたの貢献に耳を貸すようになるだろう。子どもが落ちて骨を折ることは、過保護にされた――いかに人生に立ち向かうかを教えられていない――子どもよりも傷が浅いというあなたの経験から来るリスクをとる貢献を。一度彼女が、あなたが子どもの安全に注意深いことを確証すれば、彼女は保護のし過ぎは凡庸さを育み、子どもの凡庸さを作ることは危険につながることに耳を傾けることができるかもしれない。

彼女の貢献に気を配ることは、あなたの元妻が、母親と父親の均衡がまさしく子どものための最善の結果を生み出すことを理解することに心を開かせる。（あなた達二人からインプットされたことが自己防衛とリスクのバランスを子どもがとることを助ける――どちらかが欠けるとバランスに欠けた子どもになるだろう）。もしあなたが、なれる限りの最高の母親であろうとしている彼女の意図をわかっていることを伝えれば、良い母親になることは父親を可能な限り子育てに参加させることもまた意味することを、より率直に彼女は聞くことができるだろう。

主に母親へのメッセージ

もしあなたが本書を読んでいる母親なら、あなたは元夫の子どもへの〝突然の関心〟を疑うかもしれない。もし彼が〝そこまで関心があったなら〟、なぜ結婚していた間にそれをもっと表さなかったのだろう？　あなたは彼の本当の関心は養育費の支払いを減らしたり無くしたりすることではないかと疑うかもしれない。ほとんどの男性がそれをはっきり表現できなかった理由はこうだ。

あなたがその子どもに身体的な子宮を提供してきたのと同じように、あなたの夫もおそらくその子どもの経済的子宮の大部分を提供してきた。しかし、私たちが議論してきたように、収入を供給することはまた「父親の堂々巡りの矛盾」（家族を愛するためにすることが、家族の愛から彼を切り離す）を生み出す。彼にとって、そこには暗黙の取引がある。彼は経済的保障を与え、情緒的保障を受け取る。離婚はこれを危険にさせる。

ときどき離婚は男性に、彼を憎んでいると感じている妻と自分に敵対したと感じている子どもたちのために、労働時間を超えて働くように要求しているように感じる。これはまさに彼にお金を稼ぐように促さない。

そして男性はしばしば離婚を妻の愛情を彼から奪うだけでなく、また彼の子どもたちの愛情も危険にさらすものとして経験する。彼は突然はかりしれない〝愛の空虚〟を感じる。あなたと同じように、彼にはあまり意識していないが夢があった。その男性の夢は彼がお金を稼げば、彼は愛情を得られるだろうというものだ。彼は無意識に、お金を稼いで提供するという約束を彼が守るなら、あなたが彼に愛情を与えるという約束を守ってくれると信じていた。（だから、全国規模のキリスト教徒の男性団体であるプロミス・キーパーズは、お金を稼ぐことを約束し、愛情を与え、受け取ることを希望している）。

離婚は彼の無意識の夢――お金で養うことで愛情を受ける――が一掃されることを恐れさせる。彼の苦しみは部分的には彼がまだあなたのためにお金を生み出す必要があると感じることから来ている。あなたはもう彼に愛情を与えることを求められることはない。料理も。掃除も。またはあなたのキャリアで稼いだお金を彼の口座に入れる必要もない。彼は自分が稼いだ全てのものが、あなたと一緒に築いたという理論の下で半分はあなたのものなのに、同じくパートナーとしてあなたと一緒に作り上げた子どもたちが半分彼のものではないことに苦しみを感じるだろう。

　離婚後の喪失感は多くの男性にとって（本能レベルで）主な働く目的は仕事ではなく愛情であるというその発見の媒体になる。彼があなたをもはや失ったと感じるとき、彼を愛し必要とするその唯一の人は彼の子どもであることを発見する。愛され必要とされることは人間の精神にとって致命的である。

　私は〝致命的〟というその言葉を文字通りの意味で使っている。私が男女両方の人たちに取り組んできた三〇年間の中で、私は自殺におよんだ人たちの間で四つの共通点を継続して発見した。愛されていない感情、必要とされていない感情、それを変えることに対する絶望感、これらの気持ちを吐き出すことに対する不安の感情。これらのどれがあなたの前の夫にあてはまらないか考えてほしい。

　これらの共通点はますます増加して男性側に見つかる。自殺のリスクは近年では男性だけが上昇している——女性の自殺リスクの四倍からおよそ五倍以上に(9)。そして離婚は男性の自殺リスクをさらに増加させる、離婚した女性の自殺の一〇倍以上に(10)。離婚はあなたのリスクを増やさない。離婚して、彼に感情を抑えるように教えてきた環境で生きる男性を想像してみてほしい。オーストラリアはそのような環境だ。もし彼が感情を抑圧する男性なら、彼の自殺する可能性はさらに上がる。そのためオーストラリアでは、別居や離婚した男性は、別居や離婚した女性の一三倍の比率でより自殺する(11)。

　これはもしかするとあなたの前の夫の弱さのほんの一欠片かもしれない。もし元夫があなたとの子どもを巡って戦って、敗北した場合、最終的にその状況のアメリカ人男性が、妻より約一五倍自殺しやすい傾向があることが発見されることを私は予測する。もし彼があなたをDVしていたという虚偽の訴えをされたと感じる場合、約二〇倍になる。もし彼が児童への性的虐待で虚偽で訴えられたと感じてきた場合、約三〇倍になる。私が「私は予測する」と言ったのは、なぜなら誰もこれらの研究に十分に資金を与えるほどケアしてきていないからだ。しかし感覚的に理解できると思う。

　女性にとって、離婚と別居が女性の自殺リスクを全く高めないため(12)、これを理解するのは難しいかもしれない。なぜ高めないのだろう？　女性はより子どもを持てる傾向がある——彼女たちを愛し必要とする誰か。（愛され必要とされている人々が滅多に自殺しないことを覚えているだろうか？）そして女性たちは支援制度を発達させた。女性の伝統的な支援制度は女性が弱くなるようにサポートする。男性の伝統的支援制度は男性が弱くならないようにサポートする。

これはパラドックスを作り出す。男性が傷つくことがないようにするそのサポートは男性をより傷つけられやすくし、女性を傷つけられやすくするそのサポートは女性を強くする。それはいかに女性の強さが彼女たちの外見上の弱さで、男性の弱さが外見上の強さであるかの単なる一つの例である。

例えば、男性のサポートシステムの最も原型であるものを見てみよう――アメリカンフットボールチーム、チアリーダー、家族だ。チアリーダーが「ファースト・ダウン・テン、もう一度！」と言うとき、彼女は「あなたの感情に触れて、もう一度」と言っていない。コーチも言っていない。またはスタンドで応援している彼の両親も。私たち全員は無意識に「脳震盪のリスクをもう一度とらせる」ように彼をサポートしている――タフにもう一度なるために。もしタッチダウンで得点する代わりに、彼が自分の感情に触れて、脳震盪を避けるためにチームポジションを辞退したら、そのチアリーダーは「来週も私はあなたを応援するわ――フットボールをしているときにあなたがいかに素直で傷つきやすいか気付いたわ」と言うことはない。ええ、来週も彼女は応援する。しかし彼の代わりの人をだ。

弱さの感情を表現することは女性に愛情をもたらし男性に拒絶をもたらす。だから男性のサポートシステムは男性が弱くならないようにサポートする。その結果？

一部の男性の、自分の妻に愛情の深さ――だからその愛が崩壊したとき彼らは傷つく――を表現する能力の無さは、多くの女性に、いかにその妻と子どもを失ったことが合わさるとしばしば彼を自殺させるのかわからなくさせる。だから離婚がしばしばパパを彼の子どもに〝急に気付かせる〟――不誠実な反応としてというよりも、致命的な反応として。

この〝急に気付く〟のは単なる理論ではない。親権を持つ父親の八七％は、実際に離婚前よりも多くの時間を子どもと過ごしている（彼らの大半がまたより長時間働き、子どもに会うために一時間以上運転しなくてはいけなくても）。再び離婚後の女性の経験とは異なる。親権のある母親は子どもと過ごす時間は短くなる（多くの母親が働く負荷を増やすため）[13]。

多くの母親は私に異なる質問をしてくる、これはより感情的なものだ。「もし私の元夫がそんなに子どものことを思っているなら、なぜ彼は新たな若い女性に夢中になっているように見えるの？　もし私が新しい、若い魅力的な男性を探そうとしていないなら、なぜあの人は新しい、若い魅力的な女性を探そうとするの？」　なぜだろう？　確かに一つの原因は性的な魅力だろう、そして一つの原因は男性は魅力的な女性を通して、女性たちが女性の友人から得ているものを得ているからだ。情緒的サポートだ。

多くの女性は、情緒的サポートを最大限に生むストーリーラインを作り出すまで、結婚体験を女性の友人と共有し、元夫とのつながりを切る。男性はより新しい愛する女性を見つけることで傷を舐めようとしがちだ。しかし彼らはしばしばこれに代金を支払う。それをしたがる女性はしばしば依存的であり、普通は若いこと、彼の経済的保障を見返りに必要としていることを意味する。両性はサポートを探すことによって回復しているが、それぞれ異なる方法でそれをやる。

女性のやり方の良い面は新たな扶養家族を持たないことだ。悪い面は元夫に対して彼女が作り出す怒り（「ファーストワイフクラブ症候群」）だ。男性のやり方の良い面は元妻を嫌な奴だという見方に基づかないでサポートシステムを作るところだ。悪い面は彼が新しい人を愛するのと同様に元妻を愛し続けるかもしれないところだ。彼はまさに元妻を悪魔化していないため、しばしば愛を持ち続けている。彼は妻が子どもに彼の悪口を言い、誰にも打ち明けられる人がいないと感じるとき――つまり彼が情緒的サポートがないと感じるとき――、早まって新たな誰かを愛しがちだ。

この男性の（新たな誰かを愛しながら元妻を愛し続ける）悪い面は『チアーズ』（訳者注：Cheers アメリカのシチュエーション・コメディドラマ、一九八二〜一九九三）のエピソードでユーモラスにとらえられている。ニックは新しい妻をバーのチアーズに連れてきた、元妻のカーラにまだ愛していて戻ってきてほしいと告白するためだけに。男性がこのようなことをするのが描かれるとき、通常ニックのように描かれる。愛や契約がわかっていない浮気な裏切り者の敗者と。しかしながらもし『コスビー・ショー』（訳者注：The Cosby show アメリカのシチュエーション・コメディドラマ、一九八四〜一九九二）のハクスタブル医師とハクスタブル夫人が別れて、ハクスタブル夫人が再婚したが決してハクスタブル医師への愛情を忘れたことはないとある日告白したら、私たちはそれを女性の愛の深さの証拠として見ないだろうか？

扶養を求める女性に男性が恋に落ちないようにする一番の方法？　第一に、扶養を必要とする彼の子どもたちの愛情のつながりを支援することだ。子どもの愛情を完全に共有する機会を持つ父親たちは、過度に扶養を求める女性に、単に喪失を埋めるために恋に落ちる傾向は少なくなる。二つ目に、情緒的サポートを提供することだ。男性が新しい女性を喜ばせて愛を受け取ることと、元妻を喜ばせようとするが怒りを受け取ることに挟まれたと感じるとき、彼はその新しい女性を選ぶ。たとえあなたが離婚したとしても、あなた方は同じチームにまだいることを覚えておいてほしい。

その女性の元夫に対する否定的な感情は——今や賛同する女友だちによって強化されている——何度も元夫の悪口として子どもの耳にも入る。しかし子どもは結局、鏡を覗き、いかに挙動が——または鼻や背格好が——お父さんに似ているか見て、自分たちが五〇％父親の遺伝子を持つことを悟り、ええ、もし自分のお父さんが無責任で最低な奴なら、たぶん自分もそうなのだろうと思う。

多くのお母さんはそのように考えたことはなかったと私に伝えてきた。彼女たちが元夫の悪口を言うことがその子どもの悪口を言うことと同じだと認識すると、彼女たちは自分たち自身を抑える。彼女たちはいかに父親の悪口を言うことが児童虐待の形になるかを見ることができる。

子どもにとって、悪口は父親を愛することの恐れに変換される、「パパを好きなことはママを裏切っているんじゃないか」という恐れだ。男性の責任感の大部分を動かすのが愛である以上、悪口はパパが責任をとる気力をくじく（彼の無意識の訳は「愛がなければ責任もない」）。別の言い方をすれば、男性はお金を愛情の銀行に投資する。

本当に母性本能がある母親は、まるで子どもの人生がそれにかかっているかのように父親を育児に参加させるように戦う。

もしあなたが元夫を子どもに関わらせようとしているがうまくいかなかったシングルマザーとしてこの本を読んでいるなら、子どもがさらされている危険に対してあなた自身を責めるよりも、これらの危険に対してできる未知の水域に子どもを連れて行けることを祝った方がいい。

同じく、あなたが父親のいない子どもたちがより苦しむ問題の部分を読むとき、父親がいる子どもたちの一定の割合もまたこれらの問題に苦しむことを思い出してほしい。だからこれらの問題が、父親が奪われたことから噴出していると思い込まないでほしい。どうしてそう言えるのだろう？　注意して、父親がどんな異なることをしているかの章を読んでヒントを得てほしい。そして最も重要なことは、父親がいない危険のたくさんのリストを見て、その中にあなたの子どもが苦しんでいないものを見るとき、それらをあなたの母親業が回避することを助けてきたものとして考えてほしい。もしあなたの子どもが大丈夫でなかった場合、あなたは一つの地図をもって遍歴してきた旅の途中にまだいるのであり、別の方向に変えることができる。私たちの世代の離婚と子どもを持たない結婚は、私たちの親の世代の世界大戦や大恐慌に等しい。それぞれの世代には異なる大変さがあり、男女にはそれに対処するための異なる挑戦がある。

（注）

（1）Radcliffe Public Policy Center, "Life's Work: Generational Attitudes Toward Work and Life Integration,(Cambridge, MA.: Radcliffe Public Policy Center, July, 2000)。ハリス相互世論調査（Harris Interactive Poll）はラドクリフ公共政策センターによって実施された。その世論調査はまた二一から三九歳の男性の八〇％が職業の望む特徴なリストの最優先にフレキシブルな時間での働き方を置いていた。Joyce Madelon Winslow, "Dads Can Learn from Moms," USA Today, July 12,2000,p.15A 参照。

（2）Richard Serrano and Mile Clary, Los Angeles Times, "Elian's Father Arrives, Says He Feared for Son," April 7,2000,p.A1 and A18.

（3）Peter T. Kilborn, "A Bumpy Path for Miami Kin of Cuban Boy," The New York Times, February 9,2000, pp.A1 and A13.

（4）その父親の名前は Juan Miguel Gonzalez である。

（5）Ralph Vigoda, "Stepfather Wins Battle For Custody," The Philadelphia Inquirer, January 22, 2000, p. A1

（6）アメリカ商務省, Bureau of the Census, Statistical Abstract of the United States,1999〔hereinafter Statistical Abstract, 1999, Table 87〕（Washington, D.C.: G.P.O.）, p.66, Table 81, "Family Households with own Children under 18, by Type of Family single father vs. single mothers:18.9%vs. 81.1%

（7）プロミス・キーパーズ（Promise Keepers）は他人種が高い割合を構成してはいないが、プロミス・キーパーズのメディア担当マネージャーの Roger Chapman は組織の一一％から一五％がマイノリティ（アフリカ系、アジア系、ヒスパニック）で残りは白人であると非公式に見積もっている。2000, 7, 19インタビュー。

（8）例えばリソースの団体 Second Wives' s Crusade を参照。

（9）Augustine J. Kposowa, "Marital status and suicide in the National Longitudinal Mortality Study," Journal of Epidemiology and Community Health, Vol.54, April 2000, p.256. それは現在女性より男性の方が四・八倍高い。

（10）Ibid., Journal of Epidemiology and Community Health. その数字は離婚した女性よりも離婚した男性の方が九・九四高い。その九・九四という数値はDr. Kposowaがp.256. Personal correspondence June 29, 2000のTable1で使っている情報から取得。

（11）別居したり離婚した男性は、別居したり離婚した女性より一三・四倍自殺率が高い。カリフォルニア大学リバーサイド校の社会学部のAugustine J. Kposowaはこの数字をC.H.CantorとP.J.Slater,"Marital Breakdown, Parenthood, and Suicide,"Journal of Family Studies,Vol.2, October, 1995, p.99. Personal correspondence April 18, 2000.から引用している。

（12）Kposowa, Epidemiology,op.cit.,pp.254-261.

（13）D.A. Luepnitz, Child Custody（Lexington: D. C. Heath& Company,1982）はRichard A. Warshak,"Father Custody and Child Development: A Review and Analysis of Psychological Research,"Behavioral Sciences & the Law, Vol.4, No.2, 1986, p.194. 親権を持つ母親の半分が、離婚前より子どもとより短い時間を過ごしていると報告している。

第I部

父親がいないとき何がなくなるか？

何がなくなるか？　アメリカの子どもの四分の一がお父さんと住んでいない。それは一七〇〇万人の父親を失った子どもであり、もしくは何を失っているかを知らない子どもである……。

〈注〉

（1）U.S. Department of Health and Human Services, “HHS Launces ‘Be Their Dad’ Parental Responsibility Campaign,” Press Release, March 26, 1999 〈http://www.hhs.gov/news/press/1999pres/990326.html〉

第一章……なぜ父親は重要か

最初はいくつかの基本から

私もときどき〔議論の前提となる〕インストラクションを飛ばして「やってしまおう」という気持ちになってしまう男性の一人だ。しかし、歯ぎしりする必要ないほど短い次の二つのパラグラフは読む価値がある。

私はしばしば共同親権（joint custody）の代わりに「共同養育時間」（shared parent time）というフレーズを使う。共同親権には二つのタイプがある。物理的なものと法的なものだ。身体的共同親権（physical joint custody）は子どもとの平等な時間を示す。法的共同親権（legal joint custody）は違う。特に断らない限り、私の「共同養育時間」や共同親権への言及は、身体的共同親権のことである。

学校をドロップアウトした人、成功者、失敗者の何％が母親だけの家庭で育ったかに言及する以上、全ての子どもの何％が母親だけの家庭で育ったのか知ることは役に立つだろう。一九七〇年代、それは一一％だった。現在は二二％である(1)。（私が参照した研究は一九七〇年から二〇〇〇年までカバーしていた）。しかしそれは、もちろん、因果関係を混乱させないことが重要である――シングルマザーの家庭が確かな問題と相関がある事実は必ずしもその問題がシングルマザーや父親の不在で作り出されたことを意味しない。その問題は、教育の低さや貧しさのような他の要因で引き起こされたかもしれない。私たちはその全てを追求していこう。

では、父親の影響の可能性を見ていこう……。

父親のインパクト

赤ん坊への利益は出産から始まる。

早期から始まるその利益

イスラエルの研究は、父親が早産の乳児のいる病院を訪れる頻度が高ければ高いほど、その乳児は早く体重が増え、早く病院から出られるようになったことを発見した(2)。より重要なことは、父親がより訪れるほど、乳児の社会的人格と適応能力が良くなった(3)。私はこの乳児の母親たちがまた子どもと接触が多かったからこれが起きたかもしれないと疑問に思った。しかしその子どもたちは母親とのコンタクトが増えていないときも、父親とのコンタクトが多いとそれらは良くなった。

黒人の赤ん坊の研究では、より父親との相互関係を持つ男の子は、六ヶ月になるまでに高い精神能力(mental competence)と精神運動機能(psychomotor functioning)を持つことがわかった(4)。三歳までには、精神運動機能はより高いＩＱの発達に結びついた(5)。

全米国立精神衛生所(National Institutes of Mental Health)はその父親とコンタクトをとってきた男の子たちは五ヶ月から六ヶ月の年齢でもすぐれた信頼レベルを示していた(6)。例えば、彼らは知らない人にもより友好的で、抱き上げられることをより受け入れる。彼らはまた、より楽しく遊び、言葉を話す。

共感性

もし私が発見した性質の中で、より成功して幸福な人生を送るために何よりも不可欠なものが一つあるなら、それは共感性（empathy）である。共感は家族の安定と愛情の核だ。私は一度も、私のところに来て「私は離婚したいんです。パートナーは私をよく理解するんです」と言った夫婦を見たことはない。

同じく、理解されていると感じない子どもたちは反抗し、ギャングやカルトに入り、社会の底に消えていくか、不安定な状態で別の世界を探そうとする。仕事の分野や法的な分野でさえ、私たちが共感している誰かを訴訟することは稀だ。

私たちは通常、共感を母親から通して伝えられるものとして考える。そのため、父親の育児参加で最も驚くべき発見の一つは「父親が子どもと過ごした時間の長さは、大人になったとき共感能力の強力な予測因子の一つである(7)」ことだ。この発見は二六年の期間をかけて行われ、一九九〇年に公開された研究から出たものだが、誰もがなぜパパの育児参加が共感能力を導くのか、まだよく説明ができないようであった。母親たちと父親たちへの私の観察から、私はそれは男性のしつけのスタイルに関係すると信じている。

父親と母親はどちらも彼らの子どもたちの行動に境界を引きたがる――ママは特に安全が絡んだときパパよりもそうなる。しかし大きな違いはその実施の仕方だ。その子どもが境界に違反したとき、母親は彼女の要求を繰り返し、声のボリュームを上げ、怒ったことに罪悪感を持ち、約束した結果に柔軟になるような理由を見つける（または最初から結果を約束しない）傾向がある。父親は最初にはっきりと結果に言及する傾向があり、境界が違反されると、まるで父親と子どもの取引のように結果を強要する。通常の結果は、子どもはその父親とのどこまでやってよいかの線引きをよりシリアスに扱う。

境界（boundaries）を真剣に扱うことがどのようにして共感を作り出すのだろう？　子どもに境界を真剣に扱うことを教えるのは、子どもに他の人の権利とニーズを尊重させる。他の人が必要としていることを考えることは共感能力を作り出す。

結果はいつも交渉可能だと学んだ子どもは、その交渉を最良に操作する方法や、自分の願望に注目してしまい、境界を設定した人の願いや必要なことに——または境界が違反されたとき、侵害される人のことに——注目しない。私が子どもだった頃「よい柵はよい隣人を作るんだよ」という言葉を深く理由も考えずに聞いていたのを思い出す。

父親はこれらの価値観をもたらすが、どうしてそうするのか十分に述べられるくらい明確に考えることをせずに、ただ今までやってきたことを続けることしかしないため、彼ら自身の価値を低下させている。逆に言えば、誰一人彼らにその理由を尋ねるほど父親を評価してこなかった。

父親が子どもに対する自分の貢献をはっきり宣言しないとき、彼はまた自分の子どもたちを傷つける。両親が世界の解釈を手伝うことで子どもは成長することを、近年の研究は見出している——例えば、境界を作るだけでなく、子どもの価値観を通してなぜそうするのか理解させることを手伝うことで。例えば、父親は「他の人のことを考えられる子は人気者によくなるよ。もし君が人気者になりたいなら、他の子のことも考えなさい」と説明するかもしれない。それは児童インセンティブプランと呼ばれる。または、彼は子どもを二人のお隣さんの家の境にあるフェンスの所に連れて行き、なぜここにフェンスがあると思うか聞いてみるかもしれない。

ＩＱと学業成績

資料：たとえ低い教育レベルの学校出身でも、父親のいる家庭の生徒は数学と理科で高い点数をとった(8)。
資料：父親がいない家庭で育てられた小学一年生の黒人と白人の男女は、父親のいる家庭の子どもより著しく低いＩＱスコアを記録した(9)。
この最後の資料は父親がいないこととＩＱの関係を表す私が引用した二つ目の研究だ。これはＩＱは人種的違いによる遺伝というよりも、潜在的社会解決策を伴う社会問題かもしれないことを示している。これは重要なことである。なぜならＩＱテストで黒人が白人よりもスコアが低かったり、白人がアジア人より低かったとき、私たちはときどき知性の階級について話しているように思いたくなるからだ。もし私たちがこれに言及することを、建設的な議論を生まないことを知っているため、または「レイシスト」と呼ばれる恐怖のために控えていても、それは私たちの無意識に残る可能性がある。ひょっとすると、それは知性や人種のヒエラルキーではないが、父親参加と人種のヒエラルキーかもしれない。ええ、アジア人は三つの人種の中で一番高いＩＱスコアだが、彼らはまた飛び抜けて父親がいる割合が高い。黒人は一番ＩＱスコアが低かったが、父親がいる割合は飛び抜けて低い。これは潜在的な社会的解決策を持った社会問題だと示唆できる。

しかしその本当の問題はシングルマザーの大きな貧困や、低い教育なのだろうか？　ええ、二人のハーバード大学の研究者が同じ質問をしている。彼らはそれを念頭に置いて、四つのメジャーな全国調査をレビューした。彼らは父親がいないことの影響はなお深いことを発見した。例えば、人種や、教育、貧しさ、そして同様の社会経済的要因が等しいときであっても、どの調査を見ても、父親が一緒に生活しないと子どもが高校を退学になる確率は二倍になる(10)。

同じく、同様の背景を持つ少年たちの研究は、小学三年生までに、父親がいる少年たちは全ての教科のテストで高い点数と高い成績を採っていることを明らかにした(11)。

父親と住んでいない小学生の子どもたちは、社会適応力測定で二七人中二一人が低く、学業測定では九人中八人が低かった(12)。彼らはまた、より留年する傾向があり、よく欠席し、より同級生から人気がなかった。概して、少女よりも少年の方が悪化していた。

生物学的な両方の親と住んでいる子どもが、学校で留年しなくてはならなくなる確率は九分の一であり、シングルマザーと住む子どもの留年する確率は四分の一である(13)。

なぜだろう？　父親と暮らさない子どもはより学校を欠席し(14)、より停学になり、より退学になり、不登校が高い割合である傾向があるからだ(15)。最後には「子どもがシングルマザーと過ごす年数が増えるほど、進級できる年数がより少なくなる」(16)と締めている。

しかしシングルマザーがその唯一の問題ではない。子どもに頻繁に会う父親は子どもをずいぶん助ける。自分たちの父親に年に一回か二回（またはそれ以下）しか会えない子どもはもっと最悪だ。訪れてこない父親や、父親を訪れさせないようにする母親は、子どもたちが健康になることから遠ざける。

父親がいないことで最もネガティブな影響を受ける学業の科目は数学と理科の素質だ(17)。『ハーバード教育評論』（Harvard Educational Review）の記事は、父親は子どもが数学を成功に導く思考スキルを伸ばすことを助けるようだと示唆している(18)。アメリカ合衆国の過去二〇年間における特に数学と理科における低い教育成績は、学校の質よりも父親がいないことに関係しているのではないだろうか？　ええ。上記の〝資料〟を私たちが見たように、父親がいる家庭出身の生徒は、成績の低い学校にいても数学と理科の点数が高い(19)。

その影響は短い期間だろうか？　いいえ。母親と住んだ六年後であっても、少年たちは一〇の社会的測定とさらに一〇の学業測定で点数が低かった(20)。そして父親がいない家庭出身の生徒は大学入試で〝劇的に〟点数が低く(21)、一・五倍以上失業者になる傾向が一〇代だけでなく二〇代半ばになっても高い(22)。

さらに、この失業した男性が子どもを持つと、彼は一緒に住まなくなる、なぜならその母親は彼がいない場合だけ経済的支援を得ることができるからだ――それは一時貧困家庭支援（Temporary Assistance to Needy families ＝ＴＡＮＦ。ＡＦＤＣから置き換わった政府プログラム）であり、父親がいないときだけ利用可能なものだ。そのため、もし私たちの社会に子どもと過ごす時間が豊富な失業している父親と、子どもとの時間はないが雇用された母親がいたとき、私たちは子どもとより一緒にいる見込みのある父親を不在の父親にしてしまう。

この失業した父親は子どもと一緒にいられないだけでなく、育児参加もできないことに注目してほしい。そして二人親家庭の中でもだ。その重要性？　最近のアメリカ教育省の研究は「二人親家庭で、父親が育児参加し母親が育児参加しないとき、子どもが一年生から五年生の間に成績でほとんど〝A〟をとる確率があがると推測される。六年生から高校三年生では、親が与える他のリソースの変化を統制したあと、父親が育児参加して母親がしなかったときもその子どもたちが多くの〝A〟の成績をとる確率に重要な影響を与え続けていた」(23)。

私たちの財布としての父親への固執は、父親が可処分所得を得られないとき、父親を使い捨てにさせ、子どもを発達させる父親の価値を見ないため、子どもを発達不全にし、私たちが母親にそのように支援金を支払うから父親のいない家族を作る。その結果？　父親がいないことが、父親がいないことの父になる〔原因になる〕。

自殺要因

『アメリカ矯正精神医学学会誌』(American Journal of Orthopsychiatry) では、自殺をした女性にはある一つのことが共通している。「当事者の人生への父親の関与の欠如とそれに伴う母親の強い影響力の行使」である(24)。同じように、母親だけの家に住むことは何よりも自殺の原因になる――男女両性にとって(25)。(これはグループの間で、収入、年齢、人種、宗教を統制しても当てはまる。)

私が『男性権力の神話――男性差別の可視化と撤廃のための学問』で議論したように、一〇代の男性の自殺は急激に増加している(26)。二〇代前半でも少年は、少女の六倍自殺する。全体として、一五歳から二四歳の年齢の白人アメリカ人男性の自殺率は一九七〇年代から五〇％増加してきた(27)。

なぜこのようなことが起こっているのだろう？

心理学的要因

資料：父親が育児参加すればするほど、子どもはもっと簡単に彼や彼女の人生で新しく出会う人々にオープンになったり、受け入れたり、信頼したコンタクトをとれるようになる(28)。

資料：ニューオーリンズの二つの病院で、精神科の患者と認められた幼稚園児の八〇％が父親のいない家庭の出身だった(29)。同じ割合が、カナダ(30)や、南アフリカ、フィンランドと同じくらい多様な国で幼稚園から一〇代までの年齢で起きている[31]。

資料：国営施設に収容されている未成年と若い大人の六五％が、父親がいない家庭出身だった[32]。

全米保健統計局（ＮＣＨＳ）は、離婚した母親と住んでいる子どもは両親と暮らしている子どもに比較すると、三・七五倍感情や問題行動を専門家に見てもらう必要がある傾向があったと報告している[33]。彼らはまた頻繁な頭痛[34]やおねしょ[35]、吃音症や発音障害[36]、不安や抑鬱[37]に悩まされ、異常に過敏であると診断されることが多い[38]。

上で言及された小学生の子どもたちを対象にした大規模な研究では、父親がいない小学生はより悪夢を見、大きな不安を持ち、同級生から人望が低く、大人に敵意を持っていた。彼らはより依存的で集中力散漫で、攻撃的かつ自分の殻に閉じこもりがちの傾向があった。彼らは広く言えば社会スキル、細かく言えばコミュニケーションがより不得意であった[39]。父親が離婚後訪問しないとき、女の子は異常に活発で、強情で、反社会的な兆候が見られる。男の子と女の子両方とも母親への過度の依存の兆候が見られる[40]。

心理的問題は多くの形で現れる。薬物使用を見てみよう。父親が離れていることを経験した思春期の男女は、より薬物を重度に使用する傾向がある[41]。これは特に女性の思春期の子どもに当てはまる。明らかに、年上の子どもの方が年下の子どもよりも薬物を使うが、この年齢要素以外では、薬物使用防止の飛び抜けて一番重要な要素は父親との親密な関係である[42]。

同じように、ホームレスや家出した子どもたちの九〇％は父親のいない家庭である[43]。大部分のギャングのメンバーは母親だけが世帯主である家庭出身である[44]。両親が離婚したあとスキンヘッドに参加した元ネオナチのＴ・Ｊ・レイデンは、ネオナチは「家族を必要としている若い、怒った子ども」――具体的には、通常それは父親を必要としていることを意味する――を探していたと報告した[45]。

もし子どもが父親から引き離されて、母親と住み、ほとんどが女性教師の学校に行くとき、彼はどこから男性のアイデンティティを受け取るのだろう？　若い男性が男であることの承認や愛情のためにギャングになるのはまさにこれらの環境だ。

身体的健康

心理的問題はストレスを引き起こし、免疫システムを弱らせ、人間が遺伝的に持っている身体的問題に私たちを無防備にさせる。例えば、全米保健統計局は離婚した母親と住む子どもは、両親と住む子どもに比べて、より慢性的なぜんそくに苦しむ傾向があると報告している(46)。

父親がいない娘は夫のいない母親になる

資料：母親だけと住む娘は二人親家庭の娘より九二％近く離婚する傾向がある(47)。

資料：バルチモアの都市の一〇代で母親になった女性の研究では、彼女たちの娘の三分の一がまた一〇代の母親になった。しかしその娘や息子で一九歳前に子どもを持った生物学的な父親と良い関係を持っている人は一人としていなかった(48)。

父親との関係は娘の時期尚早の妊娠を予防するだけでなく、また息子が時期尚早に妊娠させてしまうことも予防する。彼女や彼が一〇代のときに子どもにとって良い父親は、良い父親がいるのに子どもが片親になることを避けるために、何を正確にはもたらせるのだろう？　一番良いのは一〇代の少女に聞くことだ。一〇代の少女に何が妊娠を予防するか聞いた一九九七年の全国調査の中に、鍵となるいくつかの答えがある。

・九七％が「話をすることのできる両親を持つこと」
・九三％が「愛情のある両親を持つこと」
・九三％が「コンドームの使い方を知ること」

・九三％が「生活に満足していること」

・九一％が「ボーイフレンドを慎重に選択すること」と答えた(49)。

では父親は一〇代の少女にとって話すことのできる（それは、通常は講義するよりも話を聞いてくれることを意味する）人がいると感じさせることができるのだろうか？　父親は少女にとってどの男性のタイプを選ぶか――または避けるか――知るのに役立つだろうか？　もちろん母親は父親と同じくらい彼らの娘を愛するが、しかし私たちはシングルマザーが経験する多大なストレス――たとえ働いているシングルファーザーと比べても――がシングルファーザーよりも子どもを叩いたり罰することにつながることを下記で見るだろう、そして、ひょっとするとこれが、愛されておらず生活に満足していないと娘に感じさせるかもしれない。

その少女の主要な懸念が、技術的問題ではなく情緒的な問題であることに注目してほしい。私たちが妊娠予防教育を考えるとき、避妊のことを考える。同じく専門家は、若い少女は同級生の少年からの圧力に抵抗すべきと強調するが、少女たち自身は男の同級生よりも女の同級生からの圧力を少し強く感じる傾向がある(50)。

父親がいないことと一〇代の妊娠のその関係は、バルチモアや都市下だけの問題ではない。ハーバード大学によって出版された書籍の中で、研究者のマクラナハンとサンデファーは、若者の四つの主要な調査を考察し、母親だけと住む娘たちは二・五倍、一〇代で出産しやすく、未婚の出産は二倍しやすかったことを発見した。その父親がいる被調査者といない被調査者は同じような社会的経済的背景を持っていた(51)。

父親と一緒に住む少女は、彼女たちのセクシュアリティがより抑圧されているから、妊娠しにくい可能性があるだろうか？　そうではないようだ。父親がいない家庭の少女は男性との関係を過激にする傾向がある――非常に殻に閉じこもったり、または過剰に積極的で浮気的であったり(52)。両方の極端さは男性との安心がないことから来るように見える。そしてそこには他の指標もある。父親がいた家庭出身の女性の方が、大人になって性的な関係を持ったときオーガニズムを経験した(53)。オーガニズムに達する困難を克服した女性の大部分が、より全体的にパートナーや自身のセクシュアリティにリラックスすることが必要だと知っている。

父親が出て行くと、犯罪がやってくる

資料：青年期の殺人犯の七三％が母親だけの家庭出身である(54)。
資料：怒りと憤怒によってレイプしたと評価された強姦犯の八〇％は父親がいない家庭出身であった(55)。
資料：放火の常習犯の九〇％が母親だけと住んでいた(56)。

全体として、未成年の囚人の六五％が父親がおらずに育てられた(57)。『犯罪非行調査ジャーナル』は父親がいない程、暴力犯罪率が高くなると報告した(58)。

これらの犯罪とのつながりは貧困のせいだろうか？　いいえ。より収入がある父親が家庭にいる子どもと収入が低い父親と家庭にいる子どもを比較したとき、犯罪率に違いはなかった。その犯罪率の違いは、父親がいない家庭の子どもと父親がいる家庭の子どもを比較することでのみ、予測することができた。この研究は貧困要因をこのように統制したからだけでなく、異なる都市部の一万一〇〇〇人の個人のデータを分析したため、特に重要である。

なぜ我々の父親のイメージはこのような現実とちぐはぐなのだろうか？　部分的にはメディアが原因である。青年の殺人犯の四分の三が母親によって育てられているが、私たちはその母親が「殺人の動機」を与えたと言うメジャーなニュースマガジンの表紙を見ない。しかし『ロサンゼルスタイムマガジン』のこの表紙(59)を見て、いかにメナンデズ兄弟がお父さんに育てられたか描写されているか見てほしい――彼らを抱き上げている唯一の親で、その表紙で言及されている唯一の親で、おそらく息子たちに「殺人の動機」を与えたとして責められている唯一の親だ。

だから私は、その父親がＲＣＡ社の世界レコード部門の部長をやっていた間、息子たちを育ててきたのが母親であった事実を知ったとき驚いた。その父親は息子たちが後に主張したように虐待的であったかもしれない。しかしこの雑誌の記事はその主張が公表される前に書かれ出版されたもので、母親が主要な子育ての役割を持っていたが、父親だけが将来の殺人者を抱き上げているように見せられている。

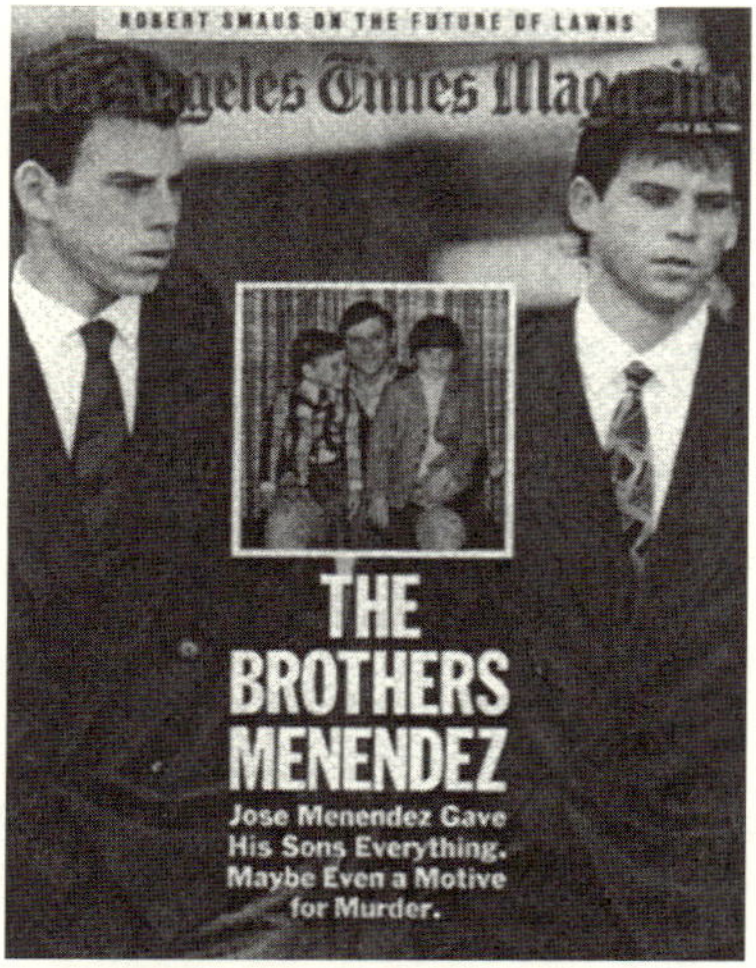

もし母親が会社の管理職をやっている間、父親がその子どもたちを育てていたなら、私たちは子どもの殺人罪を、父親に育てられたことと、「子どものことより会社のことを世話していた」母親にネグレクトされたことで責めていただろう。私たちは母親としてのママ、お金としてのパパを維持するために我々のステレオタイプを使う。

もしどうしても離婚をしなければならないとき、ではどうすれば子どもにとって最善だろう？

無傷な家庭（intact family）は子どもの人生をまさに活性化させるが、しかしメナンデズ兄弟で見てきたように、万能薬ではない。もし誰もタイヤをメンテナンスしていなければ、エンジンをかけることは事故につながりかねない。そして離婚は、子どもたちに結婚は出口のない罠——いかに不幸であっても——というメッセージを送るよりも良いかもしれない。

子どもが離婚後の環境にいかに適応するかは、養育の取り決めによって部分的にしか決まらない。子どもはこのようなときにより適応する、もし……。

・両親の間にわずかな対立しかない場合
・その養育は権威的ではなく、しかし信頼できる（その子どもの決定を先行し、その後親たちがそれに沿って決定

する）

・両方の親との交流がある

・子どもには利用できる良いサポートシステムがある（例えば、友人、よく話を聞く他の家族メンバー）(60)

他の条件が等しい場合、共同養育（共同親権）、主たる父親養育、主たる母親養育、ステップペアレントの養育、別居親の下から子どもを移動させる影響がこれだ。

共同養育時間（または身体的共同親権）の影響

私は身体的共同親権（physical joint custody）の代わりに「共同養育時間」（shared parent time）という表現を導入している（上記の「最初はいくつかの基本から」で説明したように）。同じく、私は単独親権（sole custody）の代わりに「単独養育時間」（sole parent time）を使うだろう。「親権（custody）」は刑期を感じさせる。私は養育時間の方が好きだ。

離婚の最大の災害は、子どもの観点からすると、親との交流を断たれることだ(61)。最も強い不満を引き起こす面会交流のパターンは、伝統的な毎週末に一度というものだ(62)。少年も少女もそれを負け組であると感じるが、剥奪の感情と抑鬱の行動は少年に最もよく見られる(63)。

共同養育時間の取り決めをした子どもたちは、一人の親が単独養育時間を持つ取り決めをした子どもたちより高い自己肯定感を持ち（特に少女(64)）、あまり興奮せず、より我慢強いことが発見された(65)。ある研究は、全体的に共同養育時間の取り決めに適応した少年の幸福度は、離婚していない家庭と同じであったことを見つけた(66)。全ての年齢の子どもたちが利益を受けたが、一〇歳以下の子どもたちが最も利益を受けた(67)。

共同養育時間の子どもはまた、それぞれの親との時間をより幸せに過ごす傾向があった――片方の親をまるで事実上叔父や叔母のように感じるのではなく(68)。

共同養育時間は兄弟姉妹の張り合いを減らし、別居したわずか数ヶ月後でもその親たちにあまりネガティブな態度を示さない結果をもたらす(69)。両方の親(特に父親は(71))はあまり拒絶されず(70)、子どもはあまり親を支配したり操作しないこと(72)は、共同養育時間の取り決め下の子どもの方がよりよく適応するというほとんど全会一致の発見に疑いなく寄与している。

共同養育時間はまた、単独養育の取り決めよりもステップペアレントとの良い関係と、より強い全体的な家族の結束を導く(73)。共同養育時間をするその機会は家族のつながりを作る機会をもたらす。

親の観点からすると、共同養育時間はそれぞれの親のストレスを減らし(74)、母親に社会支援のためのより多くの時間を与える(75)。

共同養育時間を支持するこれらの根拠は、推定出発点を作るように思われる。しかし共同養育は三つの政治的反対にぶつかる。伝統的カップル、伝統的法的推定、そしてフェミニストたちだ。伝統的カップルは、女性が子どもを育て男性がお金を稼ぐことを自然だと感じている——または神がそのように作ったとさえ感じている。伝統的裁判官とその法律は〝敏感な年齢理論(tender years doctrine)〟を発達させてきた、子どもたちは幼く〝敏感な年齢〟の間は母親と過ごした方がよいというもので、そのタイトルの曲が人気なように最も人気のある理論だ。そして初期は父親が完全に育児参加することに賛成してきたパイオニアであるフェミニストたちは、多くの女性が子どもを引き取りたいときに子どもを持てる選択権が欲しいと言って反対したとき、手のひらを返した。七〇年代半ばまでに、大部分の全米女性機構(NOW)の支部は共同養育時間を拒否する女性の選択を支持していた。彼女らは今もそうしている。

共同養育時間が子どもにとって最善であっても、毎回うまくいくことは不可能だ。だから、もし私たちが単独養育と呼ばれる最後の手段に頼らなくてはならないなら、どちらがうまくいくのだろうか——母親養育時間または(ゴホン)父親養育時間?

もし共同養育時間が選択肢にないとき、子どもは母親と父親どちらといた方がよいだろうか？

もし何らかの理由で離婚が避けられず、共同養育を実行することができないとき、子どもたちはパパとママどちらといた方がよいだろうか？

私たちは時に「一番仕事ができる男は女性だ」と自分たち自身に認識させることに挑戦して、女性を仕事の世界に入れるように社会を準備してきた。同じように、私たちは時に「子どもにとって一番良い母親は父親だ」という可能性に目を開くことによって、男性を子どもの世界に入るように準備することができる。

現在およそ二〇〇万人のフルタイムの養育時間を持ったシングルファーザーがいる現実にも関わらず(76)、政府も民間基金団体のどちらも「フルタイムの父親vs母親養育時間」の影響について十分なデータを出していない、ほとんどまるでそれが発見されるかもしれないことを恐れているかのように。

行われてきた調査は、いかに父親と過ごす子どもが良い状態になるか示しているため、事実上全ての人を驚かすだろう。しかし始めに、私はこの本は父親が母親より内在的に優れていると示すわけではないと言った。

私は自分が言ったことと矛盾しているのだろうか？　そうではない。単独養育または主要な養育時間で父親になることを選んだ男性は、全ての父親の中でも小さな割合だ——彼らは育児に興味があるため自己選択するのであり、生まれつき適性があるためではない。だから彼らは父親の平均を表しているとはいえない——現在の男性の社会化、フルタイムの父親になることとの社会的視線、多くのフルタイムで育児する父親が味わったと報告する支援制度からの隔離を克服して育児をしている父親の平均でしかない。

だから次のパラグラフは、シングルマザーと二人親家庭の比較を大きな数で統計処理した本章の最初の部分とは区別されるべきである——二人親家庭の中では、子どもが父親と母親のどちらといた方がよいのかと言うことは不可能である——子どもたちは二人の親とうまくやると言えるだけだ。

私が最初にこの調査を見たとき、私はこれに二つの別の理由でまた批判的であった。幸運にも最近、それは言及され始めた。まず、私は母親にバイアスがかかっていると感じた。なぜなら主たる養育時間のために戦う父親は弁護士を雇う十分な収入を持っているため、通常平均的な父親より経済的に良い状態であるからだ。だからその最初の疑問は、父親と住む子どもたちが健康な状態なのは、収入が理由なのか、またはその父親が理由なのか?という問いだ。(その後私は二つ目の懸念に行き着いた)。

父親と一緒にいる子どもがよりよい状態なのは父親の収入がより高いからだろうか?

ほとんどの人が、子どもが父親といるとき良い状態になることを知らない。近年までそれは父親の高い収入のせいで、子どもたちは自分のパソコンを持つようなアドバンテージを得られるからだと推測されていた。それが真実かといえば、ええ、単独の父親時間を持つ父親はより高い収入を持つ傾向がある――シングルマザーより高いだけでなく、また平均的な父親より高い(77)。そして、ええ、彼らと住む子どもたちはよりパソコンを持つ傾向がある。また貧しい環境出身の子どもは行動異常(78)、問題行動(79)、抑鬱(80)、そして大人になったときより低い教育レベルと社会経済達成度を経験するのも真実だ(81)。

しかし最近の調査は、父親と母親の収入が等しいときさえ、フルタイムの父親といる子どもの方がフルタイムの母親といる子どもよりも良い状態だということを発見した(82)。これは女の子と男の子両方に当てはまる。

これは私たちに、父親のより高い収入は子どもへの利益ではなく、追加の利益であることを伝える重大な発見である。さらに重要なことに、彼の収入はより政府からきていない。これは子どもに経済的支援に依存することなく、どのようにして仕事と育児の世界を扱うのかのロールモデルを与える。(納税者がお金を稼ぐほど、他の誰かの子どもではなく、自分の子どもを大学に送ることになることは言うまでもなく)。

父親は子どもに問題を与えるだろうか?

端的に言えば、イエスだ。現在フルタイムの父親と一緒に住む子どもの半分近くは、最初は母親と住んでいた。なぜ母親は子どもたちをお父さんに渡したのだろう？　通常それは「母親が彼らを世話するのに能力不足を感じたから(83)」であり、一番多いのは五つのＤの一つかそれ以上が原因である、ドラッグ（drug）、飲酒（drinking）、非行（delinquency）、反抗（母親に口汚く罵ることを含む：disobedience）、抑鬱（depression）だ。

父親は、困難を持つ子どもの年齢が低い場合も同じように子どもを引き受けるのだろうか？　そのように見える。国勢調査から引き出された全米保健インタビュー調査(84)は、父親は母親の一五倍以上、一歳以下の発達障害の子どもの責任を担っていることを明らかにしている。

乳児や一〇代だろうと、発達障害や非行だろうと、父親は問題のある子どもをより受け取る傾向がある。

心理的健康

『ジャーナル・オブ・ソーシャルイシュー』で報告された研究は、離婚後父親と一緒に住む男の子は、温厚で、高い自己肯定感を持ち、より成熟し、離婚後母親と住む男の子よりも自立的であることを見いだした(85)。母親だけと住む男の子はより自分本位に育ち(86)、母親と威圧的な人間関係を発達させる傾向がある(87)。

父親の影響は人生が始まったときから始まっている。イエール大学のカイル・プルーエットは父親だけと住む乳児を研究し、人格、社会スキルの領域において、彼らは二ヶ月から六ヶ月成長が早かったことを発見した。年齢が高い赤ん坊もそれにならっていた(88)。

新しいデンマークの一万二〇〇〇人の三歳から五歳の子どもの研究で、半分はシングルマザーと暮らし、半分はシングルファーザーと暮らしていたが、父親と住む子どもたちは被害者のように感じる問題をあまり経験しない傾向があった(89)。例えば、彼らは批判にあまり敏感でなく、かんしゃくをあまりおこさなかった。〝被害者〟にカテゴリーされる多くの人々の中で、この減少の割合は大きい。父親と住む子どもは母親と住む子どもと比べて、

・何度も悪夢を見たり、低い自尊感情、孤独感を持つ割合が約半分であり
・他の子どもより被害者であると感じる傾向が三分の一になり
・恐怖に掴まれる経験をする頻度が四分の一になる。

注意欠陥障害（ＡＤＤ）のアメリカの少年たちにかなり関係があることは、父親と住むデンマークの子どもたちは、集中力に関する問題行動をわずか半分しか経験しない傾向があったことだ(90)。そして上記の結果かもしれないが、彼らはまた遊び友達がより多かった(91)。

私たちはしばしばシングルマザーの、仕事と家庭をやりくりすることで経験するストレスの話を聞く。デンマークの研究はこれを確かめ、これとシングルファーザーのストレスを比較した。シングルファーザーはより強くストレスを経験しただろうか？　いいえ(92)。そのシングルマザーは、たとえ、より経済的支援を受けられる傾向があっても、家の外で働くことと育児を合わせることの難しい時間を過ごしている。しかし私と同じように、デンマークの研究者も現代においてシングルファーザーになるタイプの男性は特別に意欲があると記述している。

学歴とＩＱ

資料：父親が乳幼児の主たる責任を持ったとき、その乳幼児はしばしば四ヶ月から六ヶ月年上の乳幼児のレベルで問題解決課題を成し遂げた(93)。

女の子が数学が苦手で、男の子が言語スキルが苦手なことは有名だ。その両方に対する解決策は学費に費やすよりも父親の育児参加かもしれない。数学と数量的能力の分野では、父親がより育児参加すると、娘も息子も両方が向上する(94)。同じく男の子の言語知性も上がる(95)。そして父親が娘に本を読み聞かせた時間の長さは、娘の未来の言語能力の大きな指標になる(96)。だから父親がより育児するとき、両性の両方のスキルが改善する。

父親と住む子どもの中で、小学一年から高校三年を通して学校をより楽しみ、ほとんどＡの成績をとる子どもには、父親が存在しているだけでなく、育児に関わっている父親――家庭だけでなく、学校にも――がいたことをアメリカ教育省の研究が発見した(97)。

母親と住む若い一〇代の子どもも同じくらい成績が良いが、父親と住んでいるときの方が全ての標準検査の結果が良い(98)。成績（grade）と標準検査（standardized test）の違いが示唆することは何だろうか?

成績は短期記憶に関係する学習スキルを反映する傾向がある、先生が望むことを知り、時間内に宿題をやる注意深さ、両親から家で宿題を助けてもらう、家で答えを見ることもでき、答えを親にきくこともできる。標準検査はこれらの助けなしで子どもが知っていることをより反映する傾向がある――その科目で本当に学んだことを反映する。

どちらにも価値がある。現実生活では、上司が望むことを知ることは昇進につながり、締め切りに間に合わせることはチームワークと生産性に重要であり、他の人に助けを求めることは他者に頼りにされていると感じさせ、昔に比べパソコンがあれば多くの答えを聞くことも可能だ。

しかしイノベーションには、物事がなぜ動くかという基礎的な理由を理解することが必要となる。私たちがその理由を理解しないとき、正しい疑問も出てこない。その疑問は一般でない常識と一般常識を分離する。それは政治的勇気と政治的正しさ（ポリティカルコレクトネス）を分離する。両者は私たちの子どもたちに異なる準備をさせる。一つはイノベーションとリーダーシップのため。もう一つはイノベーションをする人やリーダーを支えるため。写真と額はお互いを必要とする。

平均的な女性と男性の教育の違いを見たとき、現代では女性の方が男性よりも大学を卒業している――シングルファザーを選択するタイプの男性は平均的な父親よりもより学歴が高い傾向があり、反対にシングルマザーを選択するタイプの女性は平均的な母親よりも学歴が低い傾向があるだけだ。

この教育格差はどのくらい大きいだろう?　国勢調査のデータはシングルファーザーの世帯主はシングルマザーの世帯主よりも二五％ももっと大学を卒業していることを示している(99)。しかし、私はシングルファーザーとシングルマザーの現実の教育格差は二五％より大きいと予想している。なぜ?　シングルマザーを考えてみよう。貧しいコミュニティーでは特に、シングルマザーはしばしば世帯主であり――彼女たちはしばしば自分の両親と住む一〇代の母親で、高卒以下である――それは間違いなくシングルマザーと（平均八歳年上の）シングルファーザーの教育格差を国勢調査のデータよりも極めて大きくする。

この教育格差はシングルファーザーといる子どもに三つの重要なアドバンテージを作り出す。概して、父親の学歴が高いほど、よい育児をする[100]。そして父親が教育を受けていればいるほど、子どもの教育と仕事の業績の両方にポジティブな影響がある[101]。親の学歴、収入、人種のような変数が一定のとき、母親と住む子どもは父親と住む子どもと同じくらい数量的（quantitative）スキルと言語（verbal）スキルを得ていた[102]。

しつけの効果

全体的に、父親と住む子どもはしつけの問題がよりおきにくい[103]。しかしながら、そのデータには母親と父親どちらと住もうとも、学校の友人と付き合うことに困難がよりあったことも入っている[104]。

父親はしつけの問題を抑えるためにより体罰を使う傾向があるだろうか？　いいえ。母親の方がする。母親は体罰をより頻繁に使用する[105]。それにも関わらず、母親と住む子どもはより多くかんしゃくの気質を見せる傾向がある。

健康と安全

資料：アメリカ合衆国保健福祉省は約二七五人の子どもが毎年片親の母親や父親に殺されており、シングルマザーは二四倍以上、殺人犯になる傾向があることを発見した[106]。（シングルマザーの人数はシングルファーザーの約五倍である。）

資料：母親とだけ住む幼い子どもの間では、頻繁な頭痛や腹痛は（父親だけと住む子どもよりも）二倍から三倍以上頻繁に起こっていた[107]。母親と住む五歳から一一歳の子どもは二五九％以上、病院に通う傾向がある[108]。

なぜこれらの違いが起こるのだろうか？　私は第三章では――シングルペアレントだけでなく全ての父親と母親を扱うことで――異なる児童虐待の理由を探求していくつもりだが、ここではなぜシングルファーザーと暮らす子どもが病気になりにくいのか解明していこう。

一つの可能性は壊れた免疫システムだ。シングルマザーは三倍以上夜に幼い子どもを連れ出したり、不規則な時間に寝かせる傾向がある(109)。

なぜそのような違いがある？　論文にはその答えはのっていない。シングルマザーやシングルファーザーとの私の個人的な経験では、シングルマザーはシングルファーザーと同じくらい早く、ひょっとするともっと早くベッドにつかせるが、子どもは彼女の保護や看護本能に訴えることで操作して遅らせる経験があるかもしれない（「お腹が痛い」……「お水がほしい」……「宿題をやっておかないといけない」）。

もちろん、彼らは最初は同じことをお父さんにもやってみるだろう。違うのは反応だ。母親は「わかったわ、でも次回からは宿題は遊ぶ前にやっておくのよ」。「次回」に強調がある。パパは「悪いけど、君にはその機会が前もってあったはずだよ――さあベッドへ、ベッドへ、じゃないと頭がボーッとしてくるよ」。そして子どもを遊びながらベッドに追い立てる。強調は言われていない「今回」にある。

子どもはその違いを意識する。「ママといるときは逃げ出すことができた。パパといるときはできなかった」。そのルールがいったん弱まると、あとは誰が一番エネルギーがあるかの問題になる。誰が〝勝つ〟か想像してみよう。そして誰がストレスを受け困惑するだろう？　そして誰の免疫システムが損害を受けるだろう？（ヒント：システムは複数である）。いったんその子どもが病院に行くのを見れば、彼女はより保護的になり罪悪感を持ち、より容易にごまかされやすくなるため、そのサイクルは続く。それは全てルールの境界が弱まることから始まる。

別居親に対する態度

資料：子どもが母親だけと同居しているとき、子どもが父親と同居しているときに比べ九倍近くその両親は対立関係を持つ(110)。

父親と同居する子どもは母親に関してポジティブに感じていた。母親と同居する子どもはより父親をネガティブに考える傾向がある(111)。デンマークの広範囲の研究でも同じ発見が報告されている。母親が子どもを引きとっていたとき、その子どもはもう一人の親と連絡がとれない傾向が二倍以上になる(112)。なぜだろう？ 可能性の一つ？ 悪口だ。母親は、父親が母親にするよりもほとんど五倍近く父親の悪口を言う傾向がある(113)。別の可能性？ 伝統的性役割だ。職場への女性の入場は、男性を追い出さなかった——仕事は男性の伝統としてあまりにも強固だ。同じように、育児への男性の入場は、女性を追い出さなかった——母親業は女性の伝統としてあまりに強固である。

その理由が何であれ、結果として父親と同居する子どもは母親に対する肯定的感情を犠牲にしない。

男の子は父親といた方が良くなり、女の子は母親といた方が良くなるだろうか？

子どもと同性の親との特別なつながりの信仰はあまりに強いため、私が本書『ファーザー・アンド・チャイルド・リユニオン』を書いていると言ったとき、約半分の人が「さようなら」とでも言うように「あなたが書いている父親と息子がうまくいくといいわね」と私に言った。

広がっている通念は、もし少年と少女がどちらか一人の親と住まなければならないとき、少年は父親と、少女は母親といるべきというものだ。私たちが見てきたように、それは真実ではない(114)——少年も少女も両方が父親といるとき良い状態になった。全ての年齢において。たとえ父親の収入に優位がなくてさえ。

父親育児のアドバンテージにおいて真実なのは、少女よりも少年の方がより大きいということだ。例えば、男の子は母親といるよりも父親といる方が心理的に良くなる。女の子は母親よりも父親といる方が心理的に（大きくはないが）良くなる(115)。（心理的幸福度は自己肯定感、適応、気分、抑鬱がないことの尺度で決められていた）。

子どもが学校でいかにうまくやっていけるか注目した他の研究者は、父親と同居する両性が良い状態になる一方で、そのパフォーマンスレベルは娘よりは息子の方が良いわけではないことを発見している(116)。

ステップペアレントの影響(117)

アメリカ人の半分以上がステップチャイルドかステップペアレントとして彼らの人生の一部を過ごすだろう(118)。ステップペアレントのカップルの八六%が生物学的な母親と義父である(119)。この義父はもともとお金を生物学的母より持っており、離婚した男性がお金をよりもっていたとき、より彼は再婚する傾向がある。反対に離婚した女性の方がよりお金をもっていたとき、彼女はあまり再婚しない(120)。そのため彼らの家庭収入は少しだけけしか離婚していない家庭より低くない(121)。経済的には、そのステップファミリーは離婚していない家族と似ている。

それがステップペアレントのプロフィールだが――子どもへの影響はどうなのだろう? 良いニュースと悪いニュースがある。

まず始めにいくつかの良いニュースを。ステップファーザーと親密につながった子どもたちは生物学的父親と育った子どもと同じくらい長続きと安定をした(122)。ステップチルドレンは彼らが離婚していない家庭にいるときより多くの問題を持つが、その問題の三分の二や四分の三は深刻ではなく、彼らは最終的に適応する。もしステップファミリーが長続きし安定しているなら、その適応のチャンスは大きくなる(123)。もしステップファーザーが少年の人生の若い内に入ってきたら、その結果はとても肯定感になるだろう(124)。

悪いニュースはまずステップファミリーが長続きし安定することが難しいことで始まる。残念なことに、六〇%が二度目の結婚も離婚している(125)。その悪いニュースはステップファーザーと子どもの中を保つことが難しくなることで続く。なぜ? 多くの理由がある。その子どもたちは通常、再婚よりも前から同居親の相談相手になってきた。その娘は特にステップペアレントに新しい相談相手に取って代わられることを好まない(126)。二つ目に、特に娘は母親により怒りを見せ、そして義父との関係がより難しくなる(127)。幼い少女がより敵対的で破壊的な態度を両親に示し、思春期の少女がまるまるコミュニケーションをしなくなり不機嫌で回避的になる結果として(128)。

その結果？　結婚の二年後、多くの義理の父親は最小限にしか関わらなくなり、信頼関係、コントロール、しつけは低いレベルになる(129)。思い出してほしいのは、義理の父親は最高の稼ぎ手の中から選ばれてきたのであり、それは時間だけでなく多くの対人関係の親密さやその母親と娘の愛着を解きほぐすスキルを持たなくさせる。本質的には、彼は普段本音を少ししか言えないと感じ、彼の貢献が感謝される分野、または少なくとも衝突の起きない分野に戻っていく。一家の大黒柱だ。

離婚していない家庭と比べると、ステップペアレントの家庭にいる子どもはＧＰＡが低く、しつけの問題が多い、そして学校にいたり、大学に出席したり、大学卒業をしにくい傾向がある(130)。シングルマザーの家庭と比較すると、大部分の研究は、子どもの結果は大体同じであると示している(131)。ステップファーザーと息子で、親密さの障害が克服することができ人間関係が続いたとしたらましかもしれない、しかしそれはつまり危険をはらむ区域だ。

いくつかの良いニュースで終わろう。ウィリアム・ビアーは数年後のステップペアレントの子どもを彼らが自身を幸福と考えているか知るために調べた(132)。皮肉にも、最も幸福な大人の女性は母親と養父の組み合わせで育っていた。そして生物学的父親と義理の母親のもとで育った娘もまた幸せであった。両方の組み合わせは八〇％から九〇％が「かなり幸せ」か「とても幸せ」のどちらかが結果であった(133)。

ステップペアレンティングはカウンセリングのコミュニティーにおいて取り組まれる非常に重要な分野である――特にカウンセラーが最も複雑にからまった母親と娘、義父の関係をほどこうと努力するとき。根拠がとてもはっきりして、もしかすると――心理的とは反対に――業務上効果的になりうる一つの領域は、ステップチャイルドと実の子ども両方を片親家庭に移す影響である。

子どもを別居親の下から引き離す影響

私が子どもの頃、両親はたくさん引っ越しした。しかし私はいつも彼らに見つけられた。

――ロドニー・ダンガーフィールド

資料：別居や離婚をした数年以内に四分の三の親権を持つ母親は最低一回は引越している(134)。

資料：住居の移動はステップチャイルドの成功する見込みを決定する最も重要な単一の要因である……ステップファミリーの子どもと二人親家庭の子どものネガティブな違いの全体の六〇％近くを説明する(135)。

親と子どもにとって多くの引っ越しをする良い理由はある――良い仕事や学校、新しい配偶者、それとも単純に新鮮なスタートをきるため。しかし一部の研究は、親の住んでいない場所から子どもを移動させる前に慎重な熟慮が必要ということを示している。

この研究は子ども――特に娘――は、一緒に住んでいない親がそれでも「一緒に買い物をしたり、本を読んだり、出かけたり、宿題をしたり、テレビを見る」ことから「休日を一緒に過ごす」までの日常の事柄を子どもとしているとき、強く利益を得ることが見出された(136)。この研究者は学生の年齢の娘にとって、彼女が一緒に住んでいない親と、この「日常的なことを一緒にやること」は、心理的幸福の唯一の予測指標であると結論付けている。

この発見は、正当な理由なく、自由意志で、子どもを持つ親は州から引っ越せることを決めた最近のカリフォルニア州の最高裁判所の判決を考えると、さらなる緊急性を負っている(137)。そしてカリフォルニア州の判決はしばしば全国的な判決になる、良くも悪くも。

この判決はたいていは、今度は移動がその子どもを深刻に傷つけることを示さなくてはならない父親の立証責任に入れ替わる。経済的に、そのような判決が出される度毎に弁護士を雇うお金がない父親は、子どもと一緒に住まないことで、いかに弱い立場になるか特に意識するに違いない。これは、父親が「どのように」、「なぜ」重要か気付くことによってよいパパになれても、法律が彼がその知識に基づいて行動することを妨げるかもしれない良い例だ。（それらの法律についてはさらに第Ⅱ部で書く）。

何が実現可能な解決策だろうか？　明らかに、法律は両者の同意がない場合、どちらの親も移動することを禁止するべきだ。もし一人の親だけ賛成するなら、その法律は移動する親に、子どもと住んでない親が子どもに会う（例えば月に二回、合計五日かそれ以上）ための費用を払うことを要求することができるべきだ。

この解決策は別居親が子どもと会うことを要求しないが、また彼や彼女が同居親の一方的な決定によって生まれる追加費用の負担のせいで子どもと会うことを妨げたり、思いとどまらせない。

結論

その政策的な示唆は、供給者＝保護者としてのお父さんよりも養育者＝人間関係を築く人としてのお父さんを子どもに教育することで始まる、父親の価値の大きな構図から出てくる。それらは離婚――法的な離婚と心理的離婚――を予防する教育を含んでいる。そしてもし離婚しか道がないなら、最初の方法として共同養育を作る。ペンが剣より強いことがあるように、ほんの少しの父親の育児に関する教育は弁護士、裁判官、警察、ソーシャルワーカーより強いかもしれない。

しかし多くの特定の発見はまた、政策への示唆を含んでいる。例えば、デンマークの研究における父親と住む子どもは集中力障害をかかえる傾向が半分しかない発見は、特に注意欠陥障害をコントロールするためにしばしばリタリン（訳者注：Ritalin ＡＤＤ、ＡＤＨＤの患者に処方される）を投与されているアメリカの子どもたち――特に男児――に関係している。私たちはひょっとしたら彼らからリタリンを取り除き父親を投与すべきではないだろうか？

先進国ではひょっとしたら、「女性の（特に男性からの）被害者感情」vs「最も学歴が高く特権を持っている女性が最もよく〝被害者〟と叫ぶ傾向があることへの、男性の主張されることのあまりない感情」ほど、男女間の緊張が高い領域はないかもしれない。そのデンマークの研究は、父親と住む子どもは七つの〝被害者特徴（victim characteristics）〟（例えば、他の子どもから被害を受けている感情、恐怖へのとらわれ、頻繁な悪夢、低い自己価値、批判に対する過敏さ、かんしゃく気性、孤独感）を主張しにくい傾向があること(138)は、男女間の基本的な緊迫を緩和させるための大きな指標である。被害者にとって、信用することは難しい。そして信用する能力がない人――全て思い通りにいかないとき、加害者を作らなくてはならない人——を信用することも難しい。

ひょっとしたら被害者であると最も感じる女性の集団はシングルマザーかもしれない。ストレスに加えて恐怖だ——貧困の恐怖、彼女の状態が男性を怖がらせるのではないかという恐怖。私が上で言及したように、彼女の経済的剥奪の恐怖は彼の情緒的剥奪の恐怖に匹敵する。

現代のシングルファーザーの成功が指し示すものは、何百万人のシングルマザーと離婚した父親たちにとってでもある。そこには［シングルマザー、別居している父親、子どもの］win-win-win の解決がある。例えばもし離婚したあとの始めの二年子どもが父親と一緒にいるなら、その子どもは自然な移行をする（学校の学年を普通に始め進級する）。これが win-win-win の案である理由はこうだ。

この期間、母親は経済的な力を作り上げる時間を得るため、彼女の経済的依存と恐怖を減らす。父親は情緒的に自分の子どもから必要とされる、子どもの代理としての若い女性ではなく。子どもは自分たちにとってと、行き詰まった父親と、ストレスでいらいらした母親という自分の将来の結婚を離婚で終わらせる代わりとなる未来のビジョン両方において利益を得る。フェミニストにとっては、そう、フェミニストが欲しくてたまらないロールモデルを手にするはずだ。オーケイ、だからこれは win-win-win でもない。win-win-win-win だ。

そのフルタイムでの父親単独育児は共同養育の選択よりも優先されるべきではない。しかしもしフルタイムの父親育児がより信頼を増やし被害者を減らすことにつながるなら、またそれは私たちの子どもたちがよりよい結婚をし、離婚を減らすことつながるため、離婚を経験した子どもの反対のパターンになる。犠牲者であることを減らし、信頼を増やし、より父親が娘を育てることを増やすことは、職場でのセクシャルハラスメントと性差別の訴訟を減らすことに変わるだろう。最も重要なのは、全ての人の共通のゴールである男女の愛情を深めることを導くことだ。

もし全てのこのデータが一行の結論でまとめられるなら、それはこうなるだろう。母親は父親の代理ではなく、そしてお金は父親の代理ではない。

しかし父親が重要であることを知るだけでは、土台にある、母性本能というものはあるが父性本能は存在しないという全てのネガティブな感情を克服するわけではない。また私たちに母親と子どもの関係と、父親と子どもの関係が正確にどう違うかはっきりと理解させるわけでもない。これがその違いだ……。

（注）

（1）Statistical Abstract, 1999, Table 81, op. cit.

（2）Rachel Levy-Shiff, Michael A. Hoffman, Salli Mogilner, Susan Levinger, and Mario B. Mogilner"Fathers' Hospital Visits to their Preterm Infants as a Predictor of Father — Infant Relationship and Infant Development," Pediatrics,Vol.86, 1990, pp.291-292. その著者はイスラエルのバル＝イラン（Bar-Ilan）大学カプラン病院出身だ。

（3）Ibid.

（4）Frank A. Pedersen, Judith L. Rubenstein, and Leon J. Yarrow,"Infant Development in Father-Absent Families,"Journal of Genetic Psychology, Vol.135, 1979, pp.55-57.

（5）The Binet IQ measurementが使われた。L.J. Yarrow, R.P. Klein, S. Lomonaco, and G.A. Morgan,"Cognitive and Motivational Development in Early Childhood,"in B.Z. Friedlander, et al., Exceptional Infant 3（NY: Brunner/Mazel, 1974）, as cited in ibid., p.57. 参照。

（6）Ibid., see especially pp.55-57.

（7）Richard Koestner, C.Franz, and J. Weinberger,"The Family Origins of Empathic Concern — A Twenty-Six-Year Longitudinal Study,"Journal of Personality and Social Psychology, Vol.58, No.4, April, 1990, pp. 709-717.

（8）Bryce J. Christensen,"America's Academic Dilemma: The Family and the Schools,"The Family in America, Vol.2, No.6, 1988. 下記で引用 Nicholas Davidson,"Life Without Father: America's Greatest Social Catastrophe,"Policy Review, Winter 1990, p.41.

（9）Martin Deutsch and Bert Brown,"Social Influences in Negro-White Intelligence Differences,"Journal of Social Issues,Vol.20,No.2,1964,p.29

（10）Sara McLanahan and Gary Sandefur, Growing Up with a Single Parent（Cambridge, MA: Harvard University Stress, 1944）, p.41. その四つの全国調査は、全国長期若者調査、収入ダイナミクスのパネル研究、the High School and Beyond Study, the National Survey of Families and Householdsである。その社会経済変数は人種、母親の学歴、父親の学歴、収入、兄弟の数、住居場所、他の異なる背景を含めて統制されていた。12pとAppendix Bを参照してほしい。

（11）Henry Biller, Paternal Deprivation: Family, School, Sexuality, and Society（Lexington, MA: Lexington Books,1974）.

（12）John Guidubaldi, Joseph D.Perry, and Bonnie K. Nastasi,"Growing Up in a Divorced Family: Initial and Long Term Perspectives on

Children's Adjustment,"in Stuart Oscamp, ed.,Applied Social Psychology Annual,Vol.7: Family Processes and Problems（Berverly Hills, CA: Sage Publictions,1987）,p.212.

（13）U.S. Department of Health and Human Services, National Center for Health Statistics,"Family Structure and Children's Health: United States, 1988,"Vital and Health Statistics,〔hereinafter Vital and Health Statistics/"Family Structure…"〕Series 10, No.178（Hyattsville, MD:Public Health Service, 1991）,p.24, Table 10,"Number of Children 5-17 Years of Age and Percent Who Ever Repeated a Grade School, by Family Type and Selected Demographic and Social Characteristics:United States, 1988."特に、実の母親と父親と暮らす子どもの一一・六％（約九人に一人）が留年していた。正式に結婚した母親がいて父親がいない場合、または未婚の母親で父親がいない家庭で暮らす子どもの二四・一％（約四分の一）が留年している。

（14）片親家庭の子どもの停学、除籍、ドロップアウト、不登校と同じくらい高い欠席率は全国小中学校校長団体が全米の小中学校及び高校の八〇〇〇人以上の生徒の記録を調査したことによって明らかになった。"Who Is One,"Time, September 8, 1980.

（15）Sheila Fitzgerald Krein and A. Beller,"Educational Attainment of Children from Single-Parent Families: Differences by Exposure, Gender, and Race,"Demopraphy,Vol.25,May 1998,pp.403-426

（16）Ibid.,pp.403

（17）Lyn Carlsmith,"Effect of Early Father Absence on Scholastic Aptitude," Harvard Educational Review,Vol.37,1964,pp.3-20.

（18）Ibid.

（19）Christensen,"America's Academic Dilemma"op. cit., in Davidson, op. cit.

（20）Guidubaldi, op. cit., in Oscamp, op. cit., Applied Social Psychology Annual, pp.214-217.

（21）B. Sutton-Smith, et al,"Father-Absence Effects in Families of Different Sibling Compositions,"Child Development, Vol.39, 1968, pp. 1213-1221.

（22）McLanahan,op.cit.,pp.48-49;49-50. その四つの全国調査は、全国長期若者調査、収入ダイナミクスのパネル研究、the High School and Beyond Study, the National Survey of Families and Households である。その社会経済変数は人種、母親の学歴、父親の学歴、収入、兄弟の数、住居場所、他の異なる背景を含めて統制されていた。12p と Appendix B を参照してほしい。

（23）Christine Nord, DeeAnn Brimhall, and Jerry West,"Fathers' Involvement in their Children's Schools."U.S. Department of Education, National Center for Education Statistics, Washington,D.C.,1997,pp.viii-ix.

（24）Linda W. Warren and C. Tomlinson-Keasey,"The Context of Suicide,"American Journal of Orthopsychiatry, Vol.57, No.1, January 1987, p.42.

（25） Carmen Noevi Velez and Patricia Cohen,"Suicidal Behavior and Ideation in a Community Sample of Children: Maternal and Youth Reports," Journal of the American Academy of Child and Adolescent Psychiatry, Vol.273, 1988, pp.349-356.

（26） アメリカ厚生省、全米保健統計センター（National Center for Health Statistics）、Vital Statistics of the United States (Washington, D.C.: G.P.O., 1991), Vol. II, Part A,"Mortality"p.51, Table 1-9 "Death Rates for 72 Selected Causes by 5-Year Age Groups, Race, and Sex: U.S., 1998." 正確な比率は、

一〇万人の人口を対象にした年齢と性別による自殺率

年齢五〜九	男性〇・一	女性〇・〇
年齢一〇〜一四	男性二・一	女性〇・八
年齢一五〜一九	男性一八・〇	女性四・四
年齢二〇〜二四	男性二五・八	女性 四・一

（27） John S. Wodarski and Pamela Harris,"Adolescent Suicide: A Review of Influences and the Means for Prevention,"Social Work, Vol.32, No.6,November/ December, 1987, pp.477-484.

（28） M. Main and D.R. Weston,"The Quality of the Toddler's Relationship to Mother and to Father: Related to Conflict Behavior and the Readiness to Establish New Relationships,"Child Development, Vol.52, 1981, pp.932-940.

（29） R. Dalton, et al.,"Psychiatric Hospitalization of Pre-School Children: Admission Factors and Discharge Implications,"Journal of the American Academy of Child and Adolescent Psychiatry, Vol.26, No.3, May, 1987, pp. 308-312.

（30） H.S. Merskey and G.T. Swart,"Family Background and Physical Health of Adolescents Admitted to an In-Patient Psychiatric Unit,1: Principle Caregivers,"Canadian Journal of Psychiatry, Vol.34, 1989, pp. 79-83.

（31） Davidson, op. cit., p.42.

（32） アメリカ司法省、Bureau of Justice Statistics, Special Report: Survey of Youth in Custody,1987（Washington, D.C.:U.S. Department of Justice, Bureau of Justice Statistics, Sept.1988）,p.3, table2,"Family Structure and Peer Group Involvement of Youth in Long-Term, State-Operated Juvenile Institutions, Year End 1987."

（33） Vital and Health Statistics/"Family Structure…"op. cit. ,p. 27, Table 13,"Number of Children 3-17 Years of Age and Percent Treated for Emotional or Behavioral Problems in the Past 12 Months, by Family Type and Selected Demographic and Social Characteristics: United States,1988." 一二ヶ月の間、生物学的な父母と住む子どもは二・七％、父親がいないが正式に結婚した母親と暮らす子どもの八・八

%が情緒的問題、問題行動が見られた。

（34）Vital and Health Statistics/“Family Structure…,” op. cit., p.19, Table 5, “Number of Children 17 Year of Age and Under Percent WHO Had Frequent Headaches in the Past 12 Months, by Family Type and Selected Demographic and Social Characteristics: United States.1988.” 過去一二ヶ月の内で、生物学的な父母と暮らす子どもの二・五%、父親はいない既婚した母親と暮らす子どもの四・一%が偏頭痛を抱えていた。

（35）Ibid., p.21, Table 7, “Number of Children 17 Year of Age and Under Percent WHO Had Chronic Enuresis in the Past 12 Months, by Family Type and Selected Demographic and Social Characteristics: United States. 1988.” 過去一二ヶ月の内で、生物学的な父母と暮らす子どもの二・三%、父親はいない既婚した母親と暮らす子どもの二・九%が夜尿症（おねしょ）を抱えていた。

（36）Ibid., p.20, Table 6, “Number of Children 17 Year of Age and Under Percent WHO Had a Stammer or Other Speech Defect in the Past 12 Months, by Family Type and Selected Demographic and Social Characteristics: United States. 1988.” 過去一二ヶ月の内で、生物学的な父母と暮らす子どもの二・三%、父親はいない既婚した母親と暮らす子どもの三・二%が吃音症や他の言語障害を抱えていた。

（37）Ibid., p.10. 過去一二ヶ月の内で、生物学的な父母と暮らす子どもの三九%、父親はいない既婚した母親と暮らす子どもの五五・三%は、不安や鬱の兆候を一つかそれ以上持っていた。

（38）Ibid., p.10. 過去一二ヶ月の内で、生物学的な父母と暮らす子どもの三四・九%、父親はいない既婚した母親と暮らす子どもの五一・一%が躁病の兆候を一つかそれ以上持っていた。

（39）Guidubaldi, op. cit. , in Oscamp, op. cit. ,Applied Social Psychology Annual, p.230.

（40）Frank Mott, “When Is a Father Really Gone? Paternal-Child Contact in Father-Absent Homes,” Demography, Vol.27, No.4, November 1999, pp.499-518.

（41）P.Frankel, C.F. Behling, and T. Dix, “The Parents of Drug Users” Journal of College Student Personnel, Vol.16, No3, 1975, pp.244-247.

（42）父親の育児参加より重要なのは子どもの年齢だけだった。Robert H. Coombs and John Landsverk, “Parenting Styles and Substance Use During Childhood and Adolescence,” Journal of Marriage and the Family,Vol.50,May 1988, p.479, Table 4.

考慮された要因は、年齢、性別、人種、社会身分、親との親しさ、親の信頼、親による規則、親の厳しさなどであった。被調査者の若者における薬物使用の変数の一七%が年齢によるものであり、父親のポジティブな感情（親しさ）は一〇%の変数を生ずる。他の要因で二%以上の変数が生じるものはない。

（43）U.S.Bureau of the Census,

（44）Francis Ianni, The Search for Structure（NY: Free Press,1989）.

（45）Duke Hefland,"L.A. Skinhead Forms Unlikely Alliance,"Los Angeles Times, August 12, 1996.

（46）Vital and Health Statistics/"Family Structure…,"op. cit. , p.18, Table 4,"Number of Children 17 Years of Age and Under and Percent Who Had Chronic Asthma in the Past 12 Months, by Family Type and Selected Demographic and Social Characteristics: United States, 1988."過去一二ヶ月で、生物学的な父母と住む子どもは三・九％、結婚しているが父親がおらず母親と住む子どもの五・九％が慢性的な喘息を患っていた。

（47）Daniel Patrick Moynihan,"Half the Nation's Children: Born Without a Fair Chance,"The New York Times, September 25, 1988,p.E25. これらの数値は白人が対象であった。黒人の場合さらに悪くなる。Edward Teyber and Charles D. Hoffman,"Missing Fathers"Psychology Today, April, 1987,pp.36-38. 参照。

（48）Frank F. Furstenberg, Jr. and Kathleen Mullan Harris,"When and Why Fathers Matter: Impacts of Father Involvement on the Children of Adolescent Mothers."以下で引用されている。Robert I. Lerman and Theodora J. Ooms, eds. ,Young Unwed Fathers: Changing Roles and Emerging Policies（Philadelphia: Temple University Press, 1993）, pp.127 and 130. その研究の対象の子どもの人数は合計二五三人であった。都市部の一〇代の母親の息子は一五％が一九歳までに子どもを持っていた。彼らの内、実の父親と親しい人間関係を持っていた者はいなかった。

（49）マーク・クレメンツ調査（Mark Clements Research）によって行われた調査の七二〇人の一〇代の少女の内、六％が妊娠していた。対象者は地理、世帯収入、世帯の大きさによって国勢調査のデータを代表している。調査は『Parade』誌に依頼され、そこで発表された。February 2, 1997, pp.4-5.

（50）Ibid. 八五％の少女が有意に女性の友人と見ていた。八三％が有意に少年からプレッシャーを見ていた。

（51）MacLanahan, op. cit. , p.53, Figure4:"The risk of teen births for women."その四つの全国調査は、the National Longitudinal Survey of Youth, the Panel Study of Income Dynamics, the High School and Beyond Study, the National Survey of Families and Households である。その社会的、経済的変数は人種、母親の教育歴、父親の教育歴、兄弟姉妹の数、住んでいる場所、その他の背景の違いを含めて統制されていた。12p と Appendix B 参照。

（52）E.M. Hetherington,"Effects of Father Absence on Personality Development in Adolescent Daughters,"Developmental Psychology, Vol.7,1972, pp.313-326; and Teyber, op. cit., pp.36-38.

（53）E.M. Hetherington,"My Heart Belongs to Daddy: A Study of the Marriages of Daughters of Divorcees and Widows,"未出版原稿、ヴァー

ジニア大学、1977。

（54）Dewey G. Cornell（University of Virginia）,in "Juvenile Homicide: Personality and Developmental Factors,"final report to the Harry Frank Guggenheim Foundation, New York,NY,1989.

（55）Raymond A. Knight and Robert A. Prentky,"The Developmental Antecedents of Adult Adaptions of Rapist Sub-Types,"Criminal Justice and Behavior, Vol.14, December, 1987, pp.413-414. ナイトとプレンツキーはこのレイピストのタイプを〝置換した怒り〟を持つ者とラベルしていた。

（56）Wray Herbert,"Dousing the Kindlers,"Psychology Today, January, 1985, p.28.

（57）Special Report: Survey of Youth in Custody, 1987,op.cit.

（58）Douglas A. Smith and G. Roger Jarjoura,"Social Structure and Criminal Victimization,"Journal of Research in Crime and Delinquency, Vol.25, No.1, February,1988, pp.27-52.

（59）John Johnson and Ronald L. Soble,"The Brothers Menendez,"Los Angeles Times, July 22, 1990, cover.

（60）Warshak,op.cit.,pp.199-200.

（61）E.M. Hetherington, M. Cox, and R. Cox,"Effects of Divorce on Parents and Children,"in M. Lamb, ed. , Non-Traditional Families（New Jesey: Lawrence Erllaum,1982）,pp.233-288; Judith Wallerstein and Joan B. Kelly, Surviving the Breakup（NY: Basic Books,1980）;John W. Santrock and Richard A. Warshak,"The Impact of Divorce in Father-Custody and Mother-Custody Homes: The Child's Perspective,"in L.A. Kurdek, ed. ,Children Divorce（San Francisco,CA:Jossey-Bass,1983）.

（62）Ibid.

（63）Ibid.

（64）E.B. Karp,"Children's Adjustment in Joint and Single Custody: An Empirical Study,"doctoral dissertation, California School of Professional Pychology,Berkeley,CA,1982.

（65）L. P. Noonan,"Effects of Long-Term Conflict on Personality Functioning of Children of Divorce," doctoral dissertation, The Wright Institute Graduate School of Psychology,Bnrkeley,CA,1985.

（66）E.G. Pojman,"Emotional Adjustment of Boys in Sole Custody and Joint Custody Compared with Adjustment of Boys in Happy and Unhappy Marriages,"unpublished doctoral dissertation, California Graduate Institute, Los Angeles, 1982.

（67）Paula M. Raines,"Joint Custody and the Right to Travel: Legal and Psychological Implications,"Journal of Family Laws, Vol.24, June 1986, pp.625-656.

（68）D.A.Luepnitz,"Maternal, Paternal, and Joint Custody: A Study of Families After Divorce,"doctoral dissertation, State University of New York at Buffalo,1980.

（69）Karp, doctoral dissertation, op. cit.

（70）D.B. Cowan,"Mother Custody Versus Joint Custody: Children's Parental Relationship and Adjustment,"doctoral dissertation, University of Washington,1982.

（71）Isabel A. Lehrman,"Adjustment of Latency Age Children in Joint and Single Custody Arrangements,"Dissertation Abstracts International, Vol.50, No.8, February 1990 にて要約。（order#DA8925682）

（72）B. H. Granite,"An Investigation of the Relationship Among Self-Concept, Parental Behaviors, and the Adjustment of Children in Different Custodial Living Arrangements Following a Martial Separation and/or a Divorce,"doctoral dissertation, University of Pennsylvania,Philadelpha,1985.

（73）Margaret Crosbie-Burnett,"Impact of Joint vs. Sole Custody and Quality of Co-Parental Relationship on Adjustment of Adolescents in Remarried Families,"Behavioral Sciences& the Law,1991, Fall,Vol.9, No.4, pp. 439-449.

（74）Luepnitz, doctoral dissertation, op. cit.

（75）Shirley M. H. Hanson,"Healthy Single Parent Families,"Family Relations, Vol.35, 1986, p.131.

（76）Statistical Abstract, 1999, Table 81, op. cit. 一九九八年までに、その父親たちの合計人数は一七九万八〇〇〇人であり、毎年増加している。

（77）U.S.Bureau of the Census,Public Use Microdata Samples（PUMS）,1990,a 5% sample of the U.S.population,as cited in David J.Eggebeen,Anastasia R.Snyder,and Wendy D.Manning,"Children in Single-Father Families in Demograhic Perspective,"Journal of Family Issues,Vol.17,No.4,July 1996,p.450,Table 2,"Characteristics of Single-Father Families." 父親の五三％の世帯収入は上から四〇％に入る。逆に下から二〇％に入る父親は一三％だけである。

（78）Carmen Noevi Velez,J.Johnson,and P.Cohen,"A Longitudinal Analysis of Selected Risk Factors for Childhood Psychopathology,"Journal of the American of Child and Adolescent Psychiry,1989,Vol.28,pp.861-864,as cited in ibid.,Eggebeen,p.453.

（79）F.C. Verhalst, G.W. Akkerhuis, and M. Althaus,"Mental Health in Dutch Chilren:1.A Cross-Cultural Comparison,"Acta Psychiatrica Scandinavica,1985,Vol.72（Suppl.）,pp.1-108;and E.E. Werner,"Stress and Protective Factors in Children's Lives,"in A. R. Nichoe, ed. ,Longitudinal

Studies in Child Psychology and Psychiatry（NY: John Wiley&Sons,1985）,pp.335-355,as cited in ibid.,Eggebeen,p.453.

（80）J.T. Gibbs,"Assessment of Depression in Urban Adolescent Females: Implications for Early Intervention Strategies,"American Journal of Social Pryciatry,1986,Vol.6,pp.50-56,as cited in ibid., Eggebeen.

（81）G.J. Duncan and W. L. Rodgers,"Longitudinal Aspects of Child Poverty,"Journal of Marriage and the Family,1988,Vol.50,pp.1007-1021;and M.S. Hill and G.J. Duncan,"Parental Family Income and the Socioeconomic Attainment of Children,"Social Science Research,1987,Vol.16,pp.39-73,as cited in ibid, Eggebeen.

（82）K. Alison Clarke-Stewart and Craig Hayward,"Advantages of Father Custody and Contact for the Psychological Well-Bing of School-Age Children,"Journal of Applied Developmental Psychology, Vol. 17, No.2, April-June 1996, pp.239-270.

（83）Warshak, op. cit. , p. 190.

（84）Mary Jo Coiro, Nicholas Zill, and Barbara Bloom, "Health of Our Nation's Children," U.S. Department of Health and Human Services, National Center for Health Statistics, Centers For Disease Control and Prevention, Vital and Health Statistics, Series 10, No. 191, December 1994. その全国保健インタビュー調査は国勢調査局の一万七〇〇〇人の児童を含んだ一二万二〇〇〇人の個人の対象者に基づいている。

（85）John W. Santrock and Richard A. Warshak,"Father Custody and Social Development in Boys and Girls,"Journal of Social Issues,Vol.35,No.4,Fall 1979.

（86）Ibid., pp.112-125.

（87）E.M. Hetherington,"Divorce: A Child's Perspective,"American Psychologist, Vol.34, 1979, pp.831-858.

（88）Kyle D. Pruett,"The Nurturing Male: A Longitudinal Study of Primary Nurturing Fathers,"in Fathers and Their Families, ed. Stanley H. Cath, Alan Gurwitt, and Linda Gunsberg（Hills dale, NJ: The Analytic Press,1989）,p.390.

（89）不当な目にあっていると感じていたのは、父親と暮らす子どもと母親と暮らす子ども三％ vs 一〇％だった。Mogens Nygaard Christoffersen,"An Investigation of Father with 3-5-Year-Old Children."Paper presented at the Social Research-Institute Ministerratskonferenz,Stockholm,Sweden,27-28 April 1995,Chart 3,"Psychosomatic Symptoms of the Parents and Development of the Children."David Bedard による翻訳。E-mail, March 12, 1997. クリストファーセン教授はデンマークの社会調査局に在籍している。その研究はデンマークの全ての実の父親と一緒に住む三から五歳の子どもの四分の一以上（二〇四〇人中の六〇〇人）を調べているため特に重要である。その研究はこれらの子どもを実の母親と暮らす約六〇〇人（三万三七〇八人中）の群と比較した。

（90）Ibid. 母親と住む子どもの三〇％と父親と住む一五％が集中力の問題を持っていた。
（91）Ibid.
（92）Ibid. , Chart 2,"Parents Living Alone With 3-To 5-Year-Old Children."
（93）Pruett, op. cit. , in Fathers and Their Families, op. cit., p.390.
（94）H.S. Goldstein,"Father's Absence and Cognitive Development of 12-to 17-Year-Olds,"Psychological Reports,1982,Vol.51,pp.843-878 参照。また N. Radin,"The Role of the Father in Cognitive, Academic, and Intellectual Development,"in M. E. Lamb,ed. ,The Role of the Father in Child Development（NY: John Wiley& Sons,1981）,pp.379-427; and N. Radin,"The Influence of Fathers on Their Sons and Daughters,"Social Work in Education,1986,Vol.8,pp.77-91.
（95）Ibid.,Radin,"Role of the Father";ibid.,Radin,"Influence of Fathers",and N. Radin and G. Russell,"Increased Paternal Participation and Childhood Outcomes,"in M.E. Lamb and A.Sagi,eds.,Fatherhood and Family Policy（Hillsdale, NJ: Lawrence Erlbaum,1983）,pp.191-218.
（96）E. Bing,"The Effect of Child-Rearing Practices on the Development of Differential Cognitive Abilities,"Child Development, Vol.34, 1963, pp.631-648, as cited in David Popenoe, Life Without Father（NY: The Free Press,1996）,p.148.
（97）Nord, op. cit., pp. viii-ix.
（98）Douglas B. Downey,"The School Performance of Children from Single-Mother and Single-Father Families: Economic or Interpersonal Deprivation?"Journal of Family Issues,1994,Vol 15,No.1. その子どもは一三歳と一四歳であったため、一般化することは制限される。
（99）U.S. Bureau of the Census, Current Population Reports: Population Characteristics, Series P 20, No.488,"Household and Family Characteristics: March, 1995,"October, 1996, pp.59-60, Table 6,"Families, by Type, Age of Own Children, and Educational Attainment, Race, and Hispanic Origin of Householder: March, 1995." このデータは世帯主であるシングルマザーとシングルファーザーを比較しているため、世帯主でないことが多く両親と暮らしていることが多い。大部分の一〇代の母親を含んでいない。その一〇代の母親と父親の教育格差は、一〇代の母親が現実的にその年齢では高校教育を受けることが制限されるだろう一方、通常平均して母親より八歳年齢が高い一〇代の父親は数年多い教育を受ける傾向があるため、より広がる傾向がある。
（100）D.C. Scheck and R. Emerick,"The Young Male Adolescent's Perception of Early Childrearing Behavior: The Differential Effect of Socioeconomic Status and Family Size,"Sociometry,1976, Vol.39, pp.39-52; and J.D. Wright and S.R. Wright,"Social Class and Parental Values for Children: A Partial Replication and Extension of Kohn's Thesis,"American Sociological Review, 1976,Vol.41, pp.141-161,as cited in Eggebeen, op. cit., p.452.

(101) P. Blau and O.D. Duncan, The American Occupational Structure（NY: Academic Press, 1978）;D. L. Featherman and R.M. Hauser, Opportunity and Change（NY: Academic Press, 1978）;W.H. Sewell and R.M. Hauser, Education, Occupation, and Earnings（NY: Academic Press,1975）,as cited in ibid., Eggebeen.

(102) Douglas B. Downey, James W. Ainsworth-Darnell, and Mikaela J. Dufur,"Sex of Parent and Children's Well-Being in Single-Parent Household,"Journal of Marriage and the Family, Vol.60, November 1998, pp.878-893.

(103) Luepnitz, Child Custody, op. cit. ,cited in Warshak, op. cit., p.192.

(104)「母親といる子どもの方がよい」側は Downey の "Sex of Parent...,"op. cit., pp.886 と 887.「父親といる子どもの方がよい」側は Christofersen, op. cit., Chart 2.

(105) Ibid., Christoffersen, Chart 2.

(106) U.S. Department of Health and Human Services, National Center on Child Abuse and Neglect, Third National Incidence Study of Child Abuse and Neglect: Final Report Appendices（Washington, D.C.: U.S. Department of Health and Human Services, National Center on Child Abuse and Neglect,1997）, pp.A-63-A-64. Table A-11B,"Parent Structure by Categories of Maltreatment and Severity for Children Countable Under the Harm Standard." 母親だけの世帯では合計二六四・一人子どもが殺されている。父親だけの世帯では合計一〇・八人である。

(107) Christoffersen, op. cit. , Chart 3.

(108) Coiro, op. cit.,T able 13, p.43.

(109) Ibid., Table, p.49. 実の父親だけと住む子どもの九％が遅い、または不規則な就寝時間であり、実の母親だけと住む子どもの三三％がそうだった。

(110) Christoffersen, op. cit. ,Chart 4,"Psychosomatic Symptoms and Select Background Situations of the Parents."

(111) Clarke-Stewart, op. cit.

(112) Chrisoffersen, op. cit.

(113) Glynnis Walker, Solomon's Children（NY: Arbor House, 1986）, pp.27, 84-85.

(114) Clarke-Stewart,op.cit.,p.257.

(115) bid. , pp. 257-258（including Table 4）.

(116) Douglas B .Downey and Brian Powell,"Do Children in Single-Parent Households Fare Better Living with Same-Sew Parent?"Journal of

Marriage and the Family,Vol.15,February,1993,p.55-71.

(117) この時期の大部分の調査の収集はシャンドラー・アーノルドの功績である。Chandler Arnold,“Children of Stepfamilies: A Snap Shot,”publication from the Center for Law and Public Policy, November, 1998.<http://www.clasp.org/pubs/familyformation/stepfamiliesfinal.BK!.htm> その記録されてない一部は私の視点であるため、そこは差し引いて把握してほしい。

(118) Paul Glick,“Remarried Families, Stepfamilies, and Stepchildren: A Brief Demographic Analysis,”Family Relations, Vol.38, 1989, pp. 27-27.

(119) E. Mavis Hetherington and Kathleen M. Jodl,“Stepfamilies as Settings for Child Development,”in Alan Booth and Judy Dunn, eds. , Stepfamilies: Who Benefits? Who Does Not?（Hillsdale, N.J.: L Erlbaum, 1994）.

(120) Paul Glick,“Remarriage: Some Recent Changes and Variations,”Journal of Family Issues, Vol.1, pp.455-478.

(121) McLanahan, op. cit.

(122) Furstenberg,“Fathers Matter…,”op. cit. Cited in Lerman& Ooms, op. cit. , pp. 127& 130.

(123) Hetherington,“Stepfamilies…,”op. cit. ,in Booth, op. cit.

(124) N. Zill, D. Morrison, and M. Coiro,“Long-Term Effects of Parental Divorce on Parent-Child Relationships, adjustment, and Achievement in Young Adulthood,” Journal of Family Psychology, Vol.7, No.6, 1993, pp.1-13, as quoted in Hetherington,“Stepfamilies,”ibid.

(125) McLanahan, op. cit. ,p.53.

(126) Nan Marie Astone and Sara S. McLanahan,“Family Structure, Residential Mobility, and School Dropout: A Research Note,”Demography, Vol.31, No.4, November 1994, pp.575-583.

(127) W. Glenn Clingempeel, at al.,“Stepparent-Stepchild relationships in Stepmother and Stepfather Families: A Multimethod Study,” Family Relations,Vol.33,1987,pp.465-473

(128) Hetherington,“Stepfamilies...,”op. cit. ,E. Mavis Hetherington and Kathleen M. Jodl,“Stepfamilies as Settings for Child Development,”in Booth, op. cit.

(129) D.R. Morrison, K.A. Moore, C. Blumenthal, M.J. Coiro, and S. Middleton, Parent Child Relations and Investments of Parental Time in Children（Washington, D.C.: Child Trends,Inc.,1994）.

(130) Nan Aston, op. cit. , pp. 575-283.

(131) McLanahan, op. cit.

(132) William R. Beer, American Stepfamilies（New Brunswick, NJ: Transaction Publishers, 1992）,p.217.

(133) Ibid.
(134) Maura Dolan, Legal Affairs Writer,"Justices Ease Relocation of Children in Divorce Cases," Los Angeles Times ,April 16, 1996, p.1. 参照。
(135) McLanahan, op. cit.
(136) Clarke-Stewart, op. cit.,p.239.
(137) そのカリフォルニアの最高裁判所はこの家族法の大きな変移を以下で命じた。Marriage of Burgess（1996）13 Cal.4th 25. また Dolan, op. cit も参照。
(138) Christoffersen, op. cit. , Chart 3. 父親と住む子どもの三%と母親と住む子どもの一〇%が被害者であると感じていた。恐怖発作は父親と住む子どもの一%、母親と住む子どもの四%が経験していた。悪夢は父親と住む子どもの六%、母親と住む子どもの一三%が経験していた。

第二章…正確に、父親が子どもにすることは母親と何が異なるのだろうか？

なぜ父親の育児参加が子どもにそこまでポジティブに影響するかという理由を一〇〇％確実に説明できる人はいない。ひょっとすると最も重要な理由は少し皮肉的かもしれない。父親と住む子どもは逆の場合よりも母親と接触が多く、より母親によい感情をもっている。別の言い方をすれば、父親と住む子どもは有効な二人の親を持つ傾向がある。

父親の貢献はより優れているのでなく、ただ異なる。例えば、母親が遊ぶとき、彼女たちは子どもの注意をより遊びに向かせ、子どものペースで続けさせる(1)。母親の遊びは感情的な安心と個人の安全をもっと強調する傾向がある――子どもにブランコをあまり高くこぎすぎないよう注意するように。父親はもっと彼らにどうやって高くこぐか、一番高いところで飛び降りるか教え、常にセーフティーネットを張りながらもそれを子どもに感じさせずにする。

父親は遊びを教材として使う傾向がある。彼は遊びと教育を区分しない。彼は異なった遊びのスタイルを採用する――リスクテイキングと競争を励まし、子どもの身体的精神的スキルの限界を試し、子どもにより勝ったり負けたりさせる（だからより笑いより泣く）。そして遊びを通して、彼は子どもに彼や彼女らのスキルと集中力を改善することと、ずるをしたり怨みを持ったり暴力に訴えることなしに負けを受け入れることを教育する。

一部の父親たちは意識的にこれらの遊びと教育のつながりを子どもがもてるように助ける。他の父親たちは無意識にこのつながりを与える。他の父親たちはつながりがあることを意識していないが、しかしそうであってもそのつながりは与えられる（無意識に！）。

研究は継続的に、幼い子どもとであっても、遊びの男性のスタイルはより活発さを含み、子どもを高く「たかいたかい」し(2)、おしゃべりが少なく、束縛が少なく、体を動かせる傾向があると示している(3)。世の父親たちに対して素晴らしい本を書いた父親であるアーミン・ブロットは「例えば娘は二人とも一歳まで僕の背中に馬乗りになって多くの時間を過ごし、一八ヶ月になる前に——手を使わないで——肩の上で立つことができるようになった」と述べている(4)。

これらの遊びの形は三つの主な領域で子どもの発達を促すように見うけられる。感情のコントロール、知的発達、学業成績だ(5)。感情のコントロールから見てみよう。

活発に遊んでこなかった子どもは思い通りに行かなくなったとき、通常噛みついたり蹴ったり、物理的な暴力をふるう。それは父親が遊びをやめ、何がいけないか、どうしていけないかを説明するきっかけになる。その子どもは毎回そうすると遊びが中断されるため、学ぶインセンティブを持つ。またその子どもはどこまでやると「いい加減にしなさい」になるのか、どこまでやると「終わりにしなさい」になるのか学習する。次にその子どもは自制心と「暴力や攻撃性を含まない社会的に受容される行動の形」を学習する(6)。これは父親と遊ぶとき、子どもがより攻撃的に見えることに気付いている母親には直感に反するように感じるかもしれない。事実、父親と遊んでいるときの子どもはより攻撃的である。しかしそれはまさに、受け入れられる自己主張と受け入れられない攻撃性の境界で遊んでいるのであり、現実生活の経験でどこに線引きすればいいか知ることを助ける。活発に遊ぶことは女の子と男の子の両方に何が自分に達成できるのか、どの主張方法が通り、成功と失敗にどのように対処するか発見させる——その全てがアイデンティティの形成に重要で、成功するのに不可欠だ。

私たちはしばしば母親がしているのは世話で、父親は遊んでいるだけだと聞かされる。これは偽りの——危険でさえある——二分法である。なぜなら父親特有の遊びのスタイルは、教えることに意識を集中することを含み、研究が示しているように、それが意識的に意図されていないときでも子どものためになるからだ。だから男性の育児の形や子どもの発達への貢献として父親の遊びの仕方を捉えることがより正しい。

私自身の子どもとプロレスごっこをしたり鬼ごっこやサッカーをした経験からすると、この二分法は、失敗したり負けた子どもが母親に慰められてしまうことで補強されるとしばしば気付く。解決策？　ええ、もし母親が近くにいなかったら、子どもは慰めてほしくて父親の所にくる。子どもが男の教師や親から得る価値の一つは、活発に子どもと遊ぶ男性の能力は、子どもをあやす能力を排除するわけではないと知ることだ。

ジェンダー問題を扱ってきた二九年間の私の個人的な観察では、私はパパの遊びのスタイルは子どもに多くの他の活発な機能を与えることに気付いた。子どもはパパのやり方で遊ぶのが大好きなため、より遊んでもらうために、しつけにしたがうインセンティブが生まれる。遊びによる愛着関係だ。子どもの一緒にいたいインセンティブは反抗する気を抑えるため、これにより父親は反抗されることなく境界を設置することができる。反対に、愛着関係のない境界は反抗を生みかねない。父親のスタイル――「八時まで活発に遊び、その後誰が一番早くベットに着くか競争する」――は親が楽しみながら責任も負う方法を形成する。

私がしつけの境界作りに失敗している女性を観察してたとき、最もよく見過ごされているのは、ユーモアのセンス、遊び、体を一緒に動かし、親と子が仲間として愛着関係を持てる楽しさであった。

私はときどき、「子どもの発達にとってより重要なのは、遊びですか、それともしつけに従わせることですか？」と聞かれる。それはまるでこのように聞くようなものだ、「サラダのドレッシングにより大切なのは、オイルですか、それとも酢ですか？」生徒の授業に入った最初の週、私はたくさんの遊びやロールプレイングをクラスで行ったことを覚えている。生徒たちは同意しなかったが、私は生徒に自分をファーストネームで呼ぶよう促した。私は一度も声を張り上げなかった。しかしその後……。

私は最初の試験を行った。すると多くの生徒が落ちた。私のうろたえに対する彼らの返答は「たくさん楽しいことをやってきたから、先生が難しい試験をするだろうなんて全然思わなかった」というものであった。私は生徒に、オイルとビネガーのように楽しさとしつけは、別々よりも一緒にした方がよいという認識の準備をさせることに失敗した。私は自分のミスを認識して、生徒たちに私が来週別の難しいテストを実施し、そこでよい成績評価をとることができると伝えた。それが彼らが勉強しなかった最後のときだった。いつの間にか、その言葉は私が次のクラスに入る前に生徒は知っていた。

その解決方法は単にしつけをより増やすことではないことをはっきりしておきたい。例えば、ソ連の貧しい生徒の七〇％は独裁的な母親のいる家庭出身である(7)。子どもが自分の感情を表し、それに対して親が議論ではなく主張をしたとき、または子どもが何か間違いを犯したことを自発的に言い、そして親が正直に言った報酬を与えずしつけや制限を与えるとき、子どもはよい子のふりをするか、引きこもるか、反抗するか、それらが組み合わさった反応をする。いずれにしても、その子どもは親のそばにいることをふさわしくないと感じ、しばしば抑うつの原因になる。

多くの父親が家庭に対して行う最大の貢献の一つは、子どもをチームスポーツに入れることだ。単なるスポーツではなく、チームスポーツに。私はチームスポーツの価値を、第Ⅰ部の解決方法の章でより深く議論するが、しかしチームスポーツは子どもに協力と競争、「自由にやる」と「ゲームのルール」、楽しさと訓練、勝者と良い敗者になること、感動と汗をかくことのバランスをとることを教えてくれる。この全てを意識せずに学習させる。明らかに、このプロセスへの母親のサポートと行事への出席はさらなる付加価値を作り出す。

一緒に遊ぶ家族はいつも一緒にいるというのは言い過ぎだが、より正確に言えば、どのように一緒に遊ぶかを知っている家族は一緒にいるためのツールを持っている。

リスクをとるという男性の社会化は――それがハイリスクの仕事だろうと、始めのアイコンタクトからセックスまでに含まれる恋愛の約一五〇の拒絶のリスクだろうと――リスクには失敗が含まれ拒絶は人生の終わりではないことを父親たちに教え、彼らの子どもたちがリスクをとり、負けたり拒絶されたりすることに対処できるように父親たちが助けることを準備させるようだ。それはまた父親に、しつけ後に子どもに拒絶されるリスクを負って、子どもたちをしつけさせることを促す。

私自身のシングルマザーとのコンタクトでは、多くの母親が私が呼ぶところの「シングルペアレント症候群」の様子を見せていた。子どもに必要とされることで――友人として、必要とされると感じさせる人の両方として。彼女らは子どもが自分たちを拒絶することを恐れていた。その彼女の子どもとの対立の可能性はシングルマザーを、配偶者として失敗したことに加えて親として失敗したのではないかと恐れさせる、「きっと誰も私と一緒に暮らせないんだわ、そして離婚も私のせいに違いない」。さらに、拒絶されることを恐れることで、彼女は子どもが言うことを聞かなかった場合のペナルティを執行したがらない。しかしながら、彼女が子どもの拒絶を恐れるほど、子どもは彼女の恐怖を感じ、彼女のリミットを試し、ますます彼女を疲れさせようとする。

多くの父親の自然な方法は、教えて指導することだ。研究者たちは、仕事で成功するように成長した女性は二つのことを共通して持っている傾向があることを発見した。彼女らを尊重し励ます父親(8)と、男性のメンター(9)だ。これをあなたが一番よく知っている仕事やスポーツで思い浮かべてほしい。

男性は成功する女性に脅かされるのではないの？　特に父親は成功する娘に？　一般的には違う。彼らはそれを励ます。二〇〇〇年のオリンピックの女性メダル獲得者のほとんど全員のコーチが父親、夫、男性であった(例えば、ビーナスとセレナ・ウィリアムズ、マリアン・ジョーンズ)。なぜ私たちは違うイメージを持ってしまうのだろう？　なぜならステージⅠの父親たち(女性が子育てに人生を費やしている時代に生きてきた父親)は、娘の成功を異なるやり方で——七、八人の子どもを育てることを養えるお金を稼ぐことができる男性と結婚させるように——促した。ステージⅠの父親たちは、息子を死の可能性がある戦争に参加させることを息子への性差別だと見ないのと同じくらい、これを娘への性差別として見なかった。その父親たちはその世代の母親たちがしてきたこととちょうど同じことをした——彼らの子どもを、結婚させ次の世代の子どもの潜在的な最高の保護者になるように教育した。

父親はしばしば実際に言葉に出すことなしに母親の価値観に合わせる。例えば、結婚前、父親は母親よりも教会に通う傾向は少ない。多くの父親たちは私に、子どもと神はいるのかいないのかというような問題をオープンに議論したいが、しかし妻から「子どもを混乱させないでほしい」というプレッシャーを感じると話す。母親は教会が、良い道徳教育と安定のソースであると感じているかもしれない。父親は探求のプロセスが、道徳教育と安定のソースであると感じているかもしれない。親同士が自分たちの考えに関するオープンな対話をすることで、子どもは利益を得ることができる——しかしもしパパが養育を「彼女の仕事」として扱っていたら対話はすることはできない。

しかし母親業は男性の本能ではなく女性の本能だから「彼女の仕事」ではないだろうか？　それはかなり間違っている。

父性本能はあるの?

多くの野生の動物種は、雄が献身的な父親になる性質を特徴とする。しかし飼い慣らされるとその特徴は消え去る。そのため家畜となった動物の雄は、子どもを育てる雌をアシストしない(10)。なぜしない?

狼――もしくは野生の犬――と家畜化された犬の父性本能に何が起こったか、人間にも当てはまるかもしれないと意識しながら見てみよう。遺伝的には、狼と犬は実質的に同じだ――わずか一%の違いしかない(11)。

『良い父親、悪い父親――動物行動学から見た父性』(The Emperor's Embrace)という本の中で、ジェフリー・M・マッソン(Jeffrey Masson)は狼の典型的なファザーリング行動を記述している。お父さん狼が狩りから帰ってくると、彼の六匹の子犬は「顔に飛び乗り頬をよせ、前足でひっかき、鼻を寄せ口元や頭を軽くかむ(12)」。その父親は狩りで食べ物をとってきて、胃の中に保存してきた、まるで彼のお腹を買い物袋のようにして。彼は口を大きく――とても大きく――開け食べ物を子犬たちに吐き出す。彼は子犬たちが熱狂して競い合う引き金役になりたくないので、既に食べ物を噛みちぎり胃の中で小さくいくつかに分けていた!(13)

そのお父さん狼はしばしば子どもを舐めてきれいにし、巣穴を捕食者から守り、そして次に、子どもたちが十分に成長したと感じたら、巣穴から出してどのように狩りをするか教える。父親狼はこれをいわばゲームのルールを教えることで行う。彼と母親狼は、子犬たちを一緒に社会化する。同じく、コヨーテやキツネは活発で愛情的な父親だ(14)。犬たちが野生で生活している限り。

通常、無関心で、参加しない父親である家畜化された犬には何が起こったのだろう? マッソンの説明では、家畜化された犬たちには、人間の家族が狼の群れの代わりをする。人間の家族が子犬の世話をし、子犬に餌をあげ、子犬をなで、子犬を抱きしめ愛情を与え、そしてしばしば彼らから離してしまう。父親は必要とされなかった――彼は世話をするインセンティブがない。しかし彼は世話をする――愛情を与えてくれるものの世話をする。そのため彼は自分の飼い主や飼い主の子どもの世話をする。彼の保護本能は人間の子どもを守ることに転化する、彼が愛情を受け取る相手に(15)。彼はしばしばその人間の子どもをガードし、危険から守り、保護しつつ、一緒に遊ぶだろう。

人間への教訓？　動物の父親に対する家畜化は、人間の父親に対する母親親権だ。父親の日常的な愛情が必要とされず、だから父親が与える日常的なパンは供給されなくなる。だから共同養育（共同親権）をする父親の八五％は養育費を完全に遅れずに払う。そして母親が親権をとり父親と子どもが会う機会を妨げたり否定しないとき、これらの父親の七九％が養育費を満額、遅れずに支払う。しかし子どもと会うことが減らされたり否定されたとき、五六％の父親しか養育費を払わない(16)。

アメリカ心理療法士学会（the American Academy of psychotherapists）の前代表のハワード・ハルパーン（Howard Halpern）は、人間の父親の仕事は二重になっていると説明する。母親が子離れするように助けること、この子離れで脅威を感じているかもしれない「母親の中の小さな子ども」を養育すること。

もし犬の飼い主が、お父さん犬の口から食べ物を取り出し、お母さん犬に与え、そのお母さん犬が子犬たちに父親がとってきたばかりの食べ物を与えさせるためだけに、お父さん犬に子犬たちのために〝お金を稼ぐ〟ように要求したら何が起こるだろうか？　そのお父さん犬は出て行ったまま戻らないだろう。

飼い主がその父親犬を常に追いかけることができ、彼が〝稼ぐ〟まで罰すると考えてほしい。父親犬はおそらくわずかな食べ物しか生み出さないだろう、可能な限りわずかしか――単に罰せられないための。その間、彼の遠征の中で、父親犬は彼の愛情を欲しがる誰かを探すだろう、彼が狩りをしてきたくなるような誰かを。

だから人間の父親は同じように政府の養育費の義務に対して行動する。彼はお金を隠し貯め始める、彼が愛を受け取るためにお金を使い、愛するだろう新しい家庭を見つけることを望んで。つまり、全ての動物心理学者がすぐに直感するように、父親犬は子犬から顔に飛び乗られたり頬ずりすることなしに（稼ぐために）狩りをしてリスクをとるインセンティブがなくなるだろう(17)。（もちろん私は、その父親が本当に無責任なときに母親や政府が代理の父親を演じるのに反対していない――その母親が彼女は父親の代理になることができると信じ政府が彼女にそうするよう支払っている場合にのみ）。

アメリカ合衆国は人々を強制させて働かそうとした別の一つの経験がある。残業に対して報酬を与えず家族の愛情も受けさせなかった。それは奴隷制と呼ばれた。賢い奴隷たち——生き残れた奴隷たち——は一部の父親が政府や単独親権の母親に対して行動するようなことを農場主に対してし始めた。殴られない最低限の働きをし、彼らが可能な限りやっているように見せることだ。

父性「本能」はどれくらい父親に対して強力で普遍的なのだろうか? 今世紀に入るまで、数万人の母親たちがそれぞれの世代で出産によって死んでいた。政府は介入しなかった。父親たちがした。その父親はおそらく子どもに安定をもたらすための彼が知っている限り最高の仕事で激しく働くことで子どもを保護する、または家庭に家族の一員を連れてくることで父親として選ばれるかもしれない、しかしいずれの方法にしろ前に出て責任をとる。私たちはシングルファーザーの困窮に関する記事を読まない。死亡した母親からの養育費はなかった。父親を救うどんな母親の代理としての政府プログラムもなかった。その父親たちは救助者よって飼い慣らされなかった。彼らは必要とされていた。そして野生の狼のように、彼らはそれに応えた。

おそらく「本能」は父性本能それ自体ではないが、どんな形をとるにせよ保護し、供給し、責任を持つ本能だ——愛情を受け、与える報酬とともに。この男性の本能は、彼を愛してくれる誰かから必要とされたり、愛してくれる誰かに信頼されたとき引き金になるように見える。

この男性の保護や供給する本能は、愛する国や愛する子どもを守るために呼び起こすことができる。戦争のために、または愛情のために。それは適応的で転移可能である。彼の愛する者のためで、彼がする行動でその者に愛されている限り。その転移可能性を見てみよう。

私たちはみな父親が亡くなる家庭で、死ぬ間際ベッドの上で、年長の息子に責任のバトンを渡して「お前が今からこの家の男だ。ママと妹や弟を大切にしなさい」と言うのを知っている。そして私たちはみな、父親が戦争に行っているときの少年が小さな男に変化し、もし父親が家に帰ってきたら子どもに戻り、父親が殺されてしまったら未成熟に男性になったことを聞いてきた。

プロミス・キーパーズと男性百万大行進（Million Man March）は教会を、父なる神から息子である彼らの牧師に責任の「バトンを渡す」ために使った。もしそれが本能であるだけだったら、それは教えられる必要はない。しかしもしそれが本能に深く根付いていないなら、必要とされたときこれほど素早く多くの男性の精神を動かさない。

『男の不可解 女の不機嫌――男心の裏読み・速読み・斜め読み』（Why Men Are the Way They Are）で、私は愛情を与え受け取る男性のニーズを男性の第一のニーズとラベルした。この力はひょっとすると、あなたがイントロダクションで目にしたアレックスとエリンの母親リズが、いかに私に「私と前の夫のジェフは長いこと生物学的な子どもを持つことができなかった」と伝えた体験から最もよく描写できるかもしれない。リズは養子を提案した。ジェフはあまり熱心ではなかったが、最終的には同意した。彼らはエリンを養子にした。養子をとってからほどなくしてリズはアレックスを妊娠した。六ヶ月後ジェフは養子の娘エリンを深く愛していたため、彼は瞬間的に「僕はエリンのように実の子どもを愛せるか想像できない」と恐怖を表した。しかしアレックスは程なくして生まれ、彼は自分が想像することができる以上に愛情をもつことを発見した。

私たちがそれをニーズ、または本能と呼ぼうとも、愛し愛されることは一部の人たちにとって、生きるニーズと同じくらい優先されるように見える。私がイントロダクションで議論したように、人々が彼らが愛されず必要とされないとき、彼らは自殺の候補者になる。男性は特にこの愛の喪失に傷つきやすい――それがなぜ男性が女性の約一〇倍配偶者が死んだり離婚したあと自殺するかの理由だ(18)。

母性本能はあるの？

何十万年の間、数え切れない母親が子どもを出産してこの世を去った。彼女たちは出産で死んだ。多くの母親は未だに死に、そして何百万の母親は自分の生活を子どもの生活の二の次にする。これは母性本能を示しているだろうか？　一つのレベルでは、そうだ。

別のレベルでは母親は父親よりも子どもをネグレクトしたり身体的に虐待したり殺害する。これには多くの理由があり、次の章で明らかにするが、しかしそれは私たちが母性本能を考えるときに思い付くことではない。

母性本能はあまりに自動的で反射的な何かを含むだろうため、母親はそれに疑問をもたないかもしれない。しかし、実質的に全ての母親が疑問を持つことなく彼女の子どものためにあらゆることを諦め、または献身的であったり母親として過ごすことさえ幸せと感じるとは言うことはできない。例えば……。

資料：アン・ランダース（訳者注：Ann Landers 新聞紙面で身の上相談に答える女性のアイコン）が新聞の読者に「もしもう一度人生をやり直せるなら、あなたは子どもを持ちますか？」と聞いたとき一万人の女性が答えた。七〇％が「ノー」と言った(19)。

子どもの全国調査では、三九％が彼らの父親と親密であると感じていたと言った。四六％が彼らの母親と親密だと感じていると言った(20)。母親vs父親の子どもと過ごす時間の量を考えると、もし母性本能があり、父性本能が存在しないなら、本来なら私たちは実質的に全ての子どもが母親と親密であると感じることを期待できるだろう。

私たちの社会の大部分の人は、乳児は父親よりも母親から離されることに抵抗するという研究を読んできた。そしてそれは母性本能を示していると見られた。しかし私たちは、そのデータが母親側だけの報告から集められたことは読んでいない(21)。その研究は六〇年代初期に行われた。それ以降何十人の研究者たちが、様々な手法を使った両性の親を対象にした八つの独立した研究を行った。彼らは一つのことに同意した。どちらの親が一緒にいようと去ったりしようと有意な差はなかった(22)。

私たちが子どもとコミュニケーションをとろうとし、子どもが泣き母親にすがるのを目にしたとき、私たちの母性本能の信仰がいかに頻繁に無意識に補強されるか考えてほしい。しかし私たちが上記で、より父親が育児に参加するとその子どもはより人を信じるようになるのを見てきたのを覚えているだろうか？(23) 私たちが実際に検証してきていることは、いかに多くの母親とわずかな父親が子どもを疑い深くさせることだ(24)。私たちは母親への依存が疑い深さを導くのを見てきた。もし疑い深さを導くのなら、それは本当に過度の依存ということだ。母親の過度の依存を本能と呼ぶことで、私たちは依存と自立のバランスの必要性に自分で目隠ししてしまう。そして（シングルファーザーが免除されている）母性の共依存を検証する必要性にも目隠しをしてしまう。

より父親が子育てに参加すればするほど、子どもの母親との分離不安は少なくなる。一部の父親たちが動物がするように生まれたての赤ん坊に囁くことはボンディング（bonding）のプロセスを強固にする[25]。これらの父親たちは「説明が付かないほど深い絆」が、子どもたちが成長したとき自分たちとの間にあることを報告する。

皮肉にも、私たちは母親に子どもを戻し与えることで問題を解決しているため、その子どもの過度の依存を強化する。もちろん、私たちがより母親を与えれば子どもは泣きやむが、それはちょうど私たちがキャンディーをあげて子どもが泣きやむようなものだ。それは本能に対する反応ではなく、その要求が満たされたことに対する反応である。

一部の父親のリスクテイキングを励ます性質が、母親の参加による均衡抜きでは行き過ぎる可能性があるように、母親の子どもを保護する性質は父親の参加による均衡抜きでは行き過ぎる可能性がある。母親の子育て《マザーリング》は、窒息《スマーザリング》という結果になる可能性がある。

マザーリングvsスマーザリング（窒息）

資料：溺愛的なマザーリングは若い年齢で軍隊に参加する男性の特徴である[26]。

マザーリングにとっての溺愛は、男性役割にとっての仕事中毒のようなものだ。私たちの伝統的な役割をあまりに強く充たそうとする傾向だ。手段として意図されていたことが（お金を稼ぎ子どもを育てる）、目的になる（お金や子どもへの中毒）。ワーカホリズムとスマーザリングはノイローゼとしての伝統的性役割である。

離婚はこの神経症的な性役割の分化を拡大する。なぜ？　私たちの多くは幼少期に傷がある。よい結婚は児童期の傷に保護とコーティングを提供する。離婚はこれらの傷をさらすだけでなく、切り開く。エドナ・セント・ウィンセント・ミレイは愛情を喪失したあとの産後の虚無感に触れている。「あなたがいた場所に、世界に穴が空いている、日中は歩き回り夜はその中に落ちる私に気付く」。

虚無感を避けるために、両性は新しい保護的なコーティングに走り回る。男性は仕事に走り、女性は子どもに走る。男性は自分の天職（コーリング）を行い、女性は自分の子どもの呼ぶ声（コーリング）を聞く。両性は彼ら自身が誰かに必要とされたときに、本当に自分たちであると確信する。

スマーザリングはより深刻な問題を生む。並外れた母親だけとの親密さと愛着の強さは、児童性犯罪者の八三％が持つ特徴である(27)。同じく、大統領暗殺者たちはほとんどいつも支配的な母親と、弱く無力な父親、またはあまり家におらず子どもに責任を持たない父親を両親に持っている。（大統領を暗殺する意思をほのめかした二七人の刑務所収容者でさえ、このような家庭背景を持っていた(28)）。

サーハン・ベシャラ・サーハン（訳者注：Sirhan Bishara Sirhan ロバート・ケネディ暗殺者）やリー・ハーヴェイ・オズワルド（訳者注：Lee Harvey Oswald ジョン・F・ケネディ暗殺者）たちはまた「母性の闇の下で育てられた(29)」従順な息子たちであり、父親や通常の男性たちのつながりを奪われていた。パトリシア・セクストンは「そのような暗殺犯達はしばしば標的を、最も力強い男性、彼らたち自身が主に奪われてきたものの象徴として選ぶ(30)」。

窒息させる母親の育児は、男性を暴力の標的にする男性だけに関連するのではない。それは例えば〝恐怖のヴァスール〟（Vasseur the Terror）の人格に見られる……。

昔々フランスにジャック・ヴァスールという名前の小さな男の子が住んでいた。彼の母親は「彼の気まぐれに何でも応える」ほど過度に甘やかしており、他の子どもたち、隣人、とりわけ男性たちと切り離していた。第二次世界大戦がはじまると、ナチス協力者のフランス人である〝恐怖のヴァスール〟は二三〇人のフランス人を殺害した。残酷な行為を楽しむ彼の噂は広まっていった。彼は戦後一七年間も捕まらなかった。彼がとうとう裁判にかけられると、一人の男性は一〇時間も牛追いムチで撃たれたと証言し、一人の女性はヴァスールが自分の胸をタバコの火で焦がしたことを証言した。ヴァスールは約二〇年近く捕まらなかった。彼の〝マミー〟が二階のアパートの屋根裏にかくまっていたからだ。彼が刑務所に収監されたあと、最大の苦しみは一週間以上彼の〝マミー〟に会えないことであった(31)。

子どもたちは彼らの父親と一緒にいたいのだろうか？
父親たちは彼らの子どもと本当に一緒にいたいのだろうか？

全国調査で対象になった子どもの八六％が離婚後どちらの親と住みたいかということに対して、そもそもどちらかの親だけへの好みはないと言った(32)。

約九〇％の子どもが母親とより時間を過ごしているが、四六％だけが母親と親しいと感じていると答えた。（三九％は父親と親しいと感じた(33)）。

それが子ども側だ。父親側はどうだろう？

ワークショップで、私は男性たちに、もし以下の三つの条件があるならば、毎回子どもが産まれたあと二年かそれ以上、自分の子どもとフルタイム、パートタイム、または夜や週末だけ一緒にいたいか尋ねた。感情的にバランスのとれた赤ちゃんになるには、母親のお腹に九ヶ月いたあと、一年ほど父親のエネルギーも必要であると社会が感じていること。彼らが子どもとフルタイムで一緒にいても、経済的困難がないこと。そして彼らの妻が、父親がフルタイムで育児参加することに賛成していること。対象の男性は子どもがいない大学生から祖父まで含んだ。（いくつかのワークショップは企業や政府の役所で行った。他のワークショップは教会、大学、学会がスポンサーであった）。

私がそれらの三つの条件を満たすことを前提にして彼らが選びたいものを男性に尋ねたとき、約八〇％が子ども一人当たり二年かそれ以上のフルタイムの育児参加を好んでいた。一〇％から一五％がパートタイム、五％から一〇％が夜と週末の育児参加を望んでいた。女性たちはだいたいが当惑する。その三つの条件は、広がっている信仰（妻が育児をするべき）、妻が反対するという彼らの恐怖、お金を供給することで愛を示すという任された役割から男性の感情を切り離して提供されている。フルタイムで働くほとんどの父親は、妻が家庭の世話をする機会を提供することによって、家庭の世話をしている。これは、つまり父親の経済的な子宮である。

私の調査よりも科学的な世論調査の場合どうだろう？

資料：西ヨーロッパ、日本、アメリカの男女両性へのローパー世論調査では一つのことが共通して見つかっている。両性が仕事の役割よりも家庭の役割にもっと満足していると考えていた(34)。

資料：全国世論調査の中で、父親が彼らの人生で「一番変えたい」部分を尋ねたとき、約四分の三が「私はもっとたくさんの時間を自分の子どもたちと過ごしたかった」と答えていた。一九九三年のこの回答は、一九八四年のものよりも約二〇％増加していた(35)。

私が上で議論してきたように、二〇〇〇年までにラドクリフ全国調査は、二〇代のときに――家庭の時間を諦めて――自分のお金を扶養家族に進んで入れたがるのは男性が女性より七％多いことを見いだした。

それが男性の気持ちである。男性の行動についてはどうだろう？

第一に、男性のファザーリング行動はまた変わってきている。二〇世紀後半では、シングルファーザーの家庭はシングルマザーの家庭よりも約五倍増加してきた(36)。そして多くの既婚の父親は現在主要な育児者である。

男性のファザーリング行動は多くの神話にどんどん立ち向かっている。その一つ目は養育費を踏み倒す父親の神話だ、それは本書全体を通して細かく細かく分解していく。しかしその神話の一部で社会の意識に最も強く固定されているものは、お金も愛情も供給しない経済的に貧しい男性――愛情の轢き逃げ犯――の神話だ。アメリカ合衆国国勢調査局によれば、妻が働いている貧しい父親の三七％は、幼稚園児の主要な育児の担い手であった(37)。父親が良い経済的子宮を提供できないとき、私たちが信じているよりももっと男性は愛情の子宮を進んで提供している――しかししばしば貧しい母親は、国によってその男性がどこかへ去ったときのみ彼女はお金をもらえると伝えられる。これは彼女をお金と愛の板挟みにさせる。

二つ目は、男性は養育本能ではなく、お金によって動機付けられているという神話だ。専業主夫の父親の研究は、彼らが「ダディートラック（子どもと過ごしたい父親のために労働時間の融通がきくようにするコース）」を選んだ決定による平均的な年収の喪失は、二万七〇〇〇ドルになると発見している(38)。これらの父親の約三分の二は、彼らが家庭にいるのは「彼らは子どもの日常の世話をしたいからであった――経済的必要からではなく(39)」。その研究がされているとき

（一九九六年）は、経済的急成長の時代であり、そのためフルタイムで専業主夫をやる父親が求職中であることは滅多になかった。

男性の行動の三つ目の神話は、女性が働かないときに彼女が育児するよりも、女性が働いているときに男性が育児に費やす時間は少ないという私たちの信仰だ――子どもを主要に世話する人はデイケアや保育園施設でありがちであるという。それは正しくない。父親は全てのデイケア、集団育児、保育園、幼稚園が合わさったものより一七〇％より子どもの主たる養育者になる傾向がある(40)。

男性の行動に関する四つ目の神話は、「父親の育児休暇が利用可能になっても、男性はそれを利用しない」というものだ。それは半分しか真実ではない。男性は相当量の無給休暇を提供する正式な父親の育児休暇は利用しないが、男性の七四％は一人の子どもが産まれるたびに平均五日間の休暇をとり、彼らのバケーションや個人的な休暇を犠牲にする(41)。これらの男性たちは、彼らの妻と子どもを別の方法ではぐくむ経済的子宮を犠牲にすることなしに、妻と子どもをはぐくむベストのことをしている。犠牲にするのは彼らの休日だ。

なぜ私たちはこれについて耳にしないのだろう？　なぜなら調査は企業の人事部の管理職に、どれくらいの男性が彼らの正式な父親育児休暇をとるか尋ねているからだ。その質問は育児休暇のフォーマルな女性モデルを前提にしており、だからよりインフォーマルな育児参加の男性のモデルをつかみそこねている(42)。

父親が子どもといないとき、それは彼らが世話をしないからだろうか？　ほとんど違う。私たちが上で議論してきたように、「父親の堂々巡りの矛盾」は家族を愛するためにお金を稼ぐことが、家族の愛情から彼を切り離すことだ。

私たちが離婚後に父親が子どもに会わないことに関して聞くとき、「典型的な養育費を踏み倒す父親（typical deadbeat dad）」を考える。これはグリニス・ウォーカー（Glynnis Walker）による離婚の子どもに関する全国研究が、母親だけと暮らす全ての子どもの四二％が母親が離婚後、彼女らが父親と会うことを妨害したことを報告していることを見いだすまで、信じられていた。（父親だけと暮らす子どもは一六％しか父親が彼らが母親と会うことを妨害しようとしなかったと報告している(43)。

そのデッドビートな（養育費を払わないで消え去る）父親の神話は女性だけへの世論調査で強化される。それが四半世紀の歴史がある女性に重点をおいたバージニア・スリムス世論調査だろうと、ローパー世論調査、または国勢調査局でさえ、男性に関する情報（例えば、なぜ彼らが養育費を払わないか）は女性からだけしか入手されなかった——民主党員の動機について共和党員だけに尋ねるかのように。それがなぜグリニス・ウォーカーの子どもの——そして実際の子どもの父親との経験の——調査がそこまで重要かである。その子どもたちは、父親が彼らと会うために障害を克服することができた頻度の〝異なる構図〟を描く(44)。

離婚後父親が子どもと会う頻度

週ごと　五四％
月ごと　二三％
年ごと　一〇％
離婚後二度と会わない　一三％

母親の四二％が妨害をし、離婚後四年以内に少なくとも一回は親権を持つ母親の四分の三が引っ越しする事実に関わらず、父親の五四％が週ごとに子どもに会っていることを考えるとき、私たちはメディアや女性だけへの調査に基づいて描かれた「養育費を払わない無責任な父親」よりも違ったイメージを持つ。

正確には一部の男性たちは、彼らの子どもと一緒にいることで何がしたいのだろう？　ケニー・ロジャーズ（訳者注：アメリカのカントリー歌手）は路上ライブで年間一五〇回、夜を越した。ある日彼は六歳の息子のクリストファーと散歩していた。

私たちは芝生の上に座り、私は仕事でしなければならなかった全ての出張について話した。旅に出ているとき、本当に会いたかったと私は伝えた。クリストファーは私を見上げ、顔いっぱいの笑顔を見せた。「パパ、僕は一緒にいたいよ」と彼は言った。

私はしなくてはならないことを知っていた。私は手を伸ばし小さな男の子を私の全てで抱きしめ、嬉しさの涙があふれた(45)。

ケニー・ロジャーズがしなければならなかったことは――そしてしたことは――年間一〇〇日、路上で夜を越すことだった。そして年間の収入は一億ドルである。

同じく、世界一のチェロ演奏者のヨーヨー・マは、週末に演奏することを拒否した（世界最高の交響楽団のいくつかと一緒に）、なぜなら彼は週末は妻と子どもと過ごしたいからだ。

政府やビジネスで「力がある」男性はどんどん「お金としての父親」よりも異なった父親の愛情を表現し始めている。ビジネスでは、アメリカン・エクスプレスの代表のジェフリー・スタイフラーは辞任し、それによってコネチカット州の家族の近くで働けるようになり、現在はカリフォルニア州で育児をし、家族と遊ぶのが好きなパパとして私の家の近くに住んでいる。私がスタイフラーや、彼の妻、彼の子どもたちと時間を過ごし遊ぶ機会があったとき、私は彼の子どもたちがバランスがとれ安定していることに驚かされた――父親が別居している子どもたちの間にしばしばないクオリティでだ。

政府で、一部の父親たちと私は、ホワイトハウスにおいてウィリアム・ギャルストン（William Galston）と、短い時間だが会う機会を得た。彼はクリントン大統領への民主党の政策アドバイザーであり、メリーランド大学の学部に参加するために辞任し、そのため彼は一〇歳の息子エズラとより時間を過ごすことができるようになった。率直に言えば、もしクリントン大統領がC―SPAN（訳者注：アメリカ議会を放送するケーブルテレビ局）で何度も別個の状況でギャルストンを誉めるのを聞いていなかったら、ギャルストン自身からクリントンの心の広さ、知識の深さ、際限ない活力に対する畏敬の念を聞いていなかったら、私は「家庭が理由であること」は辞任した別の理由を隠蔽するためではないかと疑っていた。

結論として……

では、ファザーリング本能とマザーリング本能は存在するのだろうか？　公平に言えば女性の母親になる本能は、より男性の父親になる本能よりも生物学的な子どもに直接つながっていると私は思う。男性の本能はより間接的だ。男性の保護する本能は、父親の愛情という形で女性や子どもに流用させることが可能だ。そしてリスクを負うという男性の本能は、最も強力な養育スキルの一つを男性に作り出す。子どもにリスクテイクすることが最良の保護であるというパラドックスを伝えることだ。

マーガレット・ミード（訳者注：一九二〇―三〇年代のフェミニスト文化人類学者）はファザーリングはより社会的役割だと指摘した。それは正しい。しかしそれ以上のものである。ファザーリングの能力が社会的な役割になることは、男性の保護本能の柔軟性に由来しており、社会的の多様なニーズに適応するためにデザインされている――戦争から愛まで。社会は承認のような道具を使うことで、男性に敵と戦って命を犠牲にしたり、子どもを愛することで彼らの人生を過ごすことでより愛情を表現させる。

しかしながら、それぞれの性別の中の違いや、両性の適応性は、何が本能で何が社会化かであるかにあまり違いはないことを意味する。重要なことは、それぞれの性別が自分たちに有利な滑り出しをするプログラムを議事にかけるということだ。

では何がそれを妨げるのだろうか？　他の何よりも、私たちの信仰である。男性が、愛情ではなく殺すことで、養育的になるのではなく攻撃的になる――これは優しく育てられるのではなく、荒く虐待される子どもを生む可能性が高い――ことで、保護するようにプログラムされてきたという信仰だ。この信仰は、虐待のほのめかしがあるとすぐに父親から子どもを移動させ、だから虐待で訴えられるのではないかと思い、父親に子どものために闘うことを恐れさせる。この信仰は真実だろうか？　間違いだろうか？　それとも両方だろうか？　さあ見ていこう。

（注）

（1）Popenoe, op. cit., p.144. 最初の文のブランコの例もまたこのソースの同じページからである。

（2）John Nicholson, Men and Women: How Different Are They?（Oxford: Oxford University Press,1984）,p.131; and Kyle Pruett, The Nurturing Father（NY: Warner Books,1987）,pp.34-35. As cited in Gayle Kimball, 50/50 Parenting（Lexington, MA: D.C. Heath and Company,1988）, p.134.

（3）Colette Jones,“Father-Infant Relationships in the First Year of Life,” in Shirley Bozett and Frederick Bozett, eds. ,Dimensions of Fatherhood（Beverly Hills:Sage,1985）,p.103. As cited in Kimball, ibid.

（4）Brott,op.cit.,p.131.

（5）Popenoe,op.cit.,p.141.

（6）Ibid. また以下も参照。John Snarey, How Fathers Care for the Next Generation（Cambridge, MA: Harvard University Press,1933）,pp.163-164.

（7）Lina Tarkhova,“Men: What's the Matter with Them?” Soviet Life, March,1987,p.31.（the youth daily newspaper Komsomolskaya pravda から再発行。）

（8）David Brandon Lynn, Daughters and Parents: Past, Present, and Future（Monterey, CA: Brooks Cole Publishing Company,1979）,p.89.

（9）Women's Place: Options and Limits in Professional Careers（ Berkeley, CA: University of California Press,1970）の著者であり現在もニューヨーク市の大学センターで指導教官の研究を行っているシンシア・エプスタイン（Cynthia Epstein）へ一九九八年九月四日インタビュー。

（10）Jeffrey Moussaieff Masson, The Emperor's Embrace（NY: Pocket Books/Simon and Schuster,1999）, p.44.

（11）Ibid.

（12）Ibid.,p.38.

（13）Ibid.

（14）Ibid.,p.43.

（15）Ibid.,p.45.

（16）Lydia Scoon-Rogers and Gordon H. Lester“Child Support Custodial Mothers and Fathers: 1991,”Current Population Reports,P60-187,U.S.Department of Commerce, Bureau of Census, August 1995,p.6.

（17）Masson,op.cit.,p.38.

（18）配偶者が死亡した後の自殺の数字は以下を見てほしい。Jack C. Smith, James A. Mercy, and Judith M. Conn,"Marital Status and the Risk of Suicide,"American Journal of Public Health,Vol.78,No.1,January 1998,p.79,Figure 3. 配偶者と離婚した後の自殺の数は Kposowa, Epidemiology, op. cit. 参照。数値は離婚した女性よりも離婚した男性の方が九・九四%高い。その九・九四という数字は p256 の表1でコポワ（Kposowa）博士が使っている情報から得た。二〇〇〇年七月二九日に個人的な往復書簡。

（19）Ann Landers 調査。その結果は一二〇〇種の新聞に同時掲載している彼女のコラムで一九七六年一月二三日に配信された。

（20）Walker, op. cit., p.87.

（21）H.R. Schaffer and P.E. Emerson,"The Development of Social Attachments in Infancy," Monographs of the Society for Research in Child Development,Vol.29,1964 in Lamb ,op. cit. ,The Role of the Father..., の "The Role of the Father: An Overview" というタイトルの章の p.5。

（22）Ibid. , Lamb, The Role of the Father,p.5. こちらがラムによって参照された、乳児の分離不安に関して父親母親どちらに対する好みがないことを見いだした研究のリストである。

・L.J. Cohen and J.J. Campos,"Father, Mother and Stranger as Elicitors of Attachment Behaviors in Infancy,"Developmental Psychology,Vol.10, 1974,pp.146-154.

・M.Kotelchuck,"The Nature of the Child's Tie to His Father,"Unpublished doctoral dissertation, Harvard University, 1972.

・M.Kotelchuck, P.Zealo, J.Kagan, and E.Spelke,"Infant Reaction to Parental Reparations When Left with Familiar and Unfamiliar Adults,"Journal of Genetic Psychology,Vol.126,1975,pp.255-262.

・M.E. Lamb,"Separation and Reunion Behaviors as Criteria of Attachment to Mothers and Fathers,"Unpublished manuscript, Yale University,1975.

・M.E. Lamb,"Interactions Between Two-Year-Olds and Their Mothers and Fathers,"Psychological Reports,Vol.38,1976,pp.447-450.

・G.Ross, J.Kagan, P.Zelazo, and M. Kotelchuck,"Separation Protest in Infants in Home and Laboratory,"Developmental Psychology, Vol.11, 1975, pp. 256-257.

・E.Spelke, P.Zelazo, J. Kagan, and M. Kotelchuck,"Father Interaction and Separation Protest,"Developmental Psychology,Vol.9,1973,pp.83-90.

（23）Main,"Toddler's Relationship to Mother and to Father,"op.cit.,pp.932-940.

（24）Spelke, op. cit.

（25）Bob Harvey,"First Breath,"Men's Health, Summer 1998,p.53.

（26）ミズーリ州、スプリングフィールドの米国囚人のための医療センターの患者二七名を分析したデイビッド・ローステインとその他は、患者の大部分が支配的な母親を持ち早い年齢で軍隊に参加していたことを発見している。David A. Rothstein,"Presidental

Assasination Syndrome,"Archives of General Psychiatry, Vol.11, September 1964, pp.245-254 参照。

（27）George Bernard, Kenneth Fuller, Lynn Robbins ,and Theodore Shaw, The Child Molester: An Integrated Approach to Evaluation and Treatment（NY: Brunner/Mazel Clinical Psychiatry Series, No.1, 1988）.

（28）Rothstein, op. cit. デイビッド・ローステインはミズーリ州、スプリングフィールドの米国囚人のための医療センターの患者二七名に研究を実施した。James F. Kirkham, Sheldon G. Levy, and William J. Crotty, Assassination and Political Violence: A Report to the National Commission on the Causes and Prevention of Violence（NY: Bantam Books,1970）,p.65f. 参照。また以下も参照; Patricia Cayo Sexton's The Feminized Male（NY: Random House,1969）.

（29）Ibid., Sexton,p.4.

（30）Ibid.

（31）Hans Sebald, Momism: The Silent Disease of America（Chicago: Nelson Hall, 1976）, p. 180ff.

（32）Walker, op .cit. , p. 87.

（33）Ibid.

（34）The Facts of Life…Happiness is a Family,"Psychology Today March,1989,p.10.

（35）"Survey, How Father…,"Parents Magazine,December,1993,p.234.

（36）一九八〇年から一九九八年の間に、シングルマザー家庭は四一・三％増加した。シングルファーザー家庭は一九二％増加した。Statistical Abstract, 1999, Table 81, op. cit. これらの変化はドイツ、イギリス、デンマーク、スウェーデンのような他の多くの先進国でも非常に似ている。

（37）Lynne M. Casper, "My Daddy Takes Care of Me! Fathers as Care Providers,"Current Population Reports, P70-59, U.S. Department of Commerce, Bureau of the Census, September 1997, p.7.

（38）Robert A. Frank, Ph.D. , "Research on At-Home Dads"in At-Home Handbook,1997. データは三七一人の主要な子育ての担い手の父親と四九〇人の主要な子育ての担い手の母親についての一九九六年の彼の研究からである。<http://slowlane.com/research/laymen_research.html> 参照。

（39）Ibid.

（40）U.S. Department of Commerce, Bureau of the Census, Survey of Income and Program Participation, Current Population Reports, Household Economic Studies, Series P-70,No.20,"Who's Minding the Kids? Childcare Arrangements: Winter 1986-87,"p.14,Table 1."Primary Child Care

Arrangements Used by Employed Mothers for Children Under 15,by Marital and Employment Status of Mothers-Part B. Fall 1987,"by Martin O'Connell and Amara Bachu.

(41) Joseph Pleck,"Family-Supportive Employer Policies: Are They Relevant to Men?" unpublished paper,p.5,presented at the 98th Annual Convention of The American Psychological Association at Boston,August,1990.

(42) Ibid.

(43) Walker, op. cit.,p.83. このデータは三二州の離婚した三六八人の子どもへ、離婚後平均七年後に質問調査に回答させた全国調査に基づいている。

(44) Ibid.,p.77.

(45) Stephen Coz,"Kenny Rogers Turns Down $ 10 Million a Year-So He Can Spend More Time with 6-Year-Old Son,"National Enquirer, July 12,1988,p.7.

第三章…父親はより虐待しやすい？

子どもは母親と父親のどちらに虐待されやすい？（1）

質問1：最も一般的な児童虐待者は
a　郊外に住む中産階級の父親
b　教育を受けていない父親
c　離婚した父親
d　どれでもない

質問2：最も一般的な子どもが虐待されやすい家庭の特徴は
a　貧困
b　世帯主が母親
c　事実婚
d　世帯主が父親
e　どれでもない

質問1の答え： d どれでもない

質問2の答え： 母親が世帯主。世帯主が母親であることは子どもが虐待される最も重要な要因の一つである——貧困や事実婚、その他の二九の家族の特徴（訳者注：二九の特徴は注（2）の参考文献内参照）よりも重要な要因である[2]。

一九九九年にアメリカ厚生省から発表された児童の不当な扱いの報告は、一般的な直感に反するようなこの構図を補強している[3]。

皮きりとなる四つの事実は、

事実：アメリカ合衆国では毎年三五〇人の親が、一人かそれ以上の自分たちの子どもを殺している。子どもを殺した親の約三分の二が母親である[4]。八歳から一五歳までの親に殺された子どもの約三分の二が男の子である[5]。全体的には、子どもが殺されるとき、最も多いのは母親が息子を殺すケースだ。

事実：子どもの八八％が、父親よりも母親から虐待やネグレクトによって深刻な怪我をする傾向がある[6]。

事実：子どもは父親よりも母親によって二倍ネグレクトの被害者になりやすい[7]。

事実：虐待された男の子は虐待された女の子よりも二四％深刻な傷害で苦しむ傾向がある[8]。

なぜ？ 私が著書『男性が言わないことは女性には聞こえない（Women can't hear men don't say）』で書いたように、ドメスティックバイオレンスは弱さの継続的経験を埋め合わせるためにデザインされた権力の一時的な行動である。これはなぜ大人の女性が大人の男性にDVをふるうことが反対のケースと同じくらい起き、なぜシングルマザーの世帯主が児童虐待の四三%を占めるかの理由である[9]。

片親は、それ自体が弱さを作り出すわけではない。私たちがデンマークの研究で見て来たように、シングルマザーはシングルファーザーよりも体罰をより使う傾向がある[10]。しかし女性の世帯主である母親は、男性の世帯主である父親より若い。そしてシングルファーザーたちはありふれた男性ではない――彼らは教育や収入、子どもを育てようとする例外的な動機など、より多くのリソースを持っている。

また、この弱さの経験として母親が子どもとより多くの時間を過ごしていることが、虐待の重要な原因になっているわけではない。私たちが見て来たように、シングルマザーはシングルファーザーの二四倍子どもを殺す傾向がある[11]。これらの家庭では、母親と父親の子どもと過ごす時間は平等である――そして母親と父親は平等な責任を担っている。

母親としての女性の方が、父親としての男性よりも本質的に優れていると考えているとき、この全ての事実は私たちを驚かす。

社会的期待は両刃の剣である。二人親家庭では、父親はしばしば身体的虐待者の役割を背負わされる（「お父さんが帰ってきたら叱ってもらうから」）――そして虐待者であることで責められる。しかし、学校制度の中では、もし男性教師が少女をぶったら、彼は訴訟でぶたれる。だから学校での体罰が、ほとんどいつも女性教師が少年をぶつことになるのは偶然ではない。そしてカトリックの学校では、全員確実にシスターに教育され、母親役割を許可されている誰かによってされる身体的虐待を知って成長する。

ここで言われている全ての、女性の児童虐待の加害の度合いは私を驚かした。二つの大きな驚きのうち、ひょっとしたら一つは、三分の二の母親が、六歳以下の子どもを週に三度かそれ以上叩いていると認めていることかもしれない[12]。二つ目の大きな驚きは全国の若者の長期研究のためのインタビューで、七%の母親がインタビュアーの目の前で六歳以下の子どもをぶっていることを報告していることだ！[13]

この現実にも関わらず、虐待者としての父親という根深いイメージを象徴しているのは、全国的に放映される子ども向け番組で大賞をとった〝科学的〟発明以上のものはないかもしれない[14]。子どもがその発明品を背負って、何か間違ったことをしたときひもを引くと顔にパンチをもらい背中にキックを受ける。これを開発した八歳の少年はそれを〝ポータブルパパ〟と呼んだ。皮肉にもせよ、その八歳の少年は虐待されたり殺されたりされやすい性別である――そして彼を虐待したり殺したりする傾向が低い性別を責めている。もしそれが〝ポータブルママ〟と呼ばれていたら、科学大会で大賞をとっていただろうか、それとも全米女性機構（ＮＯＷ）の大会で悪者扱いされていただろうか？

解決策は何だろう？　最初の一年――特に乳児期の最初――に愛着関係を持つ父親はほとんどその子どもを虐待することはなく、また他者が虐待するのを消極的に許すことさえない(15)。

性的虐待は基本的に、父娘の現象なのだろうか？

私たちはしばしば性的虐待を基本的には父―娘の現象として考える。しかしながら娘への性的虐待は父親の子育てへの欠如(16)、娘と冷たく距離のある母親(17)、そしてステップファーザーやシングルマザーの同棲する恋人によって最もよくおこる(18)。現在の広い虐待の定義を使ってさえ、生物学的な父親と一緒に育った娘の二・三％しか彼らに虐待されていない(19)。母親による単独養育時間は、父親による単独養育時間よりもっと少女を性的虐待されやすくする、なぜなら母親はしばしばステップファーザーと一緒に住んでおり、ステップファーザーと一緒に住む娘の一七％が彼らから性的虐待を受けてきたからである(20)。

少女や少年である子どもにとって最も安全な環境は、二人の生物学的な親と住むことである。一人だけの生物学的な親に加えて一人のステップペアレントと一緒に住む幼稚園児は、二人の実の親と住む幼稚園児より四〇倍児童虐待の被害者になる傾向がある(21)。

少年が、母親や他の女性から性的虐待を受けたことによる重大な結果があるかもしれない。レイプ犯の約六〇％が児童期に女性によって性的虐待されている(22)。私が重大な結果が〝あるかもしれない〟と書いたのは、私たちは何が性的接触によるその結果なのか、またはその性的接触は母親があまりに育児参加して依存的である単なる明示なのか、または〝溺愛〟なのかは本当は知らないからだ。母親が少年を溺愛したとき、彼に起こることについての私の推測は、その溺愛が問題の根底に横たわっているということだ。

父親はしばしば性的虐待で虚偽に訴えられるのだろうか？

性的虐待は子どもの人生に大きな被害を与えうる。多くの子どもたちに——特に少女たちに——二度と信じることができなくする。それが父親によって起こされれば、しばしばその娘は男性を愛せなくなったり、性的な安定を感じられなくなる。彼女の共有された感情を切り裂き、トラウマを彼女の母親と共有できなくする。もし共有しないと、それは彼女を飲み込んでしまう。もし共有すると、彼女は連続する対立と別れの罪悪感に飲み込まれる。もし別れなくても、彼女は裏切りを感じうる。ステップファーザーから義理の娘に対する性的虐待は広く起こる問題だ。子どもの生活にそのような地雷原を作り出すことは育児ではなく、毒を与えることである。その潜在的なカタストロフィがあるため、虐待や虐待の兆候の訴えが信憑性を確かめることなく起こされた時の〔訴えられた側の〕ダメージは、簡単に見過ごされるようになる。

神話：虚偽や実証されない性的虐待の訴えは、性的虐待そのものに比べれば小さな問題である。

事実：事実無根であったり（unfounded）実証されていない（unsubstantiated）性的虐待の訴えは一九八九年から一九九三年の短期間でニューヨーク市で半分以上から四分の三以上に増加した(23)。（毎年ニューヨーク市だけでおよそ四万戸の家庭が調査を受けている。大部分の調査はその子どもと友人や親戚、近所の人、先生、その家族のことをよく知っている実質全ての人に渡って警察官が調査することを含んでいる。そして立証されてない訴えは、いまだ家族の愛を家族の疑いに変えたままだ。それ以降、家族写真をとる場面は胃が痛くなる場面に変わる。）

神話：両性が平等に虚偽の申告をしている。

事実：ホリダ・ウェイクフィールドとラルフ・アンダーワーガーが裁判所に記録されている離婚や養育権争いの間に起きた冤罪のケースを調べたとき、彼らは虚偽の申告をした人の九四％が女性で、虚偽で訴えられた人の九六％が男性であることを発見した。その男性たちは通常は消極的な性格であった(24)。その子どもたちは通常八歳以下の女の子であった(25)。虚偽の訴えを起こした母親は、専門家が虐待の証拠を見つけられなかったとき怒り、子どもが虐待されたと立証できる専門家を探そうとする特徴があった(26)。

神話：子どもは性的虐待されたことについて真実を話していると、私たちは信じることができる。

事実：性的な接触と性的でない接触について特定の質問をしたとき、子どもたちは最初のインタビューではわずか九％しか正解しておらず、再インタビューでは〇％しか正解でなかった(27)。何も起きていなかったときでさえ、約四分の一の子どもたちが性的な形の接触を報告していた(28)。（その性的接触は、大人たちによって性的虐待として分類されるだろう）。

どうして私たちは、不適切な接触に単一の例示はないことがわかるのだろう？　ニュージーランドの児童臨床心理学者のジェーン・ロールズ博士は、大人の男がそれぞれの子どもと珍しい帽子や宝石などをつけたりする着せ替えゲームを、四段階に分け一〇〇％をビデオに撮った。次に彼女は子どもたちに何があったかを個人面談した。そこに大人と子どもの不適切な接触はなかったにも関わらず、その子どもたちの約四分の一が、質問をされたときそれがあったと報告した。一〇％の子どもが性器への接触を報告した。二人の他の子どもはまた上着の下から触られたと言った。さらに二人の子どもはその男性は自分の下半身を触ったり、彼女たちが男性の下半身を触ったと報告した。最終的に、他の二人も服の下でお互いに触ったことを報告した。

最も恐ろしいことは児童虐待の専門家が最もよく使う二つの手法――繰り返し面談をしてその子どもに身体の図面を見

せながら、どこか身体の一部を触られなかったか聞くこと――が結果として〇％の正答率をもたらしたことだ。これらの子どもたちの四分の一だけが、真実でない報告を性的虐待と名付けたが、しかし全ての特定の質問に正しく答えられた子どもは一人もいなかった。

この調査が暗示することは大きかったが、以下で見ていくように、子どもはしばしば彼や彼女の父親に何か不満を持ち、その不満は母親の質問によって共感的に導かれる。最初の不満は必ずしも性的なものでないが、その不満が母親からの「パパがここを触ったの？」という質問によって引き出され、もしその「ここ」が「性的な」場所ならば、彼女は（もう既に自分が怒りを向けている）元夫と議論することができないくらいショックを受けるだろう。もし彼女が正答率がわずか九％だと知っていたら、夫とそのシチュエーションについて話し合う傾向が上がるだろう。しかし彼女が「子どもが嘘をつく理由がない」と信じていて、元夫に別の部分で不信を持つ理由があるとき、彼女は児童センターか警察に電話するしかないと感じる。もしこれが怒りや恨みによって拡大されていれば……。

だからその子どもはソーシャルワーカーや心理学者、医者、警察によって繰り返し行われる質問に従う――そしてそれはロールズ教授が発見したように、これらの三〇人の子どもの正答率が結果として〇％である質問だ。

もしロールズ教授の研究の中の三〇人の子どもが、ビデオテープ録画で安全性を与えられることなしに面接質問されていたら、この研究は公共の新聞の見出しにこのように載っていたかもしれない……。

七人の子どもが男性児童心理学者による性的虐待を告白

性的虐待で七人の子どもに告発された心理学者が現職で働いているというCNNのニュースを聞いたあと、あなたがどう感じるか想像してほしい（私は子どもを彼に任せることはないだろう！）。しかしそれは子どもに二度と会えないことで、父親の能力を無効にする一つの描写でしかない。そして一人の子どもの描写は、児童精神科医が見てきた全ての子どもへの質問をソーシャルワーカーにさせる。もし一人の子どもが性的接触を認めただけでも、その児童精神科医のキャリアは台無しになるだけでなく、また彼の結婚も、自分たちの子どもに会う試みも無駄になるかもしれない。もし彼が独身の心理学者として暮らす代わりに、新しいコミュニティーに移住したとしても、彼は緋文字の〝A〟（訳者注：サナニエル・ホーンによる小説『緋文字』（The Scarlet Letter）参照）を付けられることだろう。

その解決方法？　専門家が呼ばれる前にその親と子どもの両方と話すことだ。常識的な説明がつかないか見よう。そこには誤解はないだろうか？　注意を引きたい願望はないだろうか？　別の理由で父親に会うのを避けたい望みはないだろうか？　学校での児童虐待の議論は恐怖を刺激していないだろうか？　そして問題解決は、外の家庭裁判所で話し合うよりも家で家族と話し合う子どものためにモデル化されるべきである。

なぜ父親の貢献の性質を理解しないことが、性的虐待の告発につながるのか

一部の父親と母親は自分の子どもたちに実際に性的虐待をするのであり、それに対する権力の介入は価値があるだけでなく、必須だ。あまりに必須であるために、それは〝重大な理由症候群〟を作る。より重大な理由であるほど、よりバランスのとれた調査をする必要性を私たちはとばしたくなり、より〝結論に急ぐ〟。

父親の遊びのスタイルは、とりわけ性的虐待の虚偽の訴えに無防備になる。例えば、父親が娘を肩車するとき娘の背中を彼の手で持って持ち上げるだろうが、しかし市民プールで水着でそれが行われれば、その行動はたくさんの人々にある解釈をさせる。二〇〇〇年のオリンピックの時に女子ダイビングでアメリカの金メダルをとったリサ・ダビジョンの男性コーチは、祝勝の時に水着の彼女のお尻を持ち上げ近くに抱き寄せた、身体全体での抱擁だ。ロシアの子どもの優勝者は唇に大人のコーチからキスされた――この全ては感情的にも文化的にも二重の文脈で受け入れられるが、しかし全ては文脈の外に出されたとき誤った解釈をされやすい。

シングルファーザーたちは――シングルマザーよりも――裸でいることは自然と感じる傾向があり、セクシャアリティをオープンに議論することは健全だと感じる傾向がある。しかし、もし温水ジャグジーを妻と子どもと裸で入る父親が、今妻抜きで入り、娘が学校で「パパと私が裸でお風呂にいたとき……」と言ったときに厳しい宗教のバックグラウンドを

持つ一人の子どもがこれを耳にしただけで、親としての父の日々はすぐにいくばくもなくなる。しかしそれはまさに一〇代が相談する事ができる親がいると感じる環境なのだ。そして一〇代の少女に何が妊娠を防ぐのに有効かと尋ねた我々の国の調査を思い出してほしい、九七%が「相談できる両親がいること」と答えている(29)。この父親のスタイルは明確に機能する。私たちが見たように、父親とのポジティブな面会をしている都市の一〇代の母親の娘は、一〇代になったときに妊娠するのは〇%で、これらの母親の息子で一〇代になったときに父親になったのは〇%である(30)。

離婚後の最もよくある養育時間の配分は——母親に子どもを与え——父親を家から去らせる。しかし父親が家から離れたあと一ヶ月から三カ月、幼い子どもは典型的に睡眠障害に苦しめられる(31)。彼らは寝付くのに困難を持ち、悪夢を見て、起きたときに不安やパニックの感覚を持つ。このパニックと父親が家庭から離れたことの関連は、最近になって認識されたばかりだ。

今度はこれらの睡眠障害の特徴を考えてみよう。何万人ものソーシャルワーカーはこれらの特徴を児童虐待と連想するように訓練を受けてきた——分離不安や特に〝父親不在不安〟と言えるかもしれないものを連想するのではなく。そのためこのようなことが時々起こる。子どもが父親と面会に訪れて戻ってくる。母親は子どもが悪夢で目覚めることに気付く。もしその子どもがお漏らしして、パンツが濡れ、ベッドが濡れ、恥ずかしさで子どもが適切に乾かせないとき、消耗した免疫システムと結びつけつけられると、性的な部分が腫れることもありえる。

その母親はその発疹と〝パパの所から戻ってきたところ〟であることを悪夢と結びつける。彼女は父親が彼や彼女の〝この辺り〟を触らなかったかと聞く。その子どもがそうだと言う。その答えは正しくないことも(ロールズの研究では不正解の確率は九一%)正しいこともある(ロールズの研究では正しい確率は九%)。もし正しいとき(例えばその父親が子どもを乾かそうとしたり、発疹がある部分に薬を塗ろうとしたかもしれない)、母親はパニックになる。「性的虐待!」

彼女は子どもをソーシャルワーカーや医者の所へ連れて行き、もし医者がその発疹を確認したら、そのソーシャルワーカーは裁判所に関連を報告をする。その裁判官は子どもが父親と会うことを防ぐ命令を出す。そしてその瞬間子どもの不安感は減るのではなく、強化される。子どもが〝父親に飢えていた〟反応が、〝父親餓死〟に押し進められるだけだ。母親のその子どものための真の愛情は――〝父親不在不安〟という意識に結び付かないとき――児童虐待を無意識に生み出す可能性がある。

私たちの母親優位の信仰は、性的虐待の女性による定義を適用していることに関係があるのだろうか？

母親の方が優れているという私たちの信仰は、育児や性的虐待に、女性による定義を適用していることの前提条件の一つでしかなかった。七〇年代の離婚が、保護されていない母親を生んだとき、女性を保護したいという私たちの願望は、子どもと共に手当を受ける選択を女性に与えた（児童手当、そしてその他の政府のプログラム）。一九七〇年から一九九八年の間で、「離婚」と「夫の代わりに支払う政府」のコンビネーションは、母親だけと住む子どもの割合を増やした――一一％から二二％まで(32)。

これは女性だけに性的虐待の定義を任せることを残した――ときどき〝父親の不在不安〟（Absentee Father Anxiety）が起きているとき、性的虐待は起きていると推測された。しかし過去に女性が子どもの責任を任されていたとき、性的虐待の疑いはほとんど存在していなかった。何が起きているのだろう？

男性が結婚の約束抜きでしばしば若い女性とセックスをし始め、そして子どもを持つシングルマザーがとりわけ男性の視界から使い捨てられたように感じるにつれ、常に女性を面白くさせなくする問題は、大部分は隠されたままだが、表面に出始める。特にその「男のセクシュアリティ問題についての八つの怒り」だ。セクシャルハラスメント、性的虐待、近親相姦、売春、ポルノ、知人によるレイプ、夫婦間レイプ、見知らぬ人によるレイプである(33)。

女性たちが自分たちの感情を出すにつれ、彼女らは他の女性たちも同様に感じていたことを認識した。彼女たちの観点を持つ価値観や彼女たちの感情の強さ、そしてフェミニズムの政治的権力が結合すると、問題はすぐに政治化され究極的なポリティカルコレクトネス（政治的正しさ）になる。家庭を持つ男性や未来に子どもが欲しいと思っている男性は、すぐに自分たちの口を閉じるように学ぶ。二〇世紀の最後の二〇年までに、これらの社会問題は、言うならば男性の返答を聞かないで作られた、男性のセクシュアリティに対する女性による立法である。

セクシュアリティは二分されるようになった——女＝善／男＝悪に。『グラマー』マガジンで女性が授乳させているときにオーガニズムを感じることを讃えている一方で[34]、フェミニストたちは娘を膝の上に座らせる父親は、本当は性的快感を求めている——だから性的虐待者だと説明していた。女性は快感を感じることを推奨されていたが、男性は恥じるように推奨された。女性誌や女性問題に無知なため、男性はそのダブルスタンダードをわかっていない。ときどき男性は、警察がそれを説明してくれる顛末になるまで問題全体をわかっていないこともある。

これは多くの男性が健全だと感じている方法で子どもを触ることまでも男性に恐れさせ、育児センターや保育園に、男性と子どもが参加するという動きを止めた。それは離婚後子どもを養育することを望んでいるが、育児を理由にして養育費を望む元妻に脅されている男性を怖がらせる。これらの男性たちはもしその問題で争えば、現実的には彼らの評判をめちゃくちゃにし、生活が破壊されることが不可避である性的虐待で訴えられる可能性があることを知っている。この全てのことが新しい性差別を作り出す——男性だけに対する「性的倒錯の推定（presumption of perversion）[35]」だ。それはお父さんが家庭で〝アットホーム〟でいることをできなくし、父親のいない子どもへの道を少しずつ作り出した。

（注）

（1）Fredric Hayward,"I.Q. Test Questions/Answers," 一九八九年 Farrell Fellowship awards へ提出された。

（2）Selwyn M. Smith, Ruth Hanson, and Sheila Noble,"Social Aspects of the Battered Baby Syndrome,"in Joanne Valiant Cook and Roy Tyler Bowles, eds. , Child Abuse: Commission and Omission（Toronto:Butterworths,1980）,p.214,Table VIII,"Characteristics of Identified perpetrators Compared with Total Sample," 〇・一の有意差のレベルで、加害者またはその他と認識される親は虐待の事例では二倍世帯主としての母親に責任があった。

（3）U.S. Department of Health and Human Services, Administration on Children, Youth and Families, Child Maltreatment 1997:Reports From the States to the National Child Abuse and Neglect Data System（Washington, D.C.: G.P.O., 1999）.

（4）Ibid. , Table 7-3, p.7-3. 第一章で私が言及している二四対一の比率はシングルマザーとシングルファーザーの比較であり、二対一の比率である全ての母親対全ての父親と混同しないでほしい。

（5）Ibid., Table 6-1, p.6-2.

（6）Third National Incidence Study of Child Abuse and Neglect,1996, op.cit.,p.6-11, Table 6-4:"Distribution of Perpetrator's Sex by Severity of Outcome and Perpetrator's Relationship to Child." このレポートは生物学的な親から虐待やネグレクトを受けて深刻な傷害を負った子どもの内、八一％が母親からで四三％が父親からであった。この合計が一〇〇％を越すのは、一部の子どもたちは両方の親から傷つけられていたからである。

（7）Ibid.,p.6-9,Table 6-3:"Distribution of Perpetrator's Sex by Type of Maltreatment and Perpetrator's Relationship to Child." ネグレクトの被害者である子どもの八七％が生物学的な母親から、四〇％が生物学的な父親から被害を受けていた。

（8）Ibid., p. 4-3,Table 4-1:"Sex Differences in Incidence Rates per 1000 Children for Maltreatment under the Harm Standard in the NIS-3（1993）." その深刻な傷害の比率は一〇〇〇人あたり男児が九・三人、女児が七・五人である。

（9）National Center on Child Abuse and Neglect, National Study of the Incidence and Severity of Child Abuse and Neglect（Washington,D.C.: NCCAN,1981）.

（10）Christoffersen, op. cit., Chart 2.

（11）Third National Incidence Study of Child Abuse and Neglect/Appendices,1997,op.cit.,pp.A-63-A-64.Table A-11B,"Parent Structure by Categories of Maltreatment and Severity for Children Countable Under the Harm Standard" その累計では母親だけが世帯主の家庭では二六四・一人の子どもが殺されていた。父親だけが世帯主の家庭では一〇・八人であった。

（12）The National Longitudinal Study of Youth（Appendix C 参照）。Murray A. Straus, Beating the Devil Out of Them（NY: Lexington Books,1994）,p.25.

（13）Ibid.

（14）その番組は『The Dr. Fad Show』だった。以下を参照してほしい。"If One Dad Is Not Enough…,"Sunday Camera（Colorado）, September 24,1989. 作者の情報はない。

（15）Henry B. Biller and Richard Solomon, Child Maltreatment and Paternal Deprivation（Lexington, MA: Lexington Books, 1986）, pp.68-69.

（16）David Finkelhor, Child Sexual Abuse（NY: Free Press,1984）;M. E. Fromuth,"The Long-Term Psychological Impact of Childhood Sexual Abuse,"unpublished doctoral dissertation, Auburn University,1983;S.D.Peters,"The Relationship Between Childhood Sexual Victimization and Adult Depression Among Afro-American and White Women,"unpublished doctoral dissertation, University of California at Los Angeles,1984.

（17）Ibid., Finkelhor. David Finkelhor and Larry Baron,"High Risk Children,"in David Finkelhor and Associates, Sourcebook on Child Sexual

Abuse（Beverly Hills: Sage Publications,1986）,p.74により引用。

（18）D.E.H. Russell, The Secret Trauma（NY: Basic Books,1986）. Finkelhor, ibid.,“High Risk Children,”in ibid.,Finkelhor,Sourcebook,p.78により引用。

（19）Ibid.

（20）Ibid.

（21）Martin Daly and Margo Wilson,“Child Abuse and Other Risks of Not Living with Both Parents,”Ethnology and Sociobiology,Vol.6,1985,pp.197-209. 以下により引用。Bryce J. Christensen,“The Child Abuse ‘Crisis’: Forgotten Facts and Hidden Agendas,”The Family in America,Vol.3,No.2,February 1989.

（22）Michael Petrovich and Donald I. Templer,“Heterosexual Molestation of Children Who Later Became Rapists,”Psychological Reports,Vol.54,1984,p.810.

（23）Douglas J. Besharov and Lisa A. Laumann,“Child Abuse Reporting,”Social Science and Modern Society,Vol.33,May/June,1996,p.42. 実際に立証された報告の数は、たとえ一万二〇〇〇新たに家庭を加えて調査しても一万四〇〇〇から八〇〇〇へ四一％減少した。

（24）Hollida Wakefield and Ralph Underwager,“Personality Characteristics of Parents Making False Accusations of Sexual Abuse in Custody Disputes,”Issues in Child Abuse Accusations,Vol.2,1990,pp.121-136. 虚偽の告発は七二人の親によってされている、六八人が母親、四人が父親である——九四％が母親だ。冤罪を受けた親は一〇三人おり、四人が母親、九九人が父親である——九六％が父親だ。

（25）Ibid.

（26）Hollida Wakefield and Ralph Underwager,“Sexual Abuse Allegations in Divorce and Custody Disputes,”Behavioral Science and the Law,Vol.9,1991,pp.451-468.

（27）その研究はニュージーランドのハミルトン出身の児童臨床心理学者のジェーン・ロールズ（Jane Rawls）博士によって行われている。彼女はまたニュージーランドの家庭裁判所の特別報告員であり高等裁判所での専門家の証人である。Alan Samson,“Research on Children's Sexual Abuse Fibs Goes to NATO Forum: Children Often Fabricate Stories of Sexual Abuse,”New Zealand Herald, May 29, 1996, p.24.

（28）Ibid.

（29）Mark Clements Research, op. cit. ,in Parade, February 2,1997,pp.4-5.

（30）Furstenberg,“Fathers Matter...,”op. cit. ,as cited in Lerman & Ooms,op.cit.,pp.127 and 130. その研究のこの部分での子どもの対象の

数は二五三人であった。都市部の一〇代の母親の息子は、一五%が一九歳までに子どもを持っていた。彼らの一人も生物学的な自分の父親と親しい関係を持っていなかった。

(31) Alfred of Human Sexuality, Vol.23, No.1,January 1989,pp.44-50.

(32) 以下二つを見てほしい。U.S. Department of Commerce, Bureau of the Census, Statistical Abstract of the United States,1996,p.65,Table 81,"Children Under 18 Years Old by Presence of Parents,1970-1995"and Statistical Abstract,1999,Table 81,op.cit.

(33) 拙著の Why Men Are the Way They Are (NY: Berkley Books,paper,1988), Chapter8,pp.237-267 を見てほしい。

(34) Korte, in Glamour, op. cit.

(35) Jon Nordheimer,"Caring for Children, Men Find New Assumptions and Rules,"The New York Times, August 5,1990,p.1. に引用されている Mark Podolner の言葉より。

第四章…父親の育児参加を妨げるものは何だろうか？

父親自身

あるレベルにおいては、父親の育児参加はもっとも静かなる革命である。一方で、その静かさが革命を妨げてきた。父親は彼ら自身のために泣くのではなく、誰かのために死のうとする意志で数千年の間淘汰され、沈黙させられてきた。スパイは自白する前に自殺するよう教わった。これらすべてが非常に静かなる革命の原因になっている。父親を支援する自助の本では、しばしば自助の道を歩き出す前に自殺してしまう父親が観察される。

父親自身だけがこの変化を担うことができるが、しかしそのプロセスはゆっくりしたものになるだろう。なぜなら父親は常に、自分のための選択ではなく、「女性のための選択を生む収入を十分に稼ぐ男性」を選ぶ女性に淘汰されてきたからだ。男性たちは、彼らに愛をもたらしてくれると思っているものを変えたがらない。しかし、女性はまた男性の家庭への愛をほしがる。だから男性が対面しなくてはならないことは、愛する方法をより学び、だから女性が男性の愛情をもっと価値があると思うことだ。

男性の二つ目の障害は、なぜ産業革命が父親の育児を多くのステップで後退させ、それにも関わらず、前に進む多くのステップの土台を生み出したかを理解することだ。前に進む、そう、もし我々がそのステップを見つけ出せたなら……。

産業革命の〝堂々巡りの矛盾〟

産業革命が意味したのは、農場で食物を作る父親はもはや都市でお金を稼ぐ父親よりも効果的に家族を養うことができないということである。農場では、家族と食べ物は同じ土地で育まれる。産業化が意味するのは、家族が家で育つ一方、父親は工場でお金を稼ぐことであった。父親たちにとって、産業化が意味するのは彼らの家族から孤立することであった。

産業化は「父親の堂々巡り」を作り出した。子どもを愛する父親は、子どもの愛情から離れることで愛することを実現した。彼がヒューマン・ドゥーイングとして子どもをより〝愛すれば〟、ヒューマン・ビーイング（人間）としてうまく子どもを愛せなくなる。父親たちは常にヒューマン・ドゥーイングであり続けてきたのは事実だが、産業化はその問題を大きくした。

マルクスは、産業化によって仕事と自己が分離されることを認識していた。しかし事実上、それは女性が自己と仕事から切り離されるよりも、より大きく男性を自己と仕事から切り離した。そして母親よりも父親を。事実、それは女性に子育ての専門家になることを許した。そして、男性の家族が大きくなるほど、家族から大きく切り離され、子どもが増えるほど、より家族から切り離される。産業化が作り出したのは、男性が父親であればあるほど家族から遠ざかっていくことである！

産業革命は、男性の家からの時折の――過去には戦争時と狩猟時のみ必要であった――不在をなくし、それを日常にした。この労働の分化は、男女の関心の分化を拡大した。それは母性本能という信仰と遠く離れた父親という現実を強化した。産業化と工業化の前には、離婚したときには常に子どもたちは父親と住んだ。しかし産業化以後はそうではない。

「父親の堂々巡りの矛盾」には「夫の堂々巡りの矛盾」が複合されている。専業主夫を熱望する男性と恋に落ちる女性はほとんどいない。その主夫がスポック博士（訳者注：ベンジャミン・スポックはアメリカの小児科医であり、有名な育児書を書いている）の本を読んでいたとしても。だから、男性は人生の初期の段階で、自分が良いキャリアを得ることは、女性の良い愛を得るために必須であることを学ぶ。それはこれまでは常に真実であっただろう、しかし産業化は今や、女性の愛を得るために女性の愛から遠ざかる度合いを大きくした。または夫にとって、妻になるであろう女性から愛されるために、妻の愛（家庭）から離れる必要の度合いを大きくした。だから〝夫の堂々巡りの矛盾〟なのである。

両方の堂々巡りの矛盾は男性たちに同じメッセージを与える。愛情（家庭）から離れることで愛されなさい。産業革命は両方の〝堂々巡りの矛盾〟を加速させ、だから愛する人々と時間を過ごしすぎると究極的には彼らの愛を失うことになるという男性の無意識の恐怖を深めた。

産業革命は息子から人間的ロールモデルとしてだけでなく、職業的ロールモデルとしても父親を奪う——彼はもはや父親の実習生ではない。逆に、娘はまだ彼女たちの母親を人間的、職業的ロールモデルとして持っている。

娘が母親の教育と気質（temperament）を経験する一方で、産業革命は二つの「息子の堂々巡りの矛盾」を作り出した。一つは、彼は母親の教育（「きれいに片付けなさい」「乱暴に遊ばないこと」）と気質を経験するが、愛を探すためには父親のようになる必要があった。二つ目に、父親が成功しているほど彼はそれを真似しようとするが、その父親の姿をあまり見ることができないことだ。これらが私が「息子の堂々巡りの矛盾」と呼ぶものだ。

子どもたちと妻たちは父親の不在を非難し始めている。父親の不在は彼の奴隷制の形であり、家族に〝経済的子宮〟を供給するための彼の公約であることを誰も理解していなかった。彼が供給をしなかったら、彼の妻は決して彼を選んで一緒にならなかっただろうし、だから子どもたちも不満を言うために存在することさえできなかっただろう！

それは悪いニュースである。良いニュースは、産業化によって労働の分化を減らすための種がまかれ始めたことである。それは次に、父親を家に連れて帰る種がまかれ始めるということだ。どのようにして？　産業化は女性が外で働けるのに十分な電化製品と利便性と、女性が外で働くのが必要となる十分なコストを生み出した。だから産業化は、はじめは労働の分化を強制したが、次にその性役割を減少させる状況を作り出した。

しかしながら、産業化が父と子の再会（リユニオン）を作り出す前に、それはまだ私たちの息子の第三のモデル——男性の小学校教師——を奪っている。産業化以前、男性の小学校教師が大体において男児を担当していた。しかし、産業化は女性小学校教師を増加させた。なぜ？　父親はいまだ主要な大黒柱であったため、母親が子どもの学校のスケジュールに合わせて仕事をする必要があったからだ。

父親の子育てにとって産業化の良いニュースは、そこに科学技術の基盤が横たわっていることであり、科学技術は父親がもう一度同じ場所でお金を稼ぎ子どもを育てることができる可能性を増やしてくれる。科学技術は父と子どものリユニオンの条件を作り出している。それは自宅をオフィスにすることを安価でできるようにし、より地方の土地に住み、都市郊外の家を買うことから自由にし、ラッシュアワーの渋滞通勤から解放し、スーツや、今日ではセクハラの訴訟からも自由にしてくれる。しかし何より、父親不在が子どもたちに何をもたらしたかを発見した数十年の経験がある。男性たちは、女性たちと同じようにニーズに応じようとする。そして現在テクノロジーのおかげで、彼は愛情のニーズと仕事の生産のニーズに応じることを同じ屋根の下でできるようになっている。父親の育児の曲芸（ジャグリング）の時代にようこそ！男性が愛することを助ける上で、一番の障壁となるのは男性のお金に期待することだ……。

銀行のバイアス（または〝父親の回路〟）

父親というのは自然によって与えられた銀行員だ。

——フレンチ・プロバーブ

家族の「経済的子宮」になるという義務以上に家庭への父親参画を脅かすものはないだろう。それは「父親の堂々巡りの矛盾」を作り出す、家族を愛することが家族から離れさせる。それは伝統的父親役割の皮肉だ、父親にならないことで父親になる。

ファザーフッドを作り出すことは、主要な心理学上の変化を生み出すことを意味する。両性が、もう一方の性別の伝統的性役割の心理的責任を完全に平等に分け合うのは難しいことを発見している——とりわけもう一方の性別がそばにいた場合。

ちょうど母親が二四時間育児に心理的責任を負っているように――たとえ父親がもっと多くの時間を家で子どもと過ごしていても――、父親は同じく、いまだ二四時間家族の「経済的子宮」であることに心理的責任を持ち続けている――たとえ母親がある時期に、彼よりお金を稼いでいたとしても。

男性に六ヶ月間有給の育児休暇が提供されており、メディアがスポーツヒーローに若いときにそれをとるようにキャンペーンをしているスウェーデンでさえ、スウェーデン人の父親のたった二二%しか育児休暇を取得しておらず、平均期間は六ヶ月ではなく四七日である(1)。なぜ? なぜならスウェーデンにおいてさえ、もし男性たちが「父親の回路」に乗れば、彼らはキャリアの向上を危険にさらし、だからこそ妻と子どもの福祉(そしてだからこそ、おそらく妻の愛も)を危険にさらすことを知っているからだ。スウェーデンの男性にとって長く育児休暇をとることは簡単になってきている、なぜならば政府が夫の代わりを女性のために請け負うからであり、だから女性は収入が低くなった男性と同棲したり結婚生活することができる。それがなぜ七〇年代から八〇年代の間でスウェーデンの男性の育児休暇が二倍になったのかという理由である(2)。

アメリカ合衆国では、一九九三年の家族/医療休暇法(family and medical act)は新生児の世話や深刻な病気の家族の一員の世話のために一二週の無給休暇を提供し、五〇万人の男性と一四〇万人の女性によって使用された(3)。しかし大部分において父親は育児休暇の代わりに病気休暇を使った。そして結局、女性はまだ一五三倍男性よりも家族の理由で職場を離れている(4)。

私はこの社会的背景によって、父親たちと母親たちが、私たちが男性のためでも女性のためでもなく、両性が生存するために原始に命じられたシステムの中にいたこと、そしてより近代では、私たちはそのシステムによる成功後の移行の中にいるという認識ができるように望んでいる。生き抜くこと以上のことをしたいという私たちの願望には選択――離婚によって父親抜きで子どもを育てる――を行使する自由の願望が含まれていた。それを私たち自身に許すために、我々は父親のイメージを「パパは何でも知っている」(訳者注:一九四九〜一九六〇、アメリカ、シチュエーション・コメディ)から「パパは性的虐待者」に変えた。前述のカートゥーンを私に送ってきたドイツ人の学者は別のものを『デア・シュピーゲル』(ドイツにおけるアメリカの『タイム』誌に相当する雑誌)から拾って送ってきている、子どもが「ママ、パパについて何かお話して」と言うとママはこう答える「ダメよ！　ホラーのお話は眠れなくなるでしょ(5)」。

私たちが、今や子どもといる父親を思い描ける唯一の場合は、母親がそれができないときだけであるくらい、この悪夢としての父親のイメージは普遍的に先進国に存在している。ではその映画を見に行こう……。

次回からあなたはフルタイムで育児をするパパを映画の中で見れるだろう、この公式に気づけば

おとぎ話の神話学では私たちが子どもの頃学んだのは、ステップマザー（義理の母親）は怖い物語であることだった（シンデレラなど）。今日、子どもたちはもっと頻繁にホラーストーリーとしてのホーマー・シンプソン（訳者注：アニメ『シンプソンズ』の主人公）を目の当たりにしている。

一九九〇年代では、ハリウッドは一九八〇年代に経験として始まったものを公式に変えた。どんなときも父親が子どもの育児の主たる担い手としてポジティブに見られるには、何かが必要とされた。ヒント：以下の映画では（子育てをメインに担当する父親のポジティブなイメージの他に）何が共通しているか？『巡り逢えたら』（一九九三）、『フレンズ・アンド・ラバーズ（Friends and Lovers）』（一九九九）、『アメリカン・プレジデント』『クルーレス』（一九九五）、『キャスパー』『グース』『ミルク・マネー』（一九九四）、『コンタクト』（一九九七）、『シーズ・オール・ザット』（一九九九）、『隣人は静かに笑う』（一九九九）(6)。

答え：要求されるのは母親が死んでいることだ。または、より状況的には、映画に出てこない。その「もしパパが育児を主にしている場合、ママは死んでいなくてはならない」公式は、一九七〇年代にはたった一つの映画だけのテーマだったのが、一九八〇年代には四つ、一九九〇年代には少なくとも二〇以上の映画のテーマになっている(7)。たぶん私は一つか二つの映画を外しているかもしれないが、あなたは構図を理解できるだろう。

何が起きたのだろう？　一方で、ハリウッドは新しい現実に適応しようとしていた。一九八〇年代から一九九〇年代にかけてシングルファーザーが倍増したことだ（片親の一〇％以下から片親の一九％に増えた）。もう一方で、この時代のダメな父親のイメージの中で、ハリウッドは二つ目の現実を排除してきた――虐待する母親、アルコール依存、薬物中毒の母親である可能性、未熟な一〇代の母親である可能性、刑務所にいる母親である可能性、子どもに関心がない母親、キャリアに集中している母親の可能性、または他のあらゆる不適格な性質をもつ母親の可能性を。

これらの最後の五つの母親のカテゴリーの中に、現実で父親が助けに来たり、男女の合意で――またはすごい能力で！――父親になるというまだ作られていない数千の映画がある。

ハリウッドは、私たちが拒絶している恐怖を拒絶する。つまり、『パパはなんでも知っている（Father knows Best）』のイメージが消えるにつれ、私たちの集合的無意識は、父親が主要に子育てをすることを居心地悪く感じさせている――〝本物の親〟が死ぬまで。では見てみよう……。

『巡り合えたら』でトム・ハンクスの演じるキャラクターは、妻の棺の横に立ちながら息子に説明する。「ママは病気になってしまったんだよ。こういうことは私たちに突然身にふりかかるんだ。誰もそれを止めることはできない」。『アメリカン・プレジデント』ではマイケル・ダグラス演じる大統領は単に「妻を失った」と描かれていた。『クルーレス』ではママは不自然な事故で死んでいる。『キャスパー』では、母親の死は〝突然〟とだけ説明されている。『グース』では母親は洗車中に死んでいる。『コンタクト』ではジョディー・フォスターの母親は彼女が産まれる前に死んでいる。『隣人は静かに笑う』では母親は国の局員として働いているときに殺され、彼女の死の復讐にこの映画はスポットを当てている。『サブリナ』では私たちは母親の死を伝えられるがそこには何の説明もない。そして『ミルク・マネー』、『シーズ・オール・ザッツ』でもそれは同じである。

『サブリナ』のように、父親が大人になった子どもと暮らしているに過ぎない場合であっても、母親が死ぬ可能性は高まるだろう。一九九九年の『フレンズ・アンド・ラバーズ』では、ママが死んだため、パパは成人した子どもとの関係を修復することができた。そして、クリント・イーストウッド主演の『ジョー・ブラックをよろしく』（一九九八）、『目撃』（一九九七）のような暖かく愛情に満ちた父親と子どもの関係を描いている映画でも、時折母親は死ぬ。規則として、子どもが幼ければ幼いほど、母親は死にやすくなる。そして子どもが——単に父親と愛情に満ちた関係を持っているだけの場合とは違い——父親に育てられれば育てられるほど、母親はより死ぬ傾向がある。

反対に、母親が幼い子どもを彼女自身で育児する映画では、父親は常に生きている。

なぜ私たちは父親が望まれるために、母親が死ぬことを必要とするのだろうか？　なぜなら、死か不可解な失踪以外のシナリオでは、母親が彼女の母性的責任を自分の選択として放棄しているように見える可能性があるからだ。または天国に行かなくても、彼女はドラッグ中毒や刑務所にいるか、子どもを育てられない状態になる。母親の存在は選択で、父親は常にいるというハリウッドの公式に暗に含まれるのは、母親は決して落ち度がないということである……親として失敗するような。

より綿密に言えば、母親の死では、自分で育児することを選択した父親、望んだ父親、優れた適性としての父親として見る必要がない。

皮肉にも、私たちは、ロジーがリベット工として働くのがジョニーが戦争に行っているときだけという世界観を否定してきたが（第二次世界大戦時の〝リベット工のロジー〟参照）、しかしその代わりにジョニーが父親になれるのはロジーが墓に入ったあとだけという世界観を維持している（訳者注：「リベット工のロジー」は第二次世界大戦中、男性が兵役に行っている間、女性が工場に社会進出したことを表す標語）。

今やロジーはリベット工以上のものになれる。例えば、一番最新のマッチョなジェームズ・ボンドの映画、『ワールド・イズ・ノット・イナフ』では、ハリウッドはジェームズ・ボンドの上司を女性にすることで観客をなだめられると見積もった（ジェームズ・ボンドファンには幸運なことに、彼は死ぬ必要はなかった！）。要約すれば、平均的な女性の映画ファンが平等に育児する夫と一緒にいる場合よりも、マッチョな男性さえ彼の女性上司と一緒にいれば安全であった。

私が「これらのイメージを忍ばせて私たちに見せている」としてハリウッドを非難しているのではないことを気づいてほしい。アメリカ人とアメリカ以外の国の人の両方が、このイメージをハリウッドに押しつけていると私に説明させてほしい。アメリカ人が外国の映画と呼んでいるもの——『コーリャ　愛のプラハ』（一九九六、チェコ）のような——は、自己中心的な生き方から父親的な生き方までの男性の旅の物語を強烈に示していたが、それにも関わらずそれは母親の悪い面を見せた。母親は偽装結婚を企てそして子どもを捨てた。ハリウッドは外国語アカデミー最高賞を与えることによりその映画を支持した。しかしハリウッドは私たちが買わないものを押しつけるわけではない。アカデミー賞獲得の世界報道があっても、アメリカ人と非アメリカ人の市場の両方において、全てのアメリカのそのような映画よりも売上は低かった。

観客が発言すれば、ハリウッドは聞く。ハリウッドはエンターテイメントにおける政治家だ、私たちの購買が投票である。支払い額が高くなれば、売春婦が現れる。

『コーリャ　愛のプラハ』でさえ、選択としての母親と常に欠損している父親という公式は、あらゆるシーンに潜んでいた。母親が帰ってきて、子どもを返してほしいと彼女が決めたとき、生き方を変え子どもを養子にしてきた〝父親〟は子どもをとられた。その奪う行為には、彼の人生や心をお父さんとして適応させてきたことへの報酬はなかった。母親の望みの変化は、子どもが何を必要としているかをまるで考慮していないかのように優先された。父親の心に入った愛が盗まれうるとき、彼の心は塞がれた。私たちが作り出すのはダメな父親ではなく、死んだ父親だ。

私たちが父親も対象に含まれるふりをするときでさえ、「母親だけ」の推定が表面に出てくる。雑誌『ペアレンツ』(8)が購読者に購入させるために挿入されたこのような広告がありふれていることを想像してみてほしい……。

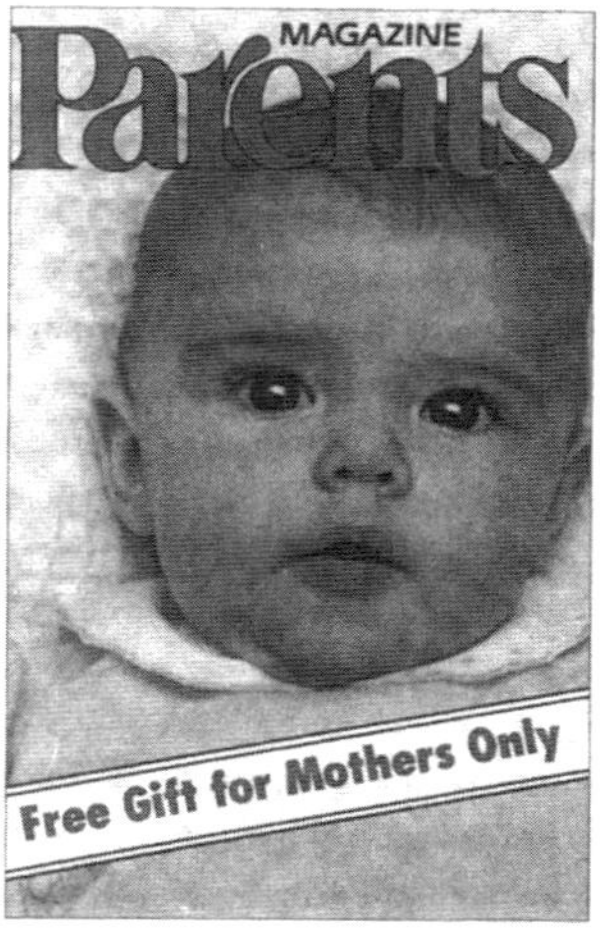

「母親だけへの無料プレゼント」。

想像してみてほしい、家庭情報誌『リーダーズ・ダイジェスト』が〝白人だけへの無料プレゼント〟を提供することを。または『マネージャー・マガジン』と呼ばれる出版物が〝男性マネージャーのためにだけへの無料プレゼント〟を提供することを。もしそのような広告が『マネージャー・マガジン』に出てきたら、訴訟もまた出てくるだろう。しかし私たちの集合的無意識はこの管理職の女性たちに対する差別に気づいているため〝男性だけ〟というバナーはもはや『マネージャー・マガジン』に載ることはできないだろうが、私たちの集合的無意識は父親への差別に気づいていないため、組織された抗議が起こることすらない。

女性価値のシステム

それは母親や小学校教師として、女性に子育てのプロセスが支配されているだけではない。それはまた女性ソーシャルワーカーや児童福祉士によって形作られる子育てに関する価値観の強制である。私たちが大学に入学するときでさえ、「matriculate（大学に入る）」という言葉のラテン語の由来を引けば、私たちは事実上大学の女性の子宮に入ることになる。近年では、大学はますます〝親として〟の役割をするようになり、それは父親のリスクテイキングより母親の保護により似ている。私たちは大学の入学において女性の子宮に入ることはあっても父親のそれはない。

全体として、これは女性の社会性に基づく価値システムを作り出す。性に関する女性の社会価値観はカリキュラムの五〇％であるべきだ。しかし、過去にお金を稼ぐことの全ての面に男の価値観が浸透していたように、今や女の社会価値観は子育ての全ての面に浸透している。そして、ウォール街や軍隊に入ってきた女性が、成功するために男性の価値観を吸収したように、看護学校や保育士教育に入ったり、ソーシャルワーカーになろうとする男性は成功するために女性の価値観を吸収する。大学では、家族に関する学問は、女性たちが独占している。

私たちは、父親と一緒に住む子ども vs 母親と一緒に住む子どもを比較したデンマークの研究で、母親と一緒に住む子どもの方が男女とも、被害者として感じやすいことを見てきた――母親が経験した感情の子ども版の経験だ。その子どもたちは他の子どもに比べて三倍も被害者として感じやすく、四倍も恐怖感にとらわれることを経験し、二倍も悪夢にあいやすかった(9)。

より重要なことには、男の子の子育てに女性の価値観があまりに支配的であったとき、彼らは自分たち自身のエネルギーの核をあまり好ましいと感じず、だから愛することで愛されるよりも、何かをすることで愛されたいと考えるように誘導される。いくつかの例がある。

都市部の少年は、しばしば母親や女性教師から大人の男のギャングへ移る旅をすることになる。ギャングに参加しながら、少年は彼の中にある男性エネルギーに尊敬を感じることができるだろうか？　男性アイデンティティの理解の仕方によって、彼はギャングにはなったのではないだろうか？　これは実践でどのように働くだろう？

ドラッグディーラーの少年は、母親や教師が「ドラッグを密売することはあなたのリスクをとる力と、お金を稼ぐ力を上達させたわ。さあ今からそのドラッグディーラーとして学んだスキルを車のディーラーとして働くために使いましょう」と言っているのを聞くことはめったにない。

女性の価値観システムを取り入れた教師はより多くの人と話したり、手を挙げたり、じっと座っているスキルを価値づける……それは有用な価値だ、しかし彼らは、協力を競争の内に入れる力や、リスクをとるスキルを少年が学ぶことに対しての尊重を提供してくれない。スポーツ好きの少年たちはしばしば、まるで病気であるかのように「男の競争性」が批判されるのを耳にする。（同時にチアリーダーたちが競争者として一番の男性に声援や愛を競い合うのを見る）。彼が学んだ女性の価値観システムと適応する技術でさえ、そのように見られることはまれだ。バスケットボールやアメリカン・フットボールで相手の全ての動きを〝読む〟ことで誉められてきた男性の運動選手は、この予期する彼の直感力やチームワークのための人間関係のスキルが誉められることを知る。わずかな教師しか彼に「君には素晴らしい父親や夫になることができる感受性の豊さと直感力がある」と言わず、そしてこれらのスキルをその方向に向かわせたり、彼が変えることのできる方向を正しく価値付けることすらしない。

少年たちはしばしば彼らのゲーリー・ラーソン（訳者注：Gary Larson 一九九〇年代のラグビー選手）型の行動を無視されていると感じる。その創造性や起業スキルの背景を訓練する一風変わった観点は、宿題をうまく時間内にやったり、適切な文法やスペル、正しい日常などの正解よりも保証が少ない。人生は、何年に一八一二年ガン条約が結ばれたか暗記するよりも、起業家として成功する方に高得点を与える。（ガン条約の話は本書の注に載ってないので探すのはやめたほうがいい）。

フェミニストの理論は、父親としての男性へ大きな差別を生んだ。それは女性の脳は男性よりも左脳と右脳をつなぐ厚いパイプを持っているという生物学発見を、なぜ女性が子どもの世話、ご飯の支度、洗濯などをジャグリングのようにうまく同時にこなせるかの推測に変換した。しかしこれは二つの事実に反する。一つ目に、私たちはシングルファーザーがシングルマザーよりもうまくできるということを見てきた。これが選択的な男性の集団でも、またジャグリング的な（二つ以上のことを同時にやる）行動においてもより優れていた。

二つ目に、男性役割は女性役割よりほんの少しだけ曲芸的行動を多く必要とする。例えば、主な企業のCEOは、二人の子どもの競争におけるエゴのバランスを取るだけでなく、一〇〇〇人の従業員の競争におけるエゴを調整しなくてはならない――彼は従業員たちの昇進や休暇の願望を、彼らを雇いつつコストを下げ商品を売らなくてはならない必要性とバランスをとる。彼は従業員たちの自己に対する過大評価と他のことへの過小評価、米国国税庁（IRS）への義務と労働安全衛生局（OSHA）の規制、株主のニーズと人道的行為をすり合わせる……。

彼はひょっとすると何ダースの製品を同時進行しなければならないかもしれず、だからそのエゴは、各製品の生産ラインや、商品がよりしっかりテストされ、よりうまく宣伝され、うまく包装され、うまく届けられるようにというそれぞれの集団の感情の背後に隠される……彼は自社で何をすればよりうまくできるのか決定し、外注するよりも自社の従業員を使うべきという誠実な推薦もしなくてはならない。彼は次に自社の従業員をひょっとすると何百にものぼる下請けの会社と調整しなくてはならない。そしてこの全てを政府の安全の懸念やアファーマティブアクション、税金、セクシュアルハラスメントとジャグリングする。現代ではそれは、誰かへ言ったことがセクシュアルハラスメントと解釈されうる何千の従業員全体の責任を担うことを意味する。

それが働く父親としてのCEOが、仕事でしなくてはならないことだ。彼が家に帰ると、この全てを、自分やサッカーを一緒にやりたがっている子どもたちと十分に時間を過ごしてくれないと感じている妻とジャグリングする。しかし、やはりここでも、男性は何も言ってこなかった。この男性の曲芸は多すぎたため、彼は学術論文でそれに不満を言うこともできなかった！

男性たちはしばしば少年たちと同じようにチームスポーツを通して曲芸的な行動の準備をする、ホワイトカラーよりももっとブルーカラーとしての準備を。そのクオーターバックは他の二一人の男性が走るパターンをジャグリングする。彼はその過程で、彼の人生の計画と身体を壊すトレーニングを積んだ、一一人の男とぶつかる。彼のシュートはその一一人の動きをかわし、できる限り遠くへ、一度もバウンドさせないで出さなければならない……全てが実際に一〇〇％正確で、正しいタイミングで、正しい位置で実行されないと失敗する。彼がその曲芸をミスすれば、フィードバックを受ける！それは脳震盪や脊椎損傷と呼ばれる。女性の価値観システムを学んでいても、アメリカン・フットボールにおけるそのジャグリング的行動が、働く父親としての曲芸的役割にいかになっていくのか彼に教えることのできる教師は少ない。その代わりに彼は、男の脳はジャグリング的な行動をするにはパイプが細いと教えるフェミニストイデオロギーに直面する。

私たちが男性の価値観を低く見て男性のセクシュアリティを悪魔化するとき、私たちは自分自身が誰であるか知る前に曲解されたと感じる多くの少年たちを生み出す。彼は自身の基本的なエネルギーさえ蔑視されていると感じる。そして少女がこれを女性の価値観システムを持つ教師から学んで母親になるとき、これらの母親は自分の男の子を、この蔑視を感じる少年に育てている。簡単にいえば、過去では私たちは両性が原罪から生まれたと信じていた。現代では、私たちは無意識に男の子の原罪と女の子の罪のなさを信じるようになっている。

科学技術は男性の肉体的な力の必要を減らし、少年は困窮して育ち、特に黒人の少年はとりわけ強く打撃を受けた。黒人コミュニティーでの父親不在の結果は、父親不在で育つ男の子に関係するだけでなく、男性のエネルギーを讃えないため、いかにそれを前向きに使うか知らない女性の価値観システムを持つ母親や女性教師や女性ソーシャルワーカーの中で育つ男の子にもまた関係すると私は信じている。だから私たちは黒人男性が危険が迫っている種であるとあまり懸念してこなかった――それが私たちがコククジラの保護を黒人男性の保護より耳にする理由だ。

門番としての母親の障壁――父親を「妻の会」に入らせない

子どもを母親と一緒にいさせるという決定は、理論的には子どもの最善の利益に基づいて作られる。しかしながら後に子どもたちを調査したとき、半分以下しか母親が自分たちの最善の利益のために常に行動してきたとは感じていなかった(10)。わずか二五％だけしかそれをした理由が、母親が彼らを愛していたからだとは感じていなかった。

資料：「親権を持つ妻のほとんど四〇％が、少なくとも一度は元夫が子どもに会うのを拒否したと報告した。そして彼女たちの理由が子どもの希望や安全とは関係なく、いくらかは報復のためであったことを認めた(11)」。

資料：ジュディス・ウォーラースティンとジョアン・バーリン・ケリーは、約五〇％の母親が父親が子どもと会うことに価値を見いだしておらず、積極的にそれをサボタージュようとしてみたり、父親の面会に憤慨したことを明らかにした(12)。例えば「一人の上品な夫人は、夫が子どもの面会に来ると彼の顔に犬の糞を塗りたくった(13)」。

父親をひそかに傷つけようとすることへの母親の認識は特に重要である。なぜなら父親が子どもに会いに来ないとき、私たちは、母親がその面会をやめさせようとしているかを尋ねる前に、私たちはしばしば悪い父親と彼らを呼ぶからだ。上の犬の糞の例に加えて、ウォーラースティンとケリーは、大部分が母親によって使われる（しかし母親だけではない）面会を妨害するいくつかの方法を説明している「約束を忘れる、訪問時間の厳しい時間管理を主張する、父親が自分の友人と来た場合訪問面会を許可しない――幾千回の嫌がらさせ、そのほとんどは小さなことだが、それは会いに来た親に屈辱を与え子どもたちの目の前で非難することを目的とした仕掛けだ(14)」。

その本当の門番は、父親と子どもが彼女たちの態度から出たことを経験するという自己成就の予言であった。まず、子どもたちは「二人の戦争している巨人の間での危機」を感じ、そして不安と恐怖を表した。そして次に母親はその不安と恐怖を「訪問が子どもの福祉に有害である証拠で、だから続けられるべきではない」と主張するために利用し、「弁護士は子どものちょっとした間違いで夫を責め立てる怒れる母親に呼び出された(15)」。それは、もちろん子どもの症状を拡大させ、だから父親が問題であると〝証明する〟。

バークレーからボストンにかけて、女性と男性の研究者の両方とも、母親が父親に育児にもっと参加してほしいと言ったにもかかわらず〝門番《ゲートキーパー》（gatekeeper）〟として行動することを発見した。〝いつ〟をコントロールし、それが彼女に好ましくない場合は彼のあり方を批判する。この「ゲートキーパーのバリア」はフルタイムで家庭で育児をしている母親に最も強い。

フルタイムで育児する母親は彼女の仕事を守っているだけでなく、また彼女の愛の利益を守っている。フルタイムで育児に専念するスタイルとそれへの心理的投資を進めてきた人は誰であれ、彼もしくは彼女のやり方がベストであると信じたい傾向がある。しかし事実として子どもの利益は男性と女性の異なるスタイルの共同作用から大部分が出てくる。

主婦として背景を持つフルタイムの母親は、まるで侵入者から芝生を守っているように行動し(16)、前に管理職についていたフルタイムの母親は「あなたが赤ちゃんに服を着せたら四五分もかかる。私にやらせて、一〇分でできるから(17)」と言いやすい。その男性は批判され、感謝もされていないことも感じる。彼は家庭を平穏にする「ヒントを探し」、育児から退く。彼女が会社役員のスーツを見て〝ガラスの天井〟(訳者注：法律的に記されていなくても、女性の地位や役職の割合がある程度で頭打ちになる現象。フェミニスト用語)を感じるように、彼はベビーサークルの柵を見て〝ガラスのバリア〟――彼女が常にパトロールしている――を感じる。

母親も父親もここでクリエイティヴに再考する必要がある。それは、女性が夕食のお客として招かれ、食器洗浄機に食器を運ぶのだけを手伝い、女主人が〝正しい置き場所〟にしまうことができるのを知るとき、いかに彼女自身の価値が低いように感じるかを女性に思い出させる。それは妻の門番としての態度を、自分への指導とこき使うことの複合であるかのように男性に考えさせる。競争的な職業で成功したどんな男性も、こき使われることにうまく対処してきた――そしてまた通過儀礼としての機能も理解していた。それにも関わらず、父親にとってこのように言うことの背中を押してくれる人は重要だ、つまり「君がそれをすると、父親として僕は不要みたいに感じる」。または「僕は少しちらかった片づけ方が育児に悪いと思わないよ、これは子どもが自分で危険に対処できる能力を見に付けさせるやり方だ」。女性には男性が言わないことは聞こえない。またはそれに近いことが起きる。

男性の積極性はとりわけ娘にとって重要になる。国勢調査のデータは二人の娘を持つ両親が最も離婚しやすく、次に一人の息子と娘、最も安定した家族は二人の息子を持つ家庭だと示している(18)。

なぜ？　父親はしばしば、妻が娘と作り上げていると彼が信じている絆の邪魔をする権利はないと感じる。母親は娘の道徳のゲートキーパーであり、彼女を着替えさせ、育み保護する――そしてもし彼があまりに荒っぽく遊んだり叱りすぎたり、涙を流させたり、あまりに強くしつけをし過ぎたら、二人の反対を受けるように感じる。彼は昔母親に聞かせてもらったお話のように感じる。「ここは私の王国だ、私の門、私のカギ、私だけが正しい組み合わせを知っている」。だから、彼の距離と使い捨てられた気持ちは、彼をより使い捨てにさせる傾向がある。彼らの価値観を娘の人生に統合させようと戦う男性は、無意識にさえ結婚を維持することとも戦っている。

私たちの双眼鏡が〝駄目な〟父親に焦点を絞ったとき、それはしばしば育児をしたいという望みを持つ父親に誤った手掛かりを導く。『ワースト・ワイフ・クラブ』のDVDを借りよう。それは公開一週目、二週目で映画好き女性の半数を見に行かせた作品だ。いかにダイアン・キートンの演じるキャラクターと彼女の娘が、父親を敵として〝蒸発〟させようとしたか注目してほしい。あなたがこれに注目するなら、あなたはいかにその父親が娘と会うことを喜んでいたか——あまりにもうれしかったため、プライベートな生活とファイルへの彼女のアクセスを許し、彼女を雇い、彼女の師になったか——を正しく評価していない。あなたは、いかに彼の娘に対する愛情が、娘と元妻が彼に対する陰謀を働かせていることに目隠しをしたかを見過ごしていないだろうか？

もちろん、もっと深い問題では、あなたがこれに気付かなかった（もしそうであったら）ことは、いかに父親の「駄目な」部分にスポットを絞る社会が、父親の愛情から目を背けさせているかを象徴している。同じく、娘が母親の承認を必要とすることとさえもあまりに強かったため、彼女自身の父親に対する愛情の渇望を見ることができなかった。

悪口のバリア

私たちが上で見てきたように、母親が主要にまたは単独で親としての時間を子どもと過ごすとき、父親と子どもの関係は悪化する(19)、そして一つの理由は、ひょっとしたら父親に対する悪口かもしれない。グリニス・ウォーカーが両親が離婚して平均八年たった子どもにインタビューした全国研究では、彼女は以下のことを発見した。

・子どもの五四％が、母親だけが彼らの前で父親の悪口を言ったと語った。
・子どもの一二％が、父親だけが彼らの前で母親の悪口を言ったと語った(20)。

一方の親からの中傷はほとんどの場合子どもへのダメージになる。幼少期の記憶を私に書いてきてくれた友人はこのように説明した(21)。

僕が親友の家で遊んでいると、ときどき親友の母親が口頭で彼の父親を引き裂いているのを聞いた（彼らは離婚していた）。彼女は人生におきた問題のほとんど全てのことで彼の父親を非難していた。友人が母親を信じたとき友人が父親に怒りを募らせ、母親を信じないとき防衛的になったのを私は見てきた。彼は私がいたことを恥ずかしく思い、そして私が彼の感情に共鳴できなかったため孤独を感じた。

大人になって初めて私は、いかに彼の父親が、彼を嫌っている息子を支えるために、つまり自分への憎しみを支援するために、慰謝料と養育費を払っているように感じていただろうかと考えることができた。私の親友の母親は単独親権を、息子を彼の父親への彼女のいやみを聞かせる捕虜としての観客にする権利だと思い込んでいるように見えた。私は親友が男性への、そして彼自身への怒りを大きく大きく募らせるのを見た。

子どもたちの一部はその悪口を内面化してしまうようだ。「僕は完全に悪い人なんていないと思うけど、もしお父さんがそうなら、僕もそうなんだろう(22)」。父親の悪口を言った母親は、最終的に自身の父親よりも母親に怒りを募らせた子どもを生む。ウォーカーは娘のインタビューを引用している。

私は母に対する尊敬を失い始めた。彼女は離婚の全てのプロセスを作り、そしていかに私と父にとってそれが地獄になったか。私たちの間に壁を築こうとする態度は今日まで続いている。彼女は常に私の父が愚かであると説得しようとし、私を彼と引き離し自分と一緒に住むように強制しようとした。彼女は彼を手に入れることができなかったから私もできないようにしたかったのだと思う。それがうまくいかなかったら、彼女はいかに私に離婚の責任があるか残酷な嘘をついて家族を私から離そうとした。

今では、私は自分の体験を知らない人と一緒になっている。離婚で最悪なことは私は母親が本当にどういう人であるか見たことだ。

カウンセラーはもちろん援助することができる。カウンセラーは両方の親が何が起きているかを子どもに理解させるのを手伝うことができる。私は個人的には、子どもとは二人が一緒に、そしてカウンセラーとは個別に話し合うことがよいと感じている。誰もと同じように、子どもたちは自身の恐怖に基づいて物事をねじ曲げてしまうだろう。そして親が子どものねじ曲げた版の話を聞き、その事実を確かめることができないとき、悪意がもう一方の親に作られる。しかしながら、援助の専門家はいつも助けになるわけではない……。

障害としての援助の専門家

カウンセラーの研究において、二つの別のグループが模擬のカウンセリングセッションをしているビデオを見た。それぞれのグループは同じ問題を抱えた同一の〝クライアント〟を見た。一つのビデオでは、クライアントはエンジニアで、妻は家にいて育児をしていると自己紹介した。別の方では、妻がエンジニアで、彼が家で育児をしていると言った(23)。どのセラピストも伝統的性役割を演じるクライアントの家庭のあり方に質問をしなかった。ほぼ全てのセラピストは主夫を演じる〝クライアント〟に疑問をもち、「子どもの頃に男であることについてどんなメッセージを聞いてきましたか?」と質問した。典型的な解決策は「あなたは家庭での役割について再交渉する必要があるでしょう」であった。そのカウンセラーたちは、どちらのビデオのクライアントも自分の役割や妻や家族にとても幸福を感じていると主張していても、主夫のふりをした男性の方がより抑鬱症状があると診断した。

このタイプのバイアスは、カウンセラーたちに子どもは母親と共にいた方がいいという結論を導く観察をさせる。

病院での援助の専門家は、男性が妻の出産に立ち会いやすくしてくれる。出産のすぐあとに起こると現在私たちが知っている、父親と乳児の愛情の絆を与えることは真の進歩だ。赤ちゃんといるお父さんの写真で「お腹の赤ちゃんの鼓動を聞くお父さん」を特集している広告は、私たちがお父さんの愛情を評価することを父親たちに伝え始めている。

その一方で、上で私が述べてきたように、私たちは企業が「男性専用クラブ」を作れば「頭の古い原始人」と呼ぶ時代に病院が「女性専用」を作れば「進歩的」と呼んでいる。まだ「女性専用施設」は父親を出産後の訪問者の役割に追い出しているし、離婚の法律は父親を離婚後に訪問者の役割に追い出している。男性に対するメッセージは明確だ。「あなたは子どもの訪問者なんだ」そして次に私たちは男性がなぜ育児に平等に参加しないか不思議がる。

出産施設を「女性専用施設」と呼ぶことは父親の育児参画のビジョンを妨げるだけでなく、現実を否定する。私たちは今や三分の二の子の出産を待つ父親が、彼らの妊娠中のパートナーと同じ多くの症状を経験することを知っている――不眠、体重減、吐き気、背中の痛み、お腹や脚の痛み、そして産後鬱さえ(24)。それは男性もプロセスの一部にいることを明らかにする。だから「性別を問わない出産施設」は父親の経験の現実を認めることになる。

しかし男性たちは本当に招待される必要があるだろうか？　ウェストバージニア州では、〝マタニティ〟ルームの看護スタッフは新生児の父親に対して異なる期待を持つよう、つまり父親たちを周辺的な存在として扱ったり追い出したりせずに赤ちゃんと一緒にいるように招くようトレーニングされている。その結果には父親としての感情もついてくるだろうか？　パタニティ（父性愛）確立の割合は一六％から六〇％に上った(25)。それが示しているのは、意識や行動のわずかな変化であってもインパクトをもたらすことができることだ。ではもっと大きい変化をもたらしたらどうだろうか……。

（注）

（1）Birgitta Silen,"The Truth About Sexual Equality,"Inside Sweden,April,1987,p.13（available free of charge:S-105 53,Stockholm,Sweden）;and Staffan Herrstrom,"Swedish Family Policy,"Current Sweden（Swedish Institute, Stockholm),September 1986,p.5.

（2）Ibid.

（3）Maggie Jackson, Associated Press,“Dads Reluctant to Take Leave,”The Press Democrat, February 5,1999,p.E-1.

（4）U.S. Department of Commerce, Bureau of the Census, Current Population Reports(Washington,DC:G.P.O.,1987),“Male-Female Differences in Work Experience, Occupation, and Earnings:1984,”Series P-70,No.10,p.13,Table 1:“Workers with One or More Work Interruptions Lasting Six Months or Longer, by Reason for Interruption.” これは一九九七年時点の最新のデータである。

（5）Der Spiegel, op. cit.

（6）一九九四年から二〇〇〇年までのその映画の調査はミシガン州ウェストランドのジェリー・A・ボッグス（Jerry A. Boggs）によって行われた。November 27,1996 and March 10,2000, Private correspondence.

（7）Martin Connors and Jim Craddock, 一九五〇年から二〇〇〇年までの映画の Video Hound's Golden Movie Retriever 2000 (Farmington Hills, MI: Visible Ink Press,1999) と、彼自身の個人的に一九八〇年から二〇〇〇年までに見た映画の記録をソースにしている Jerry Boggs による。

（8）Parents magazine subscription insert, approximately 1990.

（9）Christoffersen,op.cit.,Chart 3.

（10）Walker, op. cit.,p.89.

（11）Julie A. Fulton,“Parental Reports of Children's Post-Divorce Adjustment, Journal of Social Issues,Vol.35,1979,p.133. ファルトンは親権のない父親の五三％が、元妻が子どもを自分に会わせることを拒否してきたと主張していることを報告している。

（12）Wallerstein, Surviving the Breakup,op.cit.,p.125. この五〇％の数字は、一般的により父親の重要性が意識されていると思われているサンフランシスコの郊外から出てきたため、特に驚かせた。

（13）Ibid.,p.125.

（14）Ibid.

（15）Ibid.,p.126.

（16）Carolyn Pape Cowan and Philip A. Cowan,“Men's Transition to Parenthood: Longitudinal Studies of Early Family Experience, ed. Phyllis W. Berman and Frank A. Pedersen（Hillsdale, NJ: Lawrence Erlbaum Associate,1987).

（17）以下の彼女の研究に基づいたフランシス・K・グロスマンへの一九九七、四、二のインタビュー。Frances K. Grossman, William S. Pollack, and Ellen Golding,“Fathers and Children: Predicting the Quality and Quantity of Fathering,”Developmental Psychology,Vol.24,No.1,February 1988,pp.82-91.

（18）S. Philip Moran, American Journal of Sociology,Vol.94,No.1,as cited in Mia Adessa,“Divorce Insurance: Have a Son,”Psychology Today, May 1988,p.14.

（19）John W. Santrock and Richard A. Warshak,“Children of Divorce: Inpact of Custody Disposition on Social Development,”in E.J. Callahan and K.A. McClusky, eds., LifeSpan Developmental Psychology（NY:Academic,1983),as cited in Warshak,op.cit.,p.191.

（20）Walker, op. cit. ,pp.84-85. ウォーカーは二四％の子どもが両親が互いの悪口を言っており、一〇％の子どもがどちらの親も他方を悪く言うことはなかったと証言したことを報告している。

（21）Sam Downing, May 28,1989 の手紙より。

（22）Walker,op.cit.,p.84.

（23）John Robertson and Louise Fitzgerald “The（M.I.S.）Treatment of Men: Effects of Client Gender Role on Diagnosis and Attribution of Pathology,”Journal of Counseling Psychology,Vol.37,No.1,January 1990,pp.3-9.

（24）Michael Segell,“Of Human Bonding,”Parenting, May 1989,p.60.

（25）James A. Levine and Edward W. Pitt, New Expectations（NY: Families and Work Institute,1995).

第五章…全ての人の最善の利益に向けて……

いくつかの解決策

養育的で、しつけもし、権威的でもない離婚していない家庭の代わりになる解決策はほとんどない——共同親権での養育や、ステップペアレントの組み合わせでそれに近い状態にすることはできるが。決して家族構造が全てではない。しかし他の条件が同一で、父親がフルタイムの育児をするくらいモチベーションがあるとき、研究は以下のランキングを裏付けるようだ。

一位　両親のいる家庭
二位　共同養育（身体的共同親権）
三位　父親の主要な育児
四位　母親の主要な育児

「子どもの最善の利益」の理論は、子どもの最善の利益だろうか？

離婚は、「子どもの最善の利益」に関して全ての人に罪悪感をもたせる。その指摘は非常に妥当過ぎるため、私たちは極端に解釈してしまう。私は「子どもの最善の利益」に対しての現在のアプローチについて疑問を呈しているのだろうか？　その通り。より正確には、私は「子どもの最善の利益のパラドックス」を見ていこうとしている。子どもの本当の最善の利益は、子どもの利益だけを見ることからは出てこず、全ての人の利益が考えられたときのみ出てくる。子どもを、彼らの最善の利益だけを考えて育てれば、自分のことしか考えない大人を作る。全ての人の利益が慎重に継続的に考慮されるときに、自身の最善の利益になると子どもが理解するよう育てる方が健康的だ。

子どもの最善の利益が母親によって決められるとき、しばしばこれは父親を傍観者にさせ、父親が子どもを遺棄するよう誘導してしまう。物理的でなくても心理的に。これはその家族を不安定にさせ最善の利益の名の下に子どもを傷つける。なぜ？

損な取引に参加する人はいない。もし母親が呼べばすぐ来るベビーシッターのように期待されつつ元夫に悪口を言われ続けるなら、彼女はそれを損な取引と考えるだろう。さらに、もし父親か母親が損な取引に参加するなら、それは子どもに有害である——それは子どもに愛する人を人間として見ないで財布（または家政婦）として扱うような人間関係を作ることができると教えてしまう。それは離婚のトレーニングだ！

男性を家庭の外に行かせるのではなく、入らせるために払う

どうやったら父親を家庭に居させられるだろう。父親がいなくなったあと母親にお金を渡す代わりに、私たちはインセンティブを逆転できる……。

父親の軍隊（corps）

父親の軍隊（訳者注：これまで男性が戦争のための軍隊を担っていたことに掛けている）は男性を保育士や小学校教師になるよう訓練し、男性に子どもとコミュニケーションをとる方法を教える。

私たちが戦争に向けて男性を訓練するとき、訓練を受けた全ての男性たちの一定数は死ぬ――たとえ戦争に勝ったとしても。私たちが男性をよりよい養育者に向けて訓練するとき、落ちこぼれた男性さえ勝ちを得るだろう。そしてだから彼らと会う全ての子どもも。愛情に向けて男性を訓練することは、国の最善の利益になる。

男性を家庭の中に入れるプラン

男性を家庭の中に入れるプランは、男性に家庭に入る平等な機会を与えることを提案する、ちょうど女性に職場に入る平等な機会を与えるように。

私がニューヨークのブルックリンのバプティスト教会で一日のワークショップを行ったとき、大部分の母親たちは家の外で働いていた。彼女たちは父親に家庭に参加してほしいと思っていた――しかし大前提として父親が主要な家計の稼ぎ手になる上でであった。これらの女性の大部分が、すでに働いて収入を得ていても。

私は参加者たちに、この中で父親から収入と愛のどちらも受け取っていないシングルマザーの家庭で育った人はいるか聞いてみた。多くの人がそうだった。なので私は彼女たちが子どもの頃一番なくて寂しかったものを聞いた――お父さんの稼ぎかお父さんの関心や愛か。私は手を上げてもらった。しかし手は上がらず、手をふって去っていった。

私は参加者たちが自己の物語を語っているときから、傷ついた感情の証言を大量に聞いてきた。父親が奇跡的に現れてほしいこと、彼らのリトルリーグの試合を見にきてほしかったこと、父親が彼らの名前を新聞で目にして現れること。女性はセックスを求めることなしに男性に抱きしめられることを知りたがり、男性は彼のお父さんにボールの投げ方やネクタイの結び方……ガールフレンドの誘い方……ダンスのリードの仕方を教えてもらいたがっていた。別の男性は自分自身に父親は偉大であるに違いないと言い聞かせ、架空の偶像を作り、彼の望む父親を真似て軍隊に入った。今日まで、これらの話を私は覚えていた。そして手が上がることを期待した。

その教会の聴衆の一部は――だから話す人の一部も――黒人であった。ほぼ全ての人が貧困の中で育ってきた。多くの人が貧しさを語ったが、貧しさがその涙や傷を作ったのではなかった。そう、彼らはお金がほしかった。でももっとお父さんがほしかった。

これは何も黒人だけの問題ではない。私の父はこの教会の一本道を下った場所で育った。彼は一〇人兄弟の一人だった。私の姉のゲイルと私は、父の子どもの頃の話の多くをクリスマスに聞いた。私たちが煙突から何が運ばれてきてほしいかそれとなく言うと、父は君たちに合ったものだよとヒントをくれた。彼が育ったときもらったのはオレンジとクルミが全てだった。父がこれを話すとき、その目の中に悲しみは見えなかった。寂しさがあったとすれば私たちの関心がプレゼントにいっていたことくらいだ。しかし私が、父と祖父がどのような話を子どもの頃にしたのか聞くと、彼は話題を変えた。私が強引に聞くと、彼はまた話をそらした。私があとでもう一度その話題に戻ると父は観念して「僕のお父さんは週六日働いていたんだ。家に帰る頃には僕たちはベットの中だった。日曜日は彼は庭仕事をやるか政治的会合に行っていた。話す時間なんてなかったんだよ」。

「パパとおじいちゃんは全然話さなかったの?」

「ああ」。

私の父はこれ以上何も言わなかったが、しかしこれが特別にくれたプレゼントであることを私は知っていた。

もし私たちが子どもたちに、お金を稼ぐ能力と愛を示す能力のバランスをとるように望むなら、両親がバランスをとるモデルになることがその助けになる。家庭の中の父親は職場の中の女性より大事かもしれない。職場は女性たちから利益を得るが、家庭は父親たちを必要とする。

明らかに、家庭内の役割は家庭に決定権がある――国に援助を誰も求めない限り。しかし国が何かに助成金を与えるとするなら、参加していない親に参加する大きな動機を与え、同時に両方の親に仕事のスキル、コミュニケーションのスキル、育児のスキルをトレーニングさせるものである必要がある。それは家族と未来の納税者のための投資である。反対にTANF（Temporary Assistance to Needy Families：必要としている家族への一時的助成金、公式にはAFDC：Aid to Families with Dependent Childrenとして知られている）やWIC（女性と乳児、子ども：Special Supplemental Nutrition Program for Women, Infants and Children）のようなプログラムは、父親の排除に助成金を出す。簡単に言えば、私たちが見てきたように未来における福祉の受給者を作る。または税の消費者を。

その助成金の使い方はまた、二つの屋根の下の二人の大人を援助するよりも、一つの屋根の下の二人の大人を援助することで納税者のコストを抑える。いくつかの州は、既にこれを認識し、立法化している。例えば、もしウィスコンシン州で一〇代の女性が子どもを産むと、彼女はその子どもの父親と結婚しているとより多くお金をもらえる、父親がそばにいない場合に多くお金がもらえる通常のやり方とは反対に。その後夫婦が二人目の子どもを持つと、彼女への支払額は減る、増えるのではなく。そして繰り返すが、その未婚の親は、納税者のお金に対して収益権がなくなる。しかしもし納税者が何かにお金を払うなら、壊すよりも再建に払うべきだ。

その家庭の中の男性プランは四つの問題を解決することを助ける（1）子どもたちが父親を取り戻す、（2）女性に職場に入る十分な時間を与え、職場で力を持つ感覚を発達させる、（3）子どもたちに、〝福祉としての男性〟と結婚する母親、または相手の男性がいないから福祉に頼る母親よりも、経済的責任を持つ母親のロールモデルを与える、（4）男性の人生に子どもと感情と理由を与え、生き返らせることだ。

学校の中の男性プラン

貧民街の子どもたちは、しばしば母親だけの家庭から女性だけの学校システムに通い、母親だけの家庭に帰る。女性の養育者と女性のソーシャルワーカーが、まるで女性のケーキの上に女性の砂糖をまぶすように提供される。男性たちは育児におけるリベット工のロジーである。彼らは必要なときだけ参加させられ、終わったあと使い捨てられる。

より多くの子どもが母親だけの家にさらされればさらされるほど、より多くの学校は子どもたちを男性教師にふれさせてバランスをとる必要がある。特に男性の価値システムに慣れた男性教師を。

多くの都市で現在、黒人の少年に黒人の男性教師を与え直すことを試みているが、それは問題の核心からずれている。黒人の子どもは、既に黒人の母親と一緒に住んでおり、黒人ではなく男性を失っている。学校で彼らが出会う男性は黒人に違いなく、黒人男性からだけ教育を受けるのは、彼らが不信を溶かすことができる年齢になったときに、白人男性たちに対して持っている不信を克服することの役に立たない。

もちろん、男性の影響が必要なのは少年だけではない、そう、少女もだ。大部分が男性教師で構成された学校は母親と暮らす少年のためだけでなく、また母親と暮らす少女のためであるべきだ。

これがファザーリングにどう関係するだろうか？　子どもたちが、男性が子どもを愛するのを見れば見るほど、彼らは男性が父親として子どもを愛することを期待するだろう。子どもたちが、給料をもらって子どもをケアすることに責任をもつ男性を見れば見るほど、父親として役割を行う男性を尊敬できるだろう。

しかし、私たちはどうやって教育システムに男性を入れるだけでなく、男性の価値のシステムを理解している男性を入れればよいのだろうか？　男性の教師の軍隊（corps）は一つの例だ……。

男性の教師の軍隊と働く女性の軍隊の交代

私は男性の教師の軍隊を、男性をビジネスコミュニティーから教育システムに移すものとして、働く女性の軍隊を、女性教師を教育システムからビジネスコミュニティーとブルーカラーの職場に移すものとしてデザインすることを薦める。これは子どもをホワイトカラーやブルーカラーの仕事をする男性にふれさせ、逆に女性の先生に建築現場や組み立てライン、会社経営管理、家でビジネスをすることにふれさせる時間を与える。
男性教師の軍隊は様々な職業の男性を子どもたちに目にさせるだけでなく、子どもたちをリスクテイクや起業家的男性のエネルギーや価値観をもつ男性にふれさせることで、男性と女性の価値システムにバランスをもってコンタクトさせる。反対に、それは女性教師を男性にふれさせるだけでなく、会社の経営陣や建築労働者、組み立てラインの労働者やトラック運転手が持っているタイプの男性エネルギーや価値観にふれさせる――それは彼女の男子生徒の一部が人生の大部分をその中で過ごすだろうエネルギーと価値観だ。

女性に教育以外のことを考えさせるのは、教育現場での女性の供給過剰を抑えることに役立つだけでなく、また一部の教師が教育を彼女らの仕事と彼女らの縄張りであるとみなす傾向を減らす。複数の経験を持つ教師は一つの縄張りを守るような戦いをしないですむだろう。

二一世紀のためのファザーフッドとマザーフッドの再発明

新しい言語の導入――〝人間関係の言語〟(Relationship Language)

ステージⅠの、生存に焦点が当たった世界では、父親は問題解決者として必要とされた。彼は感情を否定することで〝タフになる〟必要があった。彼は柔軟性なく、説得し、議論し、主張し、法律を作り、間違いと正解を区別する必要があった。これらのスキルは彼を〝結婚資格がある〟ようにさせ、妻と子どもを彼にもたらした。あらゆる意味において、これらのスキルが彼の人間関係の言語であった。問題は、〝タフになる〟ことは彼の愛する者の空腹を満たしたが、愛する者の心を育まなかったことだ。

ステージⅡの世界では、生存が自己実現とバランスがとれるようなコミュニティーにおいて、私たちには心を育む〝人間関係の言語〟の選択権がある。私たちの時代の文法学校《グラマースクール》はステージⅡの社会の科学技術の必要性に合わせて全世代にコンピューター言語を教えているが、私たちはステージⅡの社会の社会的、心理的必要性に合わせてこの世代に人間関係の言語と対立解決（コンフリクト・リゾリューション）スキルを教えることをおろそかにしてきた。そしてそれがドイツなどの国で教えられるときも、「社会的能力（social competence）」と呼ばれていても、職場でのチームワークに――いまだ生存や一家の大黒柱の仕事の目標点に――焦点を当てている(1)。

これらのスキルは正確には何だろうか？　そのスキルは意見を表現するだけのスキルではなく（現在の学校はこれは得意だ。「子どもたちが意見を主張できるようにしましょう」）、〝他者〟が完全に理解してもらえたと感じるまで、他者が持っている観点を明確にするスキルだ。つまり必要なスキルは単に論争するスキルではなく、話を聞くスキルであり、議論するだけでなく、共感するスキルである。

最初のステージⅠのスキルは、私たちに相手を倒すことで対立に勝つように準備させた。そのステージⅡの新しいスキルは、私たちに相手を理解することで対立に勝つことを準備させてくれる。最初のスキルは勝ち負けがある。二番目のスキルはwin-winの関係だ。新しいスキルは古いスキルに入れ替わるのではなく、古いスキルへの追加であるべきである。

詩人のロバート・ブライは工業化以前は男性は一緒に働くことでコミュニケーションをとり、これが男性たちにどのように男性になるかを学ばせていたと説明した(2)。現在男性はどうやって一緒にいるかを女性や他者から学ぶために、どうやって一緒にやるかという共有された指導を乗り越えなければならない。ヒューマン・ドゥーイングからヒューマン・ビーイングへ移行するために。どうやって他者のためによりよく行動するかの指導を私たちの息子に与えることは、人生における喜びや悲しみの経験の感情を分かち合うこととは大きく違う。

男性が全ての自己の感情の卵を妻の愛情のバスケットの中に入れているとき、男性が妻に落ち込んだ感情を伝えることは難しい。支援制度《サポートシステム》が全くないことは多くの男性をとまどわせる。私たちが男性のためのサポート制度を作らない限り、人間関係の言語が男性たちに使われる土壌を見つけられないだろう。これがなぜ私が、男性たちみなが男性グループに入るよう薦めているかの理由だ。

私たちは『パレード』誌の、両親とうまく関係を築けていない一〇代の子どもたちは、将来自分の子どもを持たなくなる傾向が高いという調査を見てきた。人間関係の言語はコンピューター言語よりも親の参加を必要とする。コンピューター言語の場合、子どもは親が無知であった知識を得ることで実際によい気分になる贅沢が味わえる。しかしもし子どもが学校で話を聞くことを学んだにも関わらず、家で親が一方的に主張をする場面に直面したら、彼らは混乱するだろう。これが示唆することは、学校で親のための援助プログラムを作り、ロバート・ブライや「ニュー・ウォーリアーズ」や父親の権利グループがやってきたように息子と父の関係をサポートすることだ。

胎教と親教育

胎教と生後五年間の環境が人の脳の能力や神経系に重要な影響を与えることを明らかにしている研究は、どんどん増えている。全ての親が胎教の教育を受けることは、私にとってよりも政府にとって有益なはずだ。しかしもし政府が母親に納税者のお金を渡すことを既にやっているなら、政府はさらに父親が育児参加したり、胎教や栄養プログラムを両方の親が受けられるようにしたり、対立を予防する結婚教育や対立が起きた際のマリッジカウンセリングに予算を使う責任をもたなければならない。

多くの変化は地域レベルで起こすことができる。地域教育の努力を明らかに多くの人は好むが、町を見回してほしい……病院に「母親の部屋」がないだろうか？　または「婦人施設」、「女性センター」は？　「男性センター」と呼ばれるビジネスクラブが女性にお呼びではないというメッセージを送ることをフェミニストたちが主張して見せてくれたように、赤ちゃんの病院を「女性センター」と呼ぶことは父親にお呼びでないというメッセージを送る。

解決法？　病院のその部署を代わりに「出産センター」と呼ぶことで、私たちは父親と赤ん坊の愛着は二の次――彼は単に訪問者である――というメッセージを与えない。「母親の部屋」は母親と子どもと訪問者という心理を作り上げ、そのカップルが離婚すべきという準備をするだろう。出産の際「訪問者」にすることは後で「訪問権（面会交流）」を使うことの準備だ――それはファザーリングではない。「出産センター」は強調すべきところに重きを置くだろう――乳児とその出産だ。父親と子どもの再会は、まず父親と子どもの出会いから始まる。いつ私たちはその愛着がうまくいくか知るのだろう？　いつその再会と再愛着が必要でなくなるのだろう？

全ての父親ができることは何だろう（そして母親も）

二〇世紀に女性が社会進出することを促進したことと同じように、二一世紀に男性を父親にすることを促進することを社会的変化として広げるために、現在もっとよい親になるためにお父さんは（お母さんも）何ができるだろうか？

例えば、サッカーの試合への車の送り迎えは、潜在的には試合それ自体と同じくらい重要だということを直感的に理解しているとき、私は父親がもっと子どもによい影響があると考える。その子どもは他の誰かがずるをしたり、シュートを独占したり、彼がつきたかったポジションについたとき、どうそれを処理しただろうか？

私自身のステップファーザーとキャンププセラピスト（ニュージャージー州リッジウッドの郊外のＹＭＣＡ、ニュージャージー州ニューマークのボーイスカウト）の経験から、多くの子どもたちは善悪を決めつけられずに話を聞いてもらえるという安心感を持ったとき、より心を開きやすいことを知った。しかし私が話を聞いているだけでは、子どもたちが彼や彼女自身の解決策にたどり着くよう励ます機会を失ってしまうことがわかった。私がいくつか質問をし、子どもたち自身のアイディアを組み入れると彼らは最も熱心になった。終了後、結果として、子どもたちはいかに世界を理解し、いかに試合と人生を結びつけるかということに自信をより大きくもったように見えた。

上の例はチームスポーツの一つであると気づいてほしい。我々の娘たちはよいチームスポーツのモデルを特に奪われている。例えば私が講演の参加者たちに話すとき、聞き手の半分以上に知られているような女子チームスポーツのヒーローやロールモデルを誰も思い浮かべられないことに〝賭ける〟。私たちは全国的な知名度の何十人もの女子個人スポーツのヒーローの名前をあげることができる――女子テニス選手、新体操選手、アイススケート選手、短距離走選手――しかし女子チームスポーツのヒーローはいない。

個人スポーツは、勝つために彼女自身だけを頼りにするよう少女に教えられる。そのポジティブな教訓は、自発性、自己節制、他者に頼らず内的な源を引き出すところだ。自分自身に焦点を当てることが主要になる。チームスポーツは少女に違うバランスを与える。彼女は自分でバスケットにシュートしたり、チームメイトにパスするときも、彼女自身を強調することは二の次にすることを知らなければならない。ティーン（一〇代の）スポーツの意義は協力と競争のバランスを掴むことだ。

個人スポーツは、社会的に独立しておらず自発性があまりない娘にとってはすばらしい。チームスポーツは、能力があり、自己中心的で、甘やかされた、または人よりも動物と一緒にいることが心地よい娘にはすばらしい。

次によい父親ができることは、娘がチームスポーツに入ることをすすめ、チーム自体の強化の中で人生の教訓を見つけ役立てることを手伝うことだ。

一部の父親は、息子の方がより批判に対して肯定的に反応することを私に話してくれた——娘はそれを人格批判ととらえる傾向がある。なぜだろう？　少年たちは彼らがそれに対処したら愛情をもらえることを早くから学んでいるからだ。私たちの息子は批判をより変換できるため、自分たちをよいパフォーマーにしたり、試合を完璧にでき、それによって尊敬、承認、〝愛〟を得る。反対に、女性のバスケットボールチームを応援するチアリーダーは多くないので（！）、私たちの娘はパフォーマーになっても男性から愛を得られない。

ではそのためにパパはどのように、娘にスポーツで勝たせるよう準備させることができるだろう？　まず彼女にいかにスポーツが人生のための勉強になるか理解させ、どれくらい彼女が自己を改善したくて、どれくらい単にスポーツを楽しみたいだけなのかを父親に説明するよう促すことだ。しかしながら、彼女が伝えたことは義務よりもガイドラインであるべきだ。上で言及したようにシングルマザーとシングルファーザーは特に子どもたちが批判ととるかもしれない提案をすることをよく怖がる。彼らはときどき自分の子どもたちの是認を失うことを恐れる。（配偶者がいないと、シングルペアレントにとって、しばしば子どもたちが自分が必要とされ愛されると感じる唯一の源になってしまう）。

父親は特に、いつも正しいことをする良いロールモデルになることが自分の義務だと解釈する傾向がある。しかしながら、もしその父親が過ごす時間の九九%を正しいことをするなら、彼は正しいことをある程度までし、間違ったときに認められるロールモデルよりもよくない。誰もが常に正しいわけではないため、常に正しいことをすることは、本当は彼の子どもたちが不十分に感じるロールモデルである。

私生活で私はこの教訓を痛みと共に学んだ。私の弟のウェインは一三歳私より年下だった。私は学校でよい成績をとり、運動をやり、生徒会長になるなどして、彼のためによいロールモデルを作っていると思っていた。実際には、ウェインはそれが達成できるようになる前に、非行をして、苦労する経験をした。ある日、彼がとても若くしてスキーのインストラクターになったとき言った。「ついに、俺はワレンよりもうまくできることを見つけたよ」。彼がたくさんのことを私よりうまくやれてきた事実は、主要な問題ではなかった。私はその言葉にショックを受けた。それは私の悪い部分や、失敗、間違いを弟にもっとオープンにすることでもっとよいロールモデルになることができたということが閃光した〝クリック〟ボタンだった。弟の教師になるよりも、弟に私の教師になることを頼むことで。

私は弟のウェインにスキーを教えてくれるように頼んだ。私たちは秋に日取りを決めた。だが、それは遅かった。その春に雪崩がおき弟は飲み込まれた。よい生徒になることでよいロールモデルを見せられるということを実現する前に、彼は死んでしまった。

父親が自分の間違いを認めたり助けを求めるとき、子どもは自分たちの方も間違っていたとしても、自分自身、彼女自身に能力があると思える。なぜなら子どもに助けに対して応答機会を与えることになるためだ。それは子どもたちに提案をさせるよう促し、それによって彼らの創造性を見つけることを促す。

いつも正しい父親像は、子どもに物真似をさせるかまたは反抗させることになる。そのような父親像は子どもに間違うことを恐れてリスクをとらないことを促してしまう。間違いを認め「ごめんなさい」を言うことを学ばなかった子どもは、人生において致命的な教訓の一つを学び損ねている。例えば、官僚として働いているとき、やるべきことをやってもし間違いがあったら、許可を求めるよりも「ごめんなさい」と言う方が通常効果的だ。

離婚になったときのみ、多くの父親たちは今まで読んできた本の知識が、親としてのスキルよりもビジネス取引のスキルを高めていたということに気付く。以下に『良い父親になるための五つの習慣(3)』から、お父さんと子どもの関係を強くし、子どもの感情的安定を高めるいくつかのアイディアを引用する。

・あなたが街に出かけるとき、寝る前に絵本を読みきかせる自分の声を録音して、あなたが留守の間子どもに聞かせよう。
・夕食のテーブルで席を入れ替えよう。みんなが誰かの普段の席に座り、その椅子に座っている人のように行動してみる。
・あなたの子どもの高校の教科書を読もう。会話の話題を決して失うことはないだろう。
・あなたの名刺に、役職の下に、あなたの子どもの名前の後に「の父」と入れてみよう。その名刺はあなたの子どもがあなたのキャリアと同じくらい思われていると感じさせるだろう。

結論……

父親を奪われた子どもは、ちょうど、お金を奪われた父親が不景気の世代になったことに相応する世代を生むだろう。不景気が、十分なお金は決して持てないと感じる父親の世代を残したように、父親を奪われることは息子や娘の世代に異なる精神的傷を残す。

私たちの娘には、しばしば男性からの承認への満足できないニーズが残される。この精神的傷は一〇代の少女を他の少女よりも、彼女自身の快適さよりも男性を性的に満足させる傾向に導く可能性がある。彼女は、たくさん約束はしてもあまり守らない男性にたやすく使われうる。彼をつなぎ止めようとして妊娠したり、薬物のハイによって作られる偽の愛情を使うのは彼女にとって珍しいことではない。その全ての下で、彼女は愛情の空虚感を満たす強い愛情を探している。

父親を奪われた息子には異なる精神的傷が残される。もし彼らの父親が成功していたら、彼らは父親のようになりたいと思うが、どのようになればいいのか十分に父親を知らない。もし彼らの父親たちが悪口を言われてきたなら、その息子はその劣等を内面化する。どんなに母親が良い母親であっても、彼自身の大人の男性版から日常的に承認を受けることができない息子の心理的空間を埋めることは、実質的には不可能である。だから父親抜きで育った多くの少年たちは、方向が定まらず拒否されたように感じる。ギャングは、父親の哀れな代わりだ。

簡単に言えば、父親を奪われた子どもを世界に送り、そして父親がお金を渡しているから全て大丈夫だと思い込むことは、酒に酔った運転手を高速道路に送り、そしてガソリン代が払われているから全て大丈夫と推測するようなものだ。それはまさしくリスクが巨大であることを意味する、そして失敗の結果は永続する。

私は子どもと一緒に暮らしたい個人の父親に、そうすることができると自分が言えることを願っている。残念なことに、母親は一方的に子どもは彼女と一緒にいた方が利益になると感じ、司法システムも母親が望まないとき父親に子どもの養育時間を分け与えることをほとんど不可能にするため、何百万人の世界中の男性は子どもと一緒に暮らすことを妨害されている。それがなぜ、二〇世紀に職場に進出するとき女性たちが法律の助けを必要としたのと同じように、男性が彼らの子どもを愛することを助ける法律を二一世紀に必要とするかだ。第Ⅱ部はいかに深くこの差別が運用されているか、父親を家庭に帰すために、無意識にも意識的にも、政治的に法的に何に立ち向かわなくてはならないかを説明する。

（注）

（1）Credit to Hans-Gunther Tappe

（2）Robert Bly, Iron John（NY: Addison-Wesley, 1990）

（3）Paul Lewis, The Five Key Habits of Smart Dads（Grand Rapids, MI: Zondervan, 1994）, quoted in Sheryl Stolberg, "No Longer Missing in Action," Los Angeles Times, June 16, 1996, p.A16.

第II部　父親を家庭に戻す政治学

イントロダクション

ある有名な男性弁護士を想像してみよう。彼は週九〇時間働いている。彼は主要な養育時間（parent time）を獲得している。彼は現在、自分のキャリアを築くか中断するであろう係争に巻き込まれている。彼は連日全国ネットのテレビにでている。

彼の元妻で、良き母親は、週四〇時間働いている。彼女は元夫には子どものために割く時間がないと感じている。彼女は主要な養育時間を一時的に求めている。彼女のゴールは共同養育（shared parent time）だ。その男性弁護士は拒否した。男性弁護士は子どもを欲しがっている、しかし彼には実質的に子どもと一緒にいる時間がないことを社会は目にできる――彼は常にテレビに出演している。これに加えて、彼は、彼自身の収入の一部を払っている女性からの養育費を望んでいる。

今度は一時的な主要な養育時間や共同養育を否定されたその女性――良い母親――を想像してみよう。このケースの場合、貧しい元妻のハンドバックからお金を流出させ、彼女から子どもを奪い、子どもから母親を奪う願望と支配欲がある狂った人間としてこの男性を批判するフェミニストたちとメディアを、私は支持するだろう。

二つの例外があると、実際にこのケースは起こる。一つ目の例外？　その「男」が女で――マルシア・クラーク――その「女」が男――ゴードン・クラーク――であった場合だ。二つ目に、メディアとフェミニストたちは、養育する時間がある父親を子どもから奪いたがっている、養育する時間がない母親を非難しなかった。一週間弁論をした元夫よりも、子どもに愛情を与えるより自分にお金を提供させるために、一時間の弁論で多くを手に入れた女性を非難することもなかった。

その代わり、あらゆる弁護士への辛辣なジョークに関わらず、その時点で世界で最も権力のあった女性弁護士は被害者として描かれていた。世界は、彼女は「プロフェッショナルな女性だからこそ」子どもを奪われて処罰されるべきではないと聞かされた(1)。

そのメディアは二つの原理的な間違いを犯している。第一に、そのメディアは母親の権利を子どもの権利より優先している。第二に、メディアは〝働く父親〟にとって〝子どもを奪われること〟が標準的な処罰になってきたことにほとんど言及しなかった。それは母親から子どもを奪う現在のみ抗議された。

この姿勢はフェミニズムに由来するが、しかしそれはフェミニズムではなくそれは……。

そうであったフェミニズム

アメリカの子どもたちのほとんどが、あまりに多く母親と接し過ぎ、あまりにわずかしか父親と接しないことで苦しめられている。

——グロリア・スタイナム、一九七一年八月二六日(2)

グロリア・スタイナムがこのコメントをしたとき、私はニューヨーク市の全米女性機構（NOW：National Organization of Women）の役員会にいた。私はグロリアのようなメインストリームのフェミニストたちが子どもが母親と父親のバランスをより必要としていることを知っていたため、全米女性機構を支援していた。

私の初めてのNOWとの対立は、一九七〇年代半ばにNOWの支部が離婚後の望ましい取り決めとして共同親権（shared parent time）を拒むことでだんだんと父親の育児参加を拒絶しだしたことで勃発した。NOWは母親だけの養育時間の取り決めの選択を欲しがった。しかし単独母親親権はより母親の子育てが増え、父親は減るもので、グロリアが賛成していたことと反対を意味していた。グロリアとNOWが両方とも子どもの権利を軽視し母親の権利を重視しだしたとき、私の道徳倫理の危険を知らせる赤旗が上がった。

その間、グロリアの「アメリカの子どもたちのほとんどが、あまりに多く母親と接し過ぎ、あまりにわずかしか父親と接しないことで苦しめられている」という原理に基づいて父親団体が設立された。

私が第Ⅱ部を始める前に、二つのただし書きがある。まず大部分の母親たちは父親に平等に育児参加してほしがっており、多くの母親は今よりも父親に育児参加してほしがっており、そして多くの母親が平等に育児する父親から養育費を期待しているわけではない。**父親と子どものリユニオン**は、これらの母親の存在を解決策の一部として見る――リユニオンを計画する委員会だ。反対に多くの父親たちは彼らの子どもとの接し方を誤ってきた。これらは問題の一部である。

二つ目に、父親の子どもに対する権利は常に二次的な問題でなくてはならない。主要なものは子どもの両方の親に対する権利である。私たちが父親の権利だけに焦点を当てるときはいつでも、私たちは主要な目的――子どものニーズ――を見失っているため、最終的に父親の権利も損なう。同じことが母親の権利に言える。両方の親の権利は、自分の責任を果たそうとする親たちを支援することを第一に存在しなければならない。第一にというのは「それだけを」という意味ではない。子どものニーズを重視するという長所も行き過ぎれば悪になる。

両方の親の権利はバランスがとれておらねばならず、それにより子どもたちは両方の親の間でバランスよく育つことができる。第Ⅱ部は、母親の権利とのバランスを取ることを唯一の目的として、父親と子どものお互いの権利に焦点を当てている――それによって子どもは両性の親とバランスを保って成長することができる。

（注）

（1）Interview with Gordon Clark by Donna Foote, "You Have to Take Care of the Kids," Newsweek, April 17, 1995.

（2）From The New York Times, as cited in Hugh Rawson and Margaret Miner, eds., The American Heritage Dictionary of American Quotations (NY: Viking Penguin, 1997), p.368.

第六章…男性のＡＢＣの権利

男性のＡＢＣ権と責任：中絶（abortion）、避妊（birth）、育児（caring）

昔、女性の生物学は女性の宿命であった。それはよいものではなかった。この章では、なぜ今日では女性の生物学が男性の宿命であるかが明らかになるだろう。

もしあなたに思春期の息子がいてセックスについて用心をしてほしいなら、エイズについての警告をするのはあまり利益がなく（「何言ってるのさ、父さん……母さん、エイズで死んだ人なんて周りで見たことないよ、そうだろう？」）、この章を彼に読ませたほうがいい。私が現代では男性が女性の身体に性器を挿入したとき、彼は人生を彼女の手のひらにのせることになると言うことが、誇張しているわけではないことを明らかにしたい。これが理由だ……。

この〝女性の宿命としての女性の生態〟から〝男性の宿命としての女性の生態〟への振り子のゆれは、女性が今日では、中絶または養育費を請求する権利を持っていることを含んでいる。それは、私たちが女性のＡＢＣの権利と責任と呼ぶ、女性だけが作り出した三つの選択肢に部分的に起因している：

1．中絶（Abortion）

2. **避妊の方法**（Birth-control method）（ピル、ペッサリー、子宮内避妊用具〔ＩＵＤ〕など）と信じてもらえること（Believability）

3. **養育の取り決め**（Caring arrangement）（養子に出す、父親を育児に招く、一人で育児する、お金を父親に要求するが育児に参加することは妨げる、父親に知らせず一人で育児するが〝事後〟に父親に支払いを要求する）

反対に、男性は、あなたの息子も使うであろう三つの〝あまり違わない〟選択肢を作り出してきた。

1. **それに同意して従う**
2. **それに同意して従う**
3. **それに同意して従う**

もし私たちがあなたの息子に三つの同等の権利を作り出すならば、我々はそれを男性のＡＢＣの権利と責任と呼ぶことができるだろう——あなたの息子と女性が相互の同意で子どもを創ったとき、または間違いで相互が胎児を創ったときの、彼の権利と責任だ。

私たちが「男性はセックスだけして消え去ることができる——女性はその行為の結果と共に生きなくてはならない、そうよね？」の主張のいくつかのバージョンをよく聞くとき、あなたの息子の権利について話すのは奇妙に見えるかもしれない。だからなぜ彼にＡＢＣの権利が必要であると私が思っているかを説明する前に、現在の彼の権利を見てみよう。

男はセックスしてどこかへ逃げることができる、でも女性はそのセックスの結果と共にいなければならない、そうよね？

多くの女性たちは私にこう言ってきた「独身の男はセックスだけして立ち去ることができるため、女性はより婚前交渉に用心してきた。女性はその性交渉の結果と共に生きなくてはならない」。それは真実だろうか？　いいえ。事実、私たちが見てきたように、男性は単に歩き去ることなどできない。彼は法的に子どもをサポートする責任を負う。彼の収入は回収されうる――彼が中絶を望んでいようといなかろうとも。法的に〝歩き去る〟ことができるのは女性だ――中絶をすることによって。

現実的な確認として、男性と女性が彼らの選択として結婚し子どもを持つことに決めたにもかかわらず子どもから立ち去った、現実の生活であなたが個人的に知っている男性の名前をあげてほしい。もしあなたがその男性を知っているなら、その子どもを持つという決定はまた彼のものであるか聞いたことがあるだろうか？

男性の責任は全ての州で法律として設立された。パンフレットで計画的に親になることはよいことであると若い男性に説明している、オハイオ州の法律の様々なバージョンをほとんどの州は持っている(1)。

ここに未婚の父親の法的責任の要約がある。

・もしその女性が子どもを持つと決めたらその子どもの父親は支払わなければならない――次の一八年から二一年の間……たとえ母親が、彼が子どもと会うことを妨害したとしても。
・母親は彼女自身で子どもを育てることができ、一度も父親に彼の子どもであると言及せずに養育費を請求できる。その彼女は子どもが二三歳になるまで待つことができ、そして次に一八年間分の養育費を請求することができる。そのとき、彼は血液テスト（ＤＮＡ鑑定）を受けなくてはならず、父親であることが証明されたら、彼は出産費用と生まれてからの養育費を全て払うことが必要とされる。
・男性は、彼がいくら稼いでいるか、その母親が良い母親であるか悪い母親であるか、その母親が養育費を正しく使っているかドラッグに使っているか、に関わらず支払わなければならない。

要約すれば、男性は〝セックスして立ち去る〟ことができる、唯一女性が彼にそれをさせた場合のみ。現実では、〝セックスして立ち去る〟選択を持っているのは女性である、男性ではない。

いかにこれが、既婚のまたは過去に結婚していた男性の人生を含む、日々の生活に変換されていくだろうか？　これはちょっとした例である。

資料：ウィスコンシン州の裁判所は、その男性の職業では二人の家族――子どもと元妻――を養うには十分な収入でないと判断した。裁判所は職業を変えるように彼に命令した(2)。

資料：その父親は自分の子どもであると虚偽に伝えられていた子どもに養育費を払い続けてきたことを発見した。その養育費は二度と取り戻せなかった(3)。

資料：ペンシルベニア州の裁判所は、別居した母親は大学期間の養育費を免除されることができると裁定したが(4)、しかしまた別居した父親は、その子どもが父親と「一方的に関係を諦めて」いたとしても、免除されることができないと裁定した(5)。

男性が父親であることは法的に否定されるのか？

既婚の女がマイケル・ヒルシェンゾーンという一人の男と浮気した。血液検査ではマイケルが父親であることを証明していた。しかしながら、裁判所は、マイケルは法律上父親として存在さえしないという裁定をした――女の夫が父親であると宣言した(6)。マイケルに選択権はなかった。

反対にその母親は、中絶を夫やマイケルに知らせずにする、自分の子どもでないと知らない夫にお金を払わせる、夫と離婚してマイケルに一八年間の養育費を払わせる選択肢がある。

まとめれば、女性が浮気をすると決めたとき、それは彼女が得る最初の選択権でしかない。既婚の男性が、子どもの養育者を本当の母親か自分の妻か選べることを、想像できるだろうか？　または妻にお金を払わせ彼は愛人との子どもを育てられる？　それとも妻と離婚して愛人の女に養育費を求める訴訟を起こす？　これらの選択権は、赤ちゃんが母親よりも父親に与える影響が少ないということを神話にする。

「選択」に関する法律はアメリカ合衆国が求める平等と適合しているだろうか？

全国調査では九〇％の既婚女性が女性のリプロダクションの権利が不公平に男性のその権利を侵害していると言っている。どのようにして？　既婚の女性は、男性はパートナーが中絶を考えていることを知る権利があると感じていた。彼女らは男性は中絶を考えていることを知る権利とその決定に参加する機会を得る権利の両方を持つべきだと感じていた(7)。未婚の女性の三分の二も同じように感じていた。

既婚の女性の五七％はまた男性は中絶の許可を拒む権利を持っていると感じていた。未婚の女性は同意していない。皮肉にも、男性たちは自分たちの権利に投票していなかった。しかしそれとは別のオハイオ州での州調査では、男性の七二％が、父親はお腹の子どもが中絶されないように要求する法的な権利があると感じていた(8)。これが、これらの男性が責任をとりたい、中絶しない責任をとりたい希望を一部として含んでいることに注意してほしい。

プロライフとプロチョイスはあまりに母親の権利vs胎児の権利や国で頭を占められ定義されているため、みな父親の権利を忘れてしまっている。その利益団体は生活で目隠しをしていない人々の判断力に触れておらず、だから彼女らの声だけが主張され、立法家に聞こえる唯一の意見となる。

これらの例はいかに私たちが女性の宿命としての女性の生態の時代から、男性の宿命としての女性の生態の時代へ気づかれずに移行してきたかの氷山の一角に過ぎない。

氷山の一角を掘り下げて、男性のＡＢＣの権利とそれぞれの必要性を見てみよう、そして男性の各権利に並行的な責任があることを覚えておいてほしい。つまり、避妊、中絶、子育ての方法の選択肢を持つ女性のパートナーになる責任――供給者や保護者になることだけではなく、養育者やコネクターになる決定だ、子どもだけでなく、子どもを一緒に作った女性の。

男性が中絶決定のパートナーになることに対する最も頻繁にある抵抗は、女性の身体が使われているから女性がこれらの〝選択する権利〟を持つという信念だ。しかしそれが本当の問題なのだろうか？

男性の「A」の権利と責任：中絶（Abortion）、または「女性の身体のことだから、それは女性の選択する権利」の誤り

人権は歴史上、憲法または神から与えられた。しかし父親の権利は女性から出てきた。

——サム・ダウニング、父親(9)

私たちの身体は私たちの勝手

一九八九年、七月八月号、『ミズ』マガジン。この見出しは中絶の記事に使われていた(10)。

アン・ランダースさんへ

……もし女性に中絶を選ぶ権利があるならば、男性にも、彼が知ることもなかった子どものその後の二〇年間の養育費に一〇万ドル払うよりも、意図しなかった妊娠を彼女に終わらすよう要求する権利があるべきじゃないでしょうか？(11)

——ある中西部の州での調停

女性の身体のことが議題である以上、彼女がそれに何をするか決めるべきです。

――アン・ランダース

女性の身体は彼女がコントロールする。彼女がそれを男性と共有する選択をするとき、彼女はその支配を実行する。彼は並行して選択する。もし二人が一緒に胎児を創るなら、平等は共同の権利と共同の責任を指す。男女の融合は女性の権利を創り出すのではない。それは権利の融合を創り出す。それはドイツのフェミニストが再生の自律、または主体的リプロダクションと呼んでいるものを作り出すのではなく、相互依存的リプロダクションを作り出す。

「女性の身体が問題となっている以上、女性に選択する権利がある」というモットーは、もし男性の身体もまた問題となるなら、彼もその選択する権利を分け合うことを含意している。

男性の身体も使用されているだろうか？　男性が子どもの養育費を払うために働くことを求められるときはいつでも、男性は彼の身体、彼の時間、彼の人生を使用する――九ヶ月ではなく、最低に見積もっても一八年から二一年の間。だからそのフェミニストのモットーを誠実に言えば、「女性と男性の身体が問題となる場合、それは女性と男性の選択する権利」である。

男性が女性の残りの人生に影響を及ぼす選択を一方側からする権利を持たないのと同等に、女性は男性の残りの人生に影響を及ぼす選択を一方側からする権利を持たない。それがなぜ、まず第一に、レイプが犯罪であるかである。

男性だけに選挙権があったとき、私たちは男性だけに徴兵登録を要求していた。現在では両性が選挙権を持つが、男性だけが徴兵登録をしなくてはならない。

私たちは歴史の中のユニークな瞬間に立ち会っている――女性の身体に影響が及ぼされるとき、私たちはその選択は彼女のものと言う。しかし少年の身体に影響が及ぶとき、私たちはその選択は彼のものではないと言う――その法律は私たちの一八歳の息子が徴兵登録することを要求し、だから必要とされたときの死を潜在的に受け入れさせる。

徴兵の前でさえ、男性だけに占有された選挙権は、男性だけで投票した結果のために女性は死ぬことは期待されないという前提を伴っていた。女性たちは、自由のために死ぬ義務を伴わずに自由のための権利を持っている唯一の性別、または人種である。

しかし……「女性の選択する権利」は本当にそれが彼女の身体で行われているからということに基づいているのだろうか――それとも単に言い訳だろうか？　一人の男性が私に書いてきてくれた。「私の医者は私が精管除去手術を受けるのに妻の同意のサインをほしがるが、彼女は私のサイン抜きで中絶できる(12)」。彼は、なぜ自分が彼女の許可なしで妊娠を防ぐことすらできず、しかし彼女は――彼の許可なしで――二人で創った胎児を中絶できるのかが理解できなかった。

さらに、その精管除去手術をした男性が彼の身体の一部についての決定を否定されていた。生物学的に、胎児は、男性の臓器の一部よりも、より寄生した生命といえる。胎児は人から離れて完全に成長し、母親の免疫システムから孤立した複雑なシステム――耳管や胎盤を通して入ってくる母親の血液とは独立した血液も含めて――を持っており、遺伝的にも独自であり、それ自身の思考を持つ(13)。

それにも関わらず、……もし女性の選択する権利が、胎児が彼女の身体の中にいることに基づくことが原理ならば、これらの冷凍受精卵のケースにあなたはどのような決定を判事としてするだろうか？……

「試験管ベイビー」冷凍受精卵への疑問はすぐに出てくることになるだろう

資料：マリー・スー・デイヴィスと彼女の夫は二人の卵子と精子を使ってペトリ皿の上に胎児を作り出した。その後二人は離婚した。その胎児の親権争いにおいて、判事は全ての親権をその女性に与えた。判事は、その受精卵が四つから八つの細胞しか持っていなくても、〝人〟であると判断を下した(14)。

冷凍受精卵の親権調停

私の元夫は親としてふさわしくありません！　彼は冷凍室のドアを開けっ放しにしていたことがあり……(15)。

判事がその受精卵を所有財産として考えていた場合、誰もが母親のみにそれを与えるのを性差別主義者とみるだろう。しかし次にそれが〝人〟であると宣言されると、私たちは母親にそれをわたすことが性差別であるということに目隠しをし始めた。彼女の身体が使われていないときにさえ子どもを母親が受け取ることを私たちがまだ推測しているなら、私たちは、〝私の身体は私の自由〟というスローガンが、単に目くらましであるとみることができる。

しかしそれはさらに信じられない事態になった……。

その胎児を母親に与えるという理由付けは、彼女がそこから子どもをつくりたいと思っていたからであった。夫はその受精卵を使うことを拒否した。受精卵は彼女の身体の中にあったわけではなかった、しかし彼女が勝った。しかしながら二人がそれぞれ再婚すると、立場が入れ替わった。彼女はもうそれらの受精卵を子どもを作ることに使いたくなく、彼は使いたかった、なぜなら彼の次の奥さんは不妊症であったからだ。それにも関わらず、彼は胎児をまだ得ることはできなかった――彼女が胎児を勝ちとったのと全く同じ状況であっても。このケースほど子どもに関して女性の権利を完全に混同していることを立証する例はないだろう――もしくは「子どもになるであろうもの」に関して。

資料：デルゼィオ夫妻の精子と卵子は実験室のペトリ皿で受精卵を作り出した、しかし医療ミスでその受精卵が壊れてしまった。ミスター・デルゼィオとミセス・デルゼィオは共にその損害に対して訴えた。司法はミセス・デルゼィオに五万ドル、ミスター・デルゼィオに三ドル払う判決を出した[16]。

受精卵がペトリ皿にあったとき、女性の権利は未だ男性のそれよりも一万五〇〇〇倍も重要であった。彼女は精神的損害のため支払いを受け、男性は受けなかった。なぜ？　なぜならその法律が男性よりも女性を保護するようにデザインされているからだ。育児になると、一万五〇〇〇倍以上保護される。

だから未来において、もし「あなたも試験管ベイビーに参加しよう」という広告を医療スポンサーが出すとき、人口統計学者が私たちに「冷凍受精卵ブーム」を伝えるとき、そしてプロ受精卵フェミニストが「受精卵の最大の利益」としつつ母親の権利を主張するとき、試験管ベイビーの世代にはいくつかの質問が問われるだろう。「なぜ父親の権利も凍結されていたんだい？」のような質問が。父親たちは説明するのも難しいだろう、「僕らが若き父親であった頃、父親の権利なんて考えてみたこともなかった。父親の権利は、そうだな……まだ受精卵の段階だったのかな、ははは」。ひょっとしたらその試験管ベイビーによって子どもを持つ世代が「子宮出入り《はい》（In and out）の世代」を理解しようとするかもしれないが、これらが冷凍受精卵が受ける質問だ。

いかに女性の権利が男性の権利を作っているか

資料：二人のレズビアンが主要な監護権を争ったとき、出産で身体が使用されていない女性が勝った。レズビアンの権利のための全米フェミニストセンターとＡＣＬＵ（アメリカ自由人権協会：American Civil Liberties Union）は両方とも、子どもを産んでいない女性の親権のために闘った――自分たちの支持を「最先端」と呼びながら(17)。

レズビアンの親権の調停は家族法の進歩派を試している

――ニューヨーク・タイムズ
デイヴィッド・マーゴリック(18)

これは面白い。身体が使われてないのが男性であったとき、フェミニストたちはまさに彼は身体が使われてないから平等な権利はないと言うだろう。一方で身体が使われてないのが女性であるとき、フェミニストは彼女は平等な権利があるべきと宣言する。

両方の側の矛盾は、二つの理由で「進歩的」とか「リベラル」であると考えられた。女性の権利が擁護されていることと、フェミニストがその擁護をしていることだ。この矛盾はリベラルであるのではなく、欺瞞である。

私たちは、二人目の妻が養育費と慰謝料を自分たちの収入から取り過ぎていると主張して最初の妻と争い始めたとき、このパターン（女性にとって利益になる場合、男性の権利が支持される）を見てきた。私たちはまたこれを以下の場合に目にする。代理母を雇った女性は、ベイビーMのケースのように代理母が「私の体が使われれば、私の子ども」と言うとき、すぐに自分が男性の立ち位置にいることに気付く……。

なぜ代理母が、胎児がお腹にいることに基づいた女性の選択の権利の議論を壊すか

資料：ベイビーMのケースでは、裁判官は乳児を産み彼女の子宮を（代理として）使った女性に権利がないという審判を下した。その権利はスターン夫人に与えられた、彼女は自身の子宮を使ったわけでも卵子を使ったわけでもなく、契約を結んだだけだ(19)。

スターン夫人は赤ん坊Mの親としての権利を、何も——子宮も卵子も——貢献していないのに受け取った。大部分において、彼女は男性がいつも貢献しているもの——お金（そして一部は彼女の夫によって稼いだだろう）——で貢献した。彼女は親権を得た、なぜなら彼女は——または彼女と夫は——契約を結んでいたからだ。これは一九七〇年代後半以降のアメリカ合衆国での四〇〇〇件またはそれ以上の代理出産にみられてきたことだ(20)。

代理出産の場合は、裁判所は明確に、子宮よりも長い時間子どもと関係を築いた方が重要であると判断する(21)。男性と女性が、契約によって平等に関わることができるとき、これは男女を平等にする。その平等はフェミニストたちを脅かした。ほとんど大部分のフェミニスト組織が代理出産に反対する程度まで(22)。

フェミニストは、もし代理母が彼女の身体を使用して、「選択する権利」がなかったとき、彼女らの全ての議論——女性の選択する権利は身体が使われている事実に基づく——が顔に崩れ落ちてくるのを知っている。フェミニストたちは、九九％の女性が未だ彼女たち自身の子宮を使っており、彼女の子宮を使うことが女性の権利の基礎になるなら、その結果は、実質上、全ての女性に全ての選択の権力があり、男性にはなくなるということを知っていた。生物学上の違いが大部

分の女性にとって不利なときに、生物学上の違いのなさを擁護してきて評価されてきた運動が、それが大部分の女性にとって有利になるとき、すぐに生物学的決定論に翻ったのは皮肉なことだ。

リプロダクションの正確な領域において女性の選択する権利を訴えて評価されてきた運動が、代理母——それは自身の子宮に問題がある女性が子どもを持つことを許し、卵子を作れない女性に子どもを持つことを許し、妊娠することでキャリアでの優位を危険にさらすことを恐れる女性が代理母によって子どもを持ち、主要な育児の担い手の夫を持ち、自分が一家の大黒柱になることを許す——に反対するのもまた皮肉である。女性の選択肢を拡大するフェミニストの理想はすべて、代理母によって強化されているように見えるだろう。

この全ては、では、契約の戦いなのだろうか？　まさに。その選択する権利は子宮に基づくのではなく、契約の意図に基づいている。女性と男性が精子と卵子をセックスに寄与するとき、彼らは平等な責任と平等な権利の契約を結んだ人だ。女性の子宮が使われている事実は、代理母の権利を増やすことを上回って女性の権利を増やさない。代理母に関する本の女性著者はこう言った「女性ホルモンが契約違反の言い訳に使われることを許すなら、私たちはホワイトハウスに一人も女性を送ることはできないだろう(23)」。

カップルがデートしているとき、二人に暗示された契約は短期間である。子宮に胎児を持つ女性は、代理母が契約を変更する権利を持つことを上回って、その短期契約を変更する権利を持たない。

私たちは、ただ彼が子宮の中の胎児を作るのを助けたに過ぎないのに、男性に女性の人生を決定させることを許すことは考えない。ではなぜ私たちはただ彼女が子宮の中に彼が作るのを助けた胎児を持っているに過ぎないのに、女性に男性の人生を決定させることを許すのだろうか？　このダブルスタンダードを許す全ての法律群は、法の下の平等な保護を保証するアメリカ合衆国憲法修正一四条に違反している。そしてどちらの性別であれ、短期的な契約を長期の契約に一方側から変えられる法律は、契約法に違反する。

なぜ代理母は禁止することができないのか……フェミニストでも

中絶と代理母制度の違いはそれが選択を増やすところだ、生命――または潜在的な生命――を破壊する選択を増やすよりも、生命を創ることによって。だから、代理出産は中絶、または避妊をなくすよりも止めることは難しい。なぜならそれは、子宮に損傷を負った女性や不妊の女性にそのような重大な選択を供給するからだ。もしその州が代理出産に反する法律を作ったとしても、それは二人を別の州に車を走らせることになるだけだろう。もし合衆国政府がそれに反する法律を作ったら、それをしてくれる〝友人〟に会いにアンダーグラウンドに行かせるだけだ。代理母制度に反対する法律は、家族を作ることを望む夫婦を犯罪者にするだろう。要するに、代理母制度を禁止することは、せいぜい効果がなく、最悪は機能不全になる。

中絶するかしないかの決定に含まれる権利と責任は、その決定が中絶をしない――または子どもを育てる――ときに、どうするかを決める権利と責任も示す。それは〝C〟の権利と責任だ。つまり育児（caring）だ。しかし男性たちは、始まりの過程さえ防ぐ権利と責任――避妊――を平等に持たない限り、その決定に平等に参加することはできない。

男性の〝B〟の権利と責任：避妊（Birth Control）と信じられること（Believability）

一部の人たちは男性は避妊ピルと同等のものを持っていると言う。第一に、両性がコンドームを持っている。もしピルが女性用のコンドームがあるからという理由で廃止された場合、女性たちの正当な憤慨はコンドームがピルでないことを明らかにしてくれるだろう。もしコンドームがピルの代わりになるなら、ピルは女性に売られなかっただろう。

もちろん、カップルは女性がピルを使っていても男性にコンドームを使わせることができる。しかし実質的には、男女がコンドームを探したり、袋を開けたり、コンドームを解きほぐし、コンドームが伸びるのと同じくらいのスピードで萎える男性器に付けることでロマンスや盛り上がった情熱が流れて台無しになることをしばしばためらう。

男女にとって、コンドームは〝すべき〟であり、〝すべき〟と情動は水と油のようである。一部のカップルにとって、セックスの際のコンドームはキスのときに唇と舌にラテックスを付けるように感じる。それが情熱に混ざるのはまるで、ええ、セックスにコンドームが混ざるようなものだ！　コンドームは理性的に理解できるが、しかし愛では、しばしば私たちは理性的でない行動をとる――皮肉にも、子どもを持つ決定も含んでいる！

しかし公平に言えば、既に避妊をしているかどうかを女性が知っているときさえ、男性のためらいは女性より大きくなる。なぜ？　多くの男性にとって、コンドームを伴う性交はレインコートを着てシャワーを浴びるように感じる。そして身体的接触の断絶は感情の接触の断絶を意味する。彼は親密さを低く感じる。そして互いに親しくなることをあまり許されていない男性は、女性との親密さを渇望する。

そしてそこではもっと深いことが起こっている……最初に彼が女性とセックスするときは、しばしば（アイコンタクトから性交までの）一五〇の拒否リスクの終わりである。彼にとってセックスは女性が最終的に「あなたを受け入れたわ」と言っていることだ。彼は女性が考えを変えてしまうかもしれない、つまり拒否される恐怖、まだ受け入れられていない立場に戻すあらゆる妨げを恐れる。これが男性にとってセックスがセックス以上のものである一つの理由である。それは受け入れられること……または拒否される期間の終わりである。

一度セックスが男性のこの観点から理解されると、それはなぜ男性がコンドームを探したり、袋を開けたり、コンドームを解きほぐして付けたりするプロセスの間に立たなくなってしまう理由をより明らかにする……彼女の情熱を失ったり、気持ちが変わったり、拒絶されることの恐怖は重ね合わさる、それはだからコンドームが来る前の状況に戻す。

しかし理由がなんであれ、避妊ピルは何百万人の女性がコンドームがあるからという理由で捨て去ろうとしたがらないものである。避妊ピルは他の何より女性の人生を自由にしたと言われてきた。これはコンドームには言われたことがない。もし男性が避妊ピルを持ち女性が無かったら、ええ……それは政治的に不可能である。

女性だけのピルの存在は、部分的に女性のＡＢＣ権の二つのＢの二つ目――信じられること――にあたるため、政治的に可能だ。私たちは、女性を信頼するように男性を社会化し、この信頼を期待するように女性を社会化してきた。もしあなたが女性なら、男性専用の避妊ピルしかないことを想像すれば、この信用の権力が理解できるだろう。男性が「心配しないで、僕はピルを飲んでるよ」と言ったとき、あなたは彼を信用するだろうか？

私がこの質問をすると大部分の女性が笑うと言う(24)。女性が男性を知るとそれは変わるが、男性は反対の証拠があるまで、女性を信頼するように社会化されており、女性は、個々の男性が信頼を得るまで、男性を疑うように社会化されている。

二つ目の〝B〟の根底にあるのは、女性が道徳的に優れているという無意識の前提だ――女性が男性を信じるよりも、男性が女性を真実を言っていると信じることができるという前提である。つまり女性は意識的にも無意識にも彼女と結婚したり子どもを養う男性を獲得するために妊娠することはないが、しかし男性は「逃げることができる」から女性に嘘をつけるということだ。だからもし彼女が避妊している（そしてヘルペスでない）と言っているのに彼がコンドームに手を伸ばしたとき、彼は女性は先天的に信じるに値するという暗黙のルールに違反している。

彼女がピルを飲んでいると言ったが、性感染症（ＳＴＤ）については何も言わない場合を考えてほしい。なぜ一部の男性は性感染症を予防するためにコンドームをしないのだろうか？　一部の男性は、終わったあとおしっこをすることでリスクを減らせると考えているからだろう。他の男性にとっては、性感染症とは多くの男性が少なくともいく人かの女性と喜んでとりたがるリスクである。しかし、性感染症の危険を負うことを選択した男性は、後に見ていくように、男性の避妊薬の技術がこの一〇年以内に達する研究の優先順位をもし決められるならば、子どもを支える生涯のリスクを負う必要はない。

セックスに関係して男性が経験するネガティブな結果に共感することは難しい――ほぼ不可能である。なぜ？　考えてみてほしい。私たちは男女がセックスする成人向けの映画よりも、二人の人間が殺し合う西部劇を子どもたちに見せてきた。私たちが「子どもにセックスを見せるよりも殺人を見せる」態度をセックスに向け、セックスのイニシアティブをとることを男性の責任にしたとき、私たちは息子たちをあまり信頼できない性別にしようとしている。私たちは、セックス追求後に少年や男性が経験するあらゆる否定的な結果を強く感じるように自分自身を設定している。「男、セックス、それが彼らの全て」「男たちはセックスするためなら何でもするし何でも言う」と私たちが感じるとき、正確に男性に共感や信憑性を持たない。

これらすべての要素が私たちの心理で一緒に働き、そしてほとんどの男性が女性にその感情を表現することができないとき(大抵の男性は、一度はそれらを認識しているが)、息子を見落としても娘にすべての選択肢を提供したいと私たちに考えさせる。

これは、大多数の女性が信頼できるものではないことを意味しているわけではない——だから、この信頼は、ほとんどいつも正当である。しかし、〝ほとんどいつも〟はいつもではない……。

〝トリックと訴訟〟の法律：クリプトナイトとしての女性

アン・ランダースさん……私の二一歳の妹は妊娠三ヶ月です。「リサ」は結婚しておらず、またする気もありません。彼女は複数のうまくいかなかった交際を経験し男性を嫌っており、しかし家族を欲しがっています……私の父がその子の父親が誰だか知っているのか聞くと、「もちろん。私は彼をこのことから追い出したの。あれは愛の結果ではなかったわ。彼は私がピルを飲んでいると思っていたのよ。」と彼女は言った……私に正しい答えを教えてくれ、アンさん……。

——サム(サン・ジョーズ)

サムへ ……彼女は、赤ん坊の父親は法的に養育費の責任を負うことを知る必要があります、たとえ彼女が騙したとしても……。

——アン・ランダース(25)

(多くの人がドキュメント映画『セルピコ』(一九七三)で記憶している)フランク・セルピコは、ニューヨーク市警察の権力の腐敗によって複雑に張り巡らされた糸を、事実上単独で解決してきた実在の警察官だ。しかしある女性がセルピコを父親にするために避妊をしたと嘘をついていたことを認めたとき、セルピコをだまし母親助成金（養育費）を訴える女性の法的な権利はあまりに強固であったため、彼女は最終的に腐敗したニューヨーク警察ができなかったこと――セルピコをニューヨークから追い出すこと――を達成することができた。これが彼女がやった方法だ。

汚職が暴露されてしまうことを恐れた同僚の刑事たちからセルピコが銃撃されたあと、セルピコは身体障害を抱え、障害者年金をもらうようになった。その女性は、子どもを産み、子どもを手元に置き、九四五ドルを養育費として月に受け取ることが可能であった。九四五ドルは現実にはセルピコの障害者年金の全額であり、彼は養育費を払えないため国中を逃げ回らなくてはならなかった(26)。それをしている間、彼に残された場所はたった一つしかなかった。彼が再び命を狙われヒーローとして戦わざるをえないニューヨーク市だ。

フランク・セルピコは警察内の汚職の証拠を見つけることが、部分的に相手に負けを認めさせることができることを知っていたが、自分が嘘をついていたことを認めた女性の告白さえ女性の非にならず、男性の非になることは知らなかった。そして彼女の嘘は腐敗や汚職と呼ばれず、母親としての本能と呼ばれた。母性の汚職は法律によって是認された。私が「だまして訴訟する」と呼ぶものだ。スーパーマンにならそのようなクリプトナイト（訳者注：スーパーマンの弱点である鉱石）が出てくるべきだろう。

スーパーマンはそれに出会うことはなかった。しかしジャック・ケント・クークはクラーク・ケント（訳者注：スーパーマンの主人公）ではなかったにも関わらず、出会うこととなった。クークは単にワシントン・レッドスキンズのオーナーに過ぎなかった。クークの恋人が妊娠したとき、彼は彼女と結婚することに同意した。ただし彼女が結婚前の同意にサインして三ヶ月の胎児を中絶することを条件にして。スザンヌは結婚式前にそれに同意していた。しかし結婚後、彼女はクークに胎児をそのままにしてきており、子どもがほしいと伝えた。クークは妊娠を終わらせるべきだと主張した。彼女は拒んだ、そして四週間後、彼らは別れた。彼女はそのときには乳児を抱えていた。

スザンヌは一五〇〇万ドル、プラス月一万八〇〇〇ドルを慰謝料と養育費に請求した(27)。彼女は七万五〇〇〇ドルの年間給付と、ジャガー車、ウォーターゲートコンプレックスにあるクークの会社アパートに五年間居住する権利を得た。

さらに毎年結婚した日に、彼女に約五〇万ドルが支払われた。これが彼女が手に入れたものだ。彼が得たものは何だろう？　契約違反。彼が持つと約束していなかった子ども。壊れた結婚。それと、ひょっとしたら短くなった寿命――クークはこの九年後に死んだ。

このようなルールはまた女性たちも傷つけた。クークは彼の前妻への全ての遺産贈与を破棄した。

これは国際的な問題である。イスラエルでは、父親の希望を考慮することなしに母親が一方的に子どもを持ったことに対して父親から訴訟が行われている。その男性たちは自分たちを強制された父親と呼んでいる。よく出てくる不満は、その女性が「嘘をつき避妊をしていると言ったとき、事実として彼女たちは初めから子どもを持つことを計画していたということだ。その後、彼女たちは父性と養育費の支払いを首尾よく訴える(28)」。しかしながら、イスラエルの父親たちが主題にしているのはだましたことの問題ではなく、一方的に子どもを持つことを決定した女性と一緒になるときに彼らが受ける経済的、精神的損害を補償するための法的な基準についてであった(29)。

政府が男性に彼が騙されて創られた子どものサポート（養育費）を求めるとき、その政府は詐欺に援助している。いや、それ以上に悪い。それは男性の身体を一八年から二一年間本人の同意抜きで利用する女性に助成金を与える。

幸いにも、父親が妊娠を防ぐ責任を負うことを可能にする解決策がある。これは、政府がより大きなインセンティブを提供することによって飛躍するプロセスであり、ヒトゲノムプロジェクトのように、最終的に民間企業が男性の避妊ピルを開発することを有益にする。

これが、なぜそれが可能か、なぜ反対派の一般的な主張は現在では通用しないか、またはいずれ通用しなくなっていくか……そこに意志があるなら……の理由だ。

男性の避妊ピルは実現可能な解決策だろうか？

女性の避妊ピルほど女性を解放したものはない。そして多くの女性が男性から信用されるため、女性用ピルはまたかなりの解放を男性たちにもたらした。男性の避妊ピルよりも男性を解放するものはないだろう。そして男性のピルはまた女性をホルモンを操作される被験者であることから解放する。それはカップルにピルを交代で飲むことができるようにし、二人のそれぞれの体を休ませられる。男性がこの責任を共有するにつれ、より女性は彼を妊娠のときのパートナー――もしくは妊娠を防ぐときのパートナー！――として経験する。

男性のピルは、たくさんの理由で女性のピルに大きく遅れている。製薬会社は、男性がピルを飲んだと言っただけで実際に服用したかどうか女性は信じないだろうと考えてきた。そして彼らは男性が避妊を自分の責任にしないためにピルを使わないだろうと考えてきた。

またそこには技術的心配もあった。私が一九八〇年代、サンディエゴのカリフォルニア大学のリプロダクティブ医学科で教えたとき、私はいかに多くの医者が女性用ピルよりも男性用ピルを開発するのは難しいと考えていたのかを目にした。なぜなら女性用ピルは月に一つの卵子だけを止めればよいが、男性用ピルは毎日の何百万の精子を止めることが求められるからだ。

多くの男性には何百万の精子が一つの卵子！より強力な力を持っているわけでないと理解することは難しい（これは私が過去『男性権力の神話』で書いたことだ！）。これらの深刻な技術的懸念をすぐにしたくなるが、しかしまず心理的な懸念、「信用」から見ていこう……。

関係が始まる前から信用は問題となっている、特に教育をあまり受けておらず、定住していない若い男性への。しかし最新の多文化研究（二〇〇〇）は一度男性と女性が関係をもつと、二％の女性だけしか男性が避妊について真実を話していると信じていないということを発見した(30)。だから一夜限りの関係の視点からすれば、信用は問題ではない。そして信用が問題であるときの一夜限りの関係では、多くの男性は避妊ピルで予防策をとりたがる、特にその男性に収入があるとき。これらの男性にとってもちろん、ピルは保険をかけるために非常に買う価値がある。

男性が避妊を自分の責任ととらえていないために自分でピルを飲まないだろうという心配はどうだろう？　リプロダクションョン調査のためのワシントン大学の人口統計センターは、コンドームや精管切除に数多くのデメリットがあるにも関わらず、「アメリカ合衆国の避妊の約三分の一が男性によって行われていること(31)」を発見した。私たちが女性だけがピルを使い、上で言及してきたような男性が女性よりもコンドームを使うことに乗り気ではないことの両方を考えるとき、責任の三分の一は異常な数値である。それに加えてピルの利便性は、男性が責任をとっていない割合に対しても良い変化をもたらす。

男性用の避妊ピルがないことで日常生活が完全に変わってしまう男性の市場は大きい。ピルがないため影響を受けてきた男性には三つの集団があり、それぞれ何百万人分の市場がある。まず一つ目の何百万人の男性は、しばしば彼らが会うこともできない子どものため養育費を払っており、通常その子どもは（婚外子として）二等市民としての権利しかない。これらの男性は彼らの息子に避妊の効能の価値について強力なメッセージを送っているだろう。そしてコンドームで防げることをコントロールできなくするホルモンがあるその息子たちは、ピルによって不安を減らそうとする市場を生むだろう。

二つ目に私がアメリカ中の何百の男性グループを始める過程で発見したトップシークレットのうちの一つは、グループの中の一人の男性がこのシナリオのようなことを進んで話す勇気があったときに、いかに多くの男性が、「僕もそうだ」と言ったことだ。これはキットからの手紙だ。

妻と僕は子どもを持たないことに同意していたが、子どもを望まないのは僕であることは二人とも知っていた。彼女はピルを飲んでいると言っていたが、突然妊娠した。彼女はピルを飲み忘れていたことを認めたが、僕が失望することへの恐れと賛成することへの希望が彼女の瞳に映し出されており、次に彼女は、中絶することなどできない、「身体の中にそれを感じ」、彼女のホルモンが引き金になり、僕は素晴らしいパパになるであろうこと、彼女は家族に貢献し、それは僕たちの絆をつなぎ、一緒に生きていくと「思う」ことを伝えた……そのように彼女が語り終えたあと、僕は自分の本音で彼女を壊すことはできないことに気付いた。僕は同意しただけでなく、待ちきれないようにふるまおうとした。

私が心を揺さぶられたのは、多くのグループにおいて、これが最初の六ヶ月から一年にかけて出てこなかったことだ。

しかし、いったん一人の男性がこれを声に出すと、他の話が次々出てきて、それぞれの男性はこの話がグループの外に漏れないか確認を求め、なぜなら社会機能の中ではジョークにならないからで……、他の男性たちは、怒りと無力を表にだしつつも、自分一人でなかったと安心した。それは私に、多くの女性がセクシャルハラスメントやレイプ、近親相姦、デートレイプの一番最初の話を共有したときに、女性グループの中で感じた体験を思い出させた。これらの何百万人の男性たちは、男性の避妊ピルの巨大な市場になるに違いない。

三つ目に、赤ん坊にランダムに行われたDNA鑑定調査では、約一〇％が母親が宣言した父親の子どもでなかったことが判明した(32)。一人の父親は二、三人の子どもがいることが多いため、これは全ての父親の一五％から二〇％が最低一人の自分の子どもだと思いこまされていた子どもを養うために命を消費していたことになる。その感情的裏切りのレベルは、女性が自分の好きでもない職場でよりお金を稼ぐために何年も働き、彼女が退職したい時よりも長く勤め、いつの日かその子どもが別の女性の子であることが判明し、夫は彼女は最良に収入を提供してくれるから養育者に選択したことを想像できる女性だけが感じることができるだろう。もし全ての父親の一五％がこの経験をしていて、〝極秘事項〟が明らかになったとき、それは男性の避妊ピルの大きな市場を示唆している。

これらの事実のいくつかが、男性に知られていないのが問題の一部なのだろうか？　ええ。しかし薬品会社が宣伝すれば、男性は学ぶ。毎月のように男性は会社や車、スポーツに関する新しい情報を吸収する。そしてますます、男性はまた、バイアグラや育毛剤、あらゆる種類の〝個人的成長〟に関心を示している。しかし、もっと真剣に、『メンズヘルス（Men's Health）』誌が、『週刊広告（Ad Weekly）』の一九九〇年代の最もホットな出版物のトップテンリストに入るほど広告主を誘致するのに十分な数の男性消費者に読まれるとき、製薬会社は青信号を出す。

今度は技術的な心配にいこう――毎月一つだけ卵子をブロックすればいい女性のピルvs毎月何百万の精子をブロックする男性のピルだ。非常に専門的な議論をかみくだいて言えば、科学者たちが現在取り組んでいるのは、テストステロンと一緒にすると、男性の性欲を強くし過ぎることなしに精子を抑えられるホルモンと化合物の組み合わせだ。いわば、精子が生まれることを防ぐという考え方だ。

そのため二〇〇〇万から二億五〇〇〇万の精子の強力さの問題は、精子にさえもならせないことで解決される。しかし明らかなことだが、どんな土台解決策にも結果がある。その精子作成防止の方法はほとんどの男性に働くが、男性全員というわけではない。それは白人の男性よりもアジアの男性により効果的に働いてしまう、基本的にアジアの男性は低脂肪の食生活の傾向があるためだ(33)。

型にはまらない精子、特に抑制剤から生き残った少量の強い精子を止めることは可能だろうか？　ええ。予防は男性用ピルの独占席ではない。例えば、ニフェジピンは、最近、精子が卵に結合することを防ぐことができることが判明している。そしてニフェジピンは試薬されていない薬ではない――長年にわたり、心臓発作の危険にさらされている人々のヒーローだった(34)。それはカルシウム遮断剤だ。多くの処方箋は――ニフェジピンのようなカルシウム遮断剤から抗うつ剤に至るまで――様々な方法でセックスやリプロダクションをすることを抑える。

だからつかめたと思う――精子が多くても、敵も多い。では私たちが必要とするとき、これらの敵はどこにいるのだろうか？　ええ、それらは近付いてきている。

二〇〇〇年最新の男性の避妊の形態は、三、四ヶ月に一回注射を必要とする――これは以前（二日に一回）よりはずっとましになった。しかし実際のピルは製薬会社が参入するまで普通の消費者が使えるようにならないだろう。基礎科学を行うのは科学者だが、ピルをパッケージに入れるのは製薬会社だ。

二〇〇〇年になるまで、製薬会社は一様に、一部は男性ピル購入の恥や恐れを聞いたことで、一部は男性ピル使用者から訴訟される恐怖から、男性ピルに消極的であった。しかし、ニフェジピン薬アダラート（Adalat）のメーカーであるバイエルなどの製薬会社は、もう一度検討し直している(35)。また、欧州の女性避妊薬の製造会社である製薬会社オルガノン（Organon）とシェリング（Schering）は、男性の避妊薬に投資し始めた。

製薬会社の訴訟の恐怖は、過去にあったように、女性用ピルや豊胸手術に起因する訴訟のように、将来的に彼らを後退させるだろうか？　私はそうは予想しない。概して、男性は先にリスクがあると知っていて、さらに家族の女性や子どもが傷つけられないならば訴訟しない傾向がある。政府は訴訟請求の最高限度額を作ることで助けることができる。

政府は、基礎研究に資金を援助し、製薬会社と大学の研究機会の道を拓くこともできる。現在、世界保健機関（ＷＨＯ）は成功した試験を実施しており、国立衛生研究所（ＮＩＨ）は資金を提供している。その追求は全ての家庭が、どんなレベルでどんな場面でも、自由に自分たちが望んだ家族を創造することを正当に開始できるための核である。

男性用避妊ピルは女性に選択肢を増やし（ピルを飲むか飲まないか）、女性の身体を保護し（男性がリスクを分かち合うことで）、そして「複数の選択肢を持つ女性（Multi-Option Woman）と複数の選択肢を持つ男性（Multi-Option Man）の時代」が始まる。現在の我々の時代：「複数の選択肢を持つ女性（Multi-Option Woman）と選択肢のない男性（No Option Man）の時代」とは対照に。それは、男性が責任と権利の両方を分かち合うことを可能にし、彼が支払っているものに投票することなく支払わなければならないと男性に言う時代を終わらせる。

男性のＡＢＣの権利と責任は、出産過程にその始めから投票する権利を含み、負担を——その始めから——共有する男性の責任を含む。現行の制度は、まるで女性の選挙権を否定しつつ彼女に税金を払うように要求するようなものだ。その効果は、性器を女性の身体に入れる男性が彼の人生を彼女に手渡すだけでなく、自ら体を男性の性器に置いた女性も選択権を自分の手に握る。

民主主義では、国の政策は、それを作り上げている土台となる前提に疑問を投げかけない限り、疑問視されることはめったにない。女性だけのピルは、明らかに矛盾している前提に基づいている。一つは、女性の権利と選択は、最もお金を使うのに価値があるという前提。もう一つは、子どもは女性の責任であり女性の宿命としての女性の生物学に属するという前提に基づく、避妊は女性の責任であるという前提。

現実では女性専用ピルは女性に子どもを作らない権利を与え、それにより責任の全権限を一掃した。しかし、見せかけの責任を維持することで、女性がそれを望むならば、その領域は彼女に譲られる。これは男性が収入を得ない権利を持つが、しかしもし彼が選択したら、その領域は欲しがった部分だけ彼のものになるのと同じようなものだ。

男性が出産管理の権利と責任を持って一階にいれば、男性は私たちが彼に投資してほしいと思っているプロセスに投資する——それがもし彼の選択なら、子どもにやがてなる胎児を育むパートナーになり、そして彼の選択であるその子どもを養育する。それが将来実現可能か見るために、まず今起こっていることから見始めよう……。

男性の〝C〟の権利と責任：育児

もし男性が子どもを愛したいとき、女性はそれを邪魔する権利があるだろうか？

資料：インディアナ州の裁判官は、ある一八歳の未婚の女性が中絶をするのを差し止める命令を出した、二四歳の男性が自分が父親でありその子どもをほしいと言ったからだ。しかしその女性はいずれにせよ中絶した(36)。

女性の〝A〟の権利は中絶（abort）するためのものだ。男性の〝C〟権利は養育（care）のものだ。男性が彼らの〝C〟権利を行使することができる前に、女性は常に「五つの選択する権利」をもっている。彼女がセックスするかしないか、誰とするか、いつするか、避妊をするかしないか、そして生まれてくる子どものために他に手段がない場合、中絶を選択する権利をもっている。

男性が他の手段を提供する瞬間――法的に一八年から二一年子どものケアを精神的に経済的にもすることの同意を認証したとき――彼女の一方側だけの権利は終わり、共同の権利が始まる。

共同の権利？　ええ。その父親の育児する権利と胎児が愛情を受ける子どもになる権利だ。父親と胎児と女性は、その女性の「五つの選択する権利」を分け合わなくてはならない。

父親の〝C〟の権利は〝C〟の責任から始まる。愛情の子宮と経済的安定の子宮の両方を提供することだ。そして、胎児の生きて愛情を受ける権利は、女性の殺す権利を超えてはならないのだろうか？　もし男性が一八年間二つの〝子宮〟を提供する場合、女性は一つの子宮を九ヶ月間提供することもできないのだろうか？

子どもはまた、父親が子どもを欲しがる親を持つ養子縁組団体を探す責任を持つときにも、生まれることを望まれている。インターネットは養子縁組みをより易しくしてくれている。女性の選択が、この責任を父親がとることをブロックするとき、ではプロチョイスは望まれた子どもをまた殺すことに使われている。そして皮肉にも、父親として責任をとることも妨げている。

父親や他の家族が未来の子ども（胎児）に愛情を与えられるとき、どの程度女性の出産本能が中絶する本能より強いかが、女性がどの程度未来の子どもを世界に誕生するのを許しているかである。

もし私たちが女性だけの中絶する権利を気にかけるのならば、ではその権利を見ていこう。

しかし子どもが望まれていたと想定できるだろうか？　父親が良い家庭と愛を与えることができるかどうか判断するのに十分なほど早く妊娠を知らされる父親の権利を与えない限り、私たちにはわからない。そうでなければ私たちは望まれた子どもを中絶する権利を女性に与えることになるかもしれない。

いかに女性はその父親に知らせることなく子どもを養子にだす権利があるのか……そしてなぜ彼は彼女をとめることができないのか？

エド・マクナマラ(37)は、ガールフレンドと数ヶ月互いに会わなかったあとサンディエゴのレストランで二人で素敵なディナーをとったときの話を私にした。彼女がその数か月にあったことを話し、彼に、私たちに「赤ちゃんができたの」と伝えた。

「何だって⁉」

「私は彼女にケイトって名付けたわ」

エドは喉をつまらせた。「そのケイトはどこだい？」

「私は彼女を養子に出すことにしたの！」

「養子だって？　僕たちの娘を⁉」

「そうよ。どうなったと思う？　彼女は今養子として育てられてるところよ！　私はあなたが知っておきたいだろうと思って」

エドは固まっていた。しかしそれは長くなかった……エドはケイトの親権を裁判で訴えた、そのときケイトはまだ生後五週間であった。しかしその件の裁判が始まったとき、ケイトは里親と五ヶ月過ごしていた。エドは契約見積書士であり、裁判官はエドを「環境の良い、愛情のある家庭を子どもに提供できる良い親」と評価した。しかしその裁判官はその子どもは既に里親との関係が築かれていると判断した。エドはアメリカ最高裁までこの件を訴えた(38)。裁判官はますます頑なになった。なぜ？

エドは可能な限り提訴を急いだが、この件の裁判が始まるまでの時間によって、司法は長く過ごした里親から子どもを離すことが子どもの安定と愛着関係を壊すのではないかという問題に対処しなければならなくなった。

女性がすぐに自身の妊娠を相手の男性に知らせる必要がないとき、その経過時間は司法に子どもにダメージを与えるか、お父さんに子どもを与えるかを選択させることを強いる。自分の妊娠を子どもの父親にすぐに知らせない女性は、簡単に言えば、父親が子どもを傷つけることなく子どもに関わることを妨害するように司法を脅迫している。彼に知らせることを遅らせることで、彼女は父親と子どもの両方を傷つけ、子どものパパとの自然な関係を奪っている――その奪われたものは二度と回復できない。

エド・マクナマラのケースは私たちが、女性が妊娠したことをすぐに男性に伝える法的ニーズを認識することに役立つが、しかしいかに早期に知らせることが、またその女性と子どもの情緒的ニーズを満たすかを理解するのには役立たない。〝五日間ルール〟がそれを理解させてくれる。

女性は妊娠していることに気付いたら すぐにその父親に知らせることを求められるべきだろうか？

メリー・ルーが妊娠したとき、彼女は自身の感情を両親や、カウンセラー、最も親しい二人の女性の友人、牧師、中絶クリニックのアドバイザー、そして担当医と話し合った(39)。彼女は喜び、涙、自責、アンディと結婚したい願望、アンディに対する深い疑い、中絶をしたい願望の入り混じった時間を過ごした。最終的に彼女は自分が結婚したかったということを決めた。彼女はその後でアンディに彼女の妊娠――と彼女の結婚したいという願望を話した。アンディは、喜び、涙、自責、メリー・ルーと結婚したいという願望、メリー・ルーに対する深い疑い、中絶したいという願望の入り混じった時間を過ごした。

メリー・ルーはアンディの疑いに深く傷ついた。彼女は無意識にアンディを〝通過しなければならない〟プロセスからスキップし、彼女がたどり着いていたのと同じ結論にたどり着かせようとした、そしてそれを一〇秒以下でやった。「私は彼に妊娠を伝えたあとの最初の一〇秒間の、彼の躊躇した態度や彼の目の中の混乱を見たくなかった。私は喜んでほしかった」。彼女が自分の心を決めるまでの間に起きた、彼女自身の躊躇や混乱――アンディに対する不信も含めて――を彼女は忘れてしまっている。それらを最初に経験してから次にそれをアンディに伝え、彼が全てを喜ぶというのは非現実的な期待だ。メリーはアンディに失望し〝彼女の深い不信を強めた〟。アンディはポジティブな感情以外のあらゆる気持ちを表現できる安全な場所がないことを悟った。彼女はアンディに正直になってほしいと言ったが、しかし本当は違った――正直さには、すべての感情を表現できる安全な場所が必要である。

私たちの現代の信念は、メリー・ルーは彼女の感情と選択肢に向き合い、そしていつどのようにアンディに伝えるか選択する時間を持つべきというものだ。私もそれが、メリー・ルーがアンディに彼女の妊娠を事実上すぐに伝えることが期待されるならば両者の助けになると考える。それにより、彼らは選択肢を共に作り出し、二人が経験する様々に混ざり合った感情を互いにサポートし、難しい時間を共有することができる。これは愛についてだ。愛は女性が孤立し、男性を隔離することでもない。女性は孤島にいるわけではない。

よくある反対は「メリー・ルーはトラウマを受けているのよ……彼女には時間が必要だと思わない？」というものだ。両性に時間が必要だ。平等な長さの時間が。私たちは男性に、感情を表現する事を期待し、次に男性に女性の感情に適応することを期待する。私たちはみな、自分の感情に触れるには男性はより時間がかかると認識している――おそらく女性の妊娠を知った医者は男性にまず最初に電話をかけるべきであり、彼に自身の感情と向き合う数日間を与え、そして女性と男性に結果を話すべきだ。（私はこれを本気で提案しているわけではないが、しかしいろいろな点でこのタイミングは女性によりサポートをもたらし、男性に心理的に平等な時間をもたらすだろう)。

メリー・ルーがアンディが父親でないことを恐れて躊躇していたらどうだろう? 幸運にもDNA鑑定のテストは、今や彼女が妊娠を知るとすぐに誰が父親か教えてくれる(40)。

もし私たちが男性に心理的に参加することを期待するならば、私たちは男性に平等な心理的時間を与えなくてはならない。もし私たちが男性に法的な責任をとるように期待するなら、平等な時間を近づけることは法的な権利にならなくてはならない。もし男性が法的な責任を負うとき、彼女が妊娠を例えば、四、五日の内に男性に知らせるあらゆる合理的な試みをするよう要求することは法律としてフェアである(41)。

その意図? 平等な育児のための、平等な意志決定だ。それは医者が二人に同時に伝えるか、または彼女が別の誰かに伝える前に彼に伝えることで始まる。(平等な育児は両性が同じ親としての役割を行うことを必ずしも意味しない。男女は異なる役割を担うことができるが、そうであっても平等な育児ができる)。しかし平等な意志決定は、その二人が相談を誰に、いつ、二人で一緒に話すか個別に話すかを決めることで始まる。女性——特に未婚の一〇代の少女——がこれらの決定を孤立して負担するべきである理由はない。

発言権なしの決定で男性に子どもの支援をすることを法的に求めるのは、彼女の発言権なしの決定で転職した男性と一緒に転勤することを法的に求めるようなものだ。

このアプローチは、女性だけでなく、両方の性別に心理的および感情的負担を割り当てるため、女性をエンパワーメントする。また男性に、単なる財布ではなく、親であるというメッセージを送る。子育ての仕事は、時間、お金、感情、判断力を巨大な量で消費する。男女がそれとは異なることに合意しない限り、平等は両性がこれらの領域を等しく与えられることを要求する。育児に参加することよりも早く謙虚さや非自己中心性を生むものはほとんどない。もし男性にもっと自己中心的でなく、もっと慈愛的になってほしいと思うのなら、私たちは育児に——始めから——参加させることで始められる。平等な育児は平等に親になることで始まる。

しかし平等な育児は始まらないだろう、もし男性が彼らの心の投資が法律によって蔑視的に扱われることを知ったら……。

いかに考え方と法律が〝父親育児時間の堂々巡りの矛盾〟を作り出すか

育児に参加したがる父親ほど困った人を見たことない。大変いやな存在になりうる。彼は三時に学校が終わったら子どもに会いたがり、平日夜ご飯に外食に連れて行き、自分の誕生日も子どもと過ごし、毎晩子どもに電話で話し、毎回オープンスクールに夕方から参加し、子どもを週末に遊びに連れて行ってしまう。このタイプの育児する父親は病的だ。

――ハトナー裁判官、ニューヨーク州、児童福祉委員会(42)

資料：パティ・シャンプーは既に元夫に息子の育児を頼んでいた。その後彼女は脳卒中で倒れた。彼女は身体麻痺になり、しゃべることもできず、フルタイムでヘルパーが必要になった。彼女の元夫は娘たちも彼が育てた方がよいと感じた。パティはまだ娘を育てたがっていた。裁判所は独立した調査官を派遣した。調査官は父親の方が娘たちによい環境を与えられると感じた。しかし裁判官は母親に有利な判決を出した(43)。

私たちはパティが娘がそばにいてほしいと感じた気持ちはわかる、しかし考えるべき問題は〝子の最善の利益〟ではなかっただろうか？　しばしば母親の利益と子どもの利益が対立するとき、母親が子どもに取って代わり優先される。暗黙の了解は母親の利益になることはどんなことでも子どもの利益であるということだ。これはマトリアキー（家母長制、女性支配）でないのだろうか？

資料：ドレイク大学の法科大学院が行った研究では、監護権や育児時間を争う際、母親が九二％のケースで勝っていることを発見した(44)。同じく、ニューハンプシャー州では親権が争われたケースで九二％は母親が主要な監護権を得ていた(45)。

これが意味するのは、もし男性が主要な養育時間を得たい場合、その子どもたちはわずか八％しかそれを望んでいる父親に主に監護される機会はないということだろうか？　いいえ。事態はもっと悪い。経済的に貧しい父親は、元妻の許可なしでは平等に育児参加する機会は実質的にはなかった。つまり貧しい父親は争う前から負けている。ある程度収入がある父親もすぐに敵対している母親と戦うために裁判に投資することは、絶望的に当たる望みのない一〇万ドルの宝くじを買うようなものだと知る。だから彼も争う前に負ける。

ときどき自分が無力であると知ることは、父親を裁判から降りさせる。私たちは彼を子どもを捨てた父親失格の男（deadbeat）と呼ぶ。通常もっと正確には、行き詰まりの男性（dead end）と呼べる。

どんな人も女性の選択の権利が他者の権利を侵害しないときは賛成する。他者の権利とは通常、胎児の生きる権利を意味する。しかし女性の選択する権利が、子どもの父親から育児される権利を侵害するものに変わる場合もある。そして子どもの人生に対する父親の権利はその配偶者と平等であるべきだ。女性だけに選択する権利があるとき、全ての人に負ける権利が残される。

ほとんどの父親にとって、戦いが始まる前から負け始めている。もし彼が父親の育児時間を〝買う〟ことができるなら、「父親育児時間の堂々巡りの矛盾」と戦わなくてはならない。それはもし父親が合法的に戦うために子どもの世話を十分にすれば、父親は子どもを法的な戦いに巻き込みたくないと考える矛盾だ。

この行き詰まりによって精神的に麻痺し、彼は「複数の選択肢のある女性と選択肢のない男性」の別のケースを経験する。つまり複数の選択肢のある母親と選択肢のない父親だ。彼女の複数の選択肢は、

1：主たる監護者
2：平等な共同養育者
3：育児をしない

である。

ほとんどの父親たちは自分たちの三つの選択肢は上で私があげた三つに：１：同意する、２：同意する、３：同意する、しかないと感じる。もちろん、彼は選択肢を得るために制度と戦える。しかし今日離婚後の共同親権のために戦う男性は五〇年代に女性が初めてのデートでセックスをする権利を求めたように感じる――それは理論的には選択肢であるが、それを実行したら多大な犠牲を強いられるだろう。そしてもし彼が共同養育を勝ち取れても、怒った母親は現実で多大な被害を与えられる……。

資料：小児科医のロバート・ファイ教授は息子と娘の共同親権を得たにも関わらず、前妻からも学校からも子どもの成績表のコピーをもらうことができなかった。彼が最終的にその文書を得る権利を勝ち取ったとき、学校はファイ教授が郵送料を払っても文書を郵送するのを拒んだ。このプロセス全体でファイ教授は個人的な貯金から三万ドルと六年の年月を払った。彼には一ドル返済されただけだった。時代遅れの州？　ニューヨーク州だった(46)。

そのパターン？　女性と平等になろうとすると、私たちは男性に〝不平等を埋め合わせるための補償〟をさせようとする。埋め合わせのための三つの彼の選択肢？

１：支払う（弁護士やその他に）
２：闘う
３：裁判に子どもを巻き込む

もし父親が全ての三つの障害を克服しても、母親は実際は、親権戦争に核兵器を落として彼を負けさせる保証がある――父親を性的虐待者として訴えることだ。第Ⅰ部で私たちが見てきたように冤罪（虚偽告発）の九四％は女性によるもので、冤罪で告発された人の九六％が男性だ(47)。多くの告発は親権争いの最中に行われており、そのような時に行われる告発のおそらくほとんどは虚偽である。それについてはあとで詳しく書きたい。

その間、私たちが男性のＡＢＣの権利と責任を無視したとき結果として何が起こるだろうか？　次世代の火星人と金星人はお互いに愛し合うのではなく、戦い合うことになるだろう。「スターウォーズ（Star Wars）：ネクストジェネレーション(48)」ではなく「弁護士ウォーズ（Bar Wars）：ネクストジェネレーション」になるだろう。

いくつかの結論と解決

「僕はまるで奴隷みたいに感じるよ……」

男性のＡＢＣの権利を無視することの最初の結果は、私たちの息子がＡＢＣの責任を恐れることだ。私たちの注意を引いて社説の編集者を食べさせるのは責任の恐れだけだ。しかしそれは小さな問題だ。息子たちの責任の恐怖の下には女性、セックス、支払いの義務の恐怖が覆い隠されている。

これらの恐怖の背後にある感情は何だろう？　私がしばしば男性から聞く一つの言葉は「僕はまるで奴隷だ」というものだ。問題は、父親はこのことを子どもたちと話すのを快適に思わないことだ——彼は子どもたちに罪悪感を感じさせたくない。だから、それは拒絶された気持ちを子どもたちに残す。娘は男性を疑い、息子は信頼するカウンセラーと話しても十分に議論することができないほどの恐怖（女性、セックス、付き合うこと）を持つ。

どのような父親たちにこの感情は共通しているだろう？

「僕はまるで奴隷のようだ」という声を私が**最もよく**聞くのは、

・子どもに会えないまま高い養育費を母親に払う父親
・父親についてネガティブなことを聞かされている子どもと会いながら高い養育費を払う父親

この感情を最も激怒とともに伝えるのは、

・一八年から二一年子どもに養育費を払ってきて、あとから別の男が父親だったと発覚した男性である。

私が混乱、矛盾、怒り、（それらの感情を持っていることへの）罪悪感の入り混じった声を聞くのは、

・妻や恋人が避妊をしていると言ってのちに彼女がピルを飲むのを〝忘れていた〟と気づいたと伝えられた父親。もし彼がまた避妊が失敗したとき中絶をするのに彼女の同意がいると信じているならば、より強く奴隷のようになったと感じる。

もちろん奴隷のように感じることは、彼が持つことを決めた子どもを支援するために、あまり好きでない職業に就くことからでなく、持つことを選択していない子どもを養育するためにあまり好きでない職業に就くことから生じる。そしてしばしばそれに加えて妻も養うことになる。これらの大部分の父親は彼らが女性にお金を注ぐ信頼が裏切られたと感じる――〝暗黙の契約〟に対する裏切りだ。

多くの男性にとって、子どもに付随する暗黙のパートナーシップ契約は、性行為に伴う暗黙のパートナーシップ契約のようなものだ。いずれかの相手が「いいえ」と答えた場合は、抵抗を説得しても構わないが、相手が「いいえ」と答え続けた場合は「いいえ」となり、レイプとなる。変わらない「いいえ」に耳を傾けない人は、パートナーから敵になる。政府が敵のために働くように彼に強制していると感じると、彼は奴隷のように感じる。

私たちが黒人を奴隷にしていたとき、彼らを働かせれば働かすほど、主人はより多く利益を得て、奴隷は早く死んだ。

私たちが父親を奴隷のように感じさせる環境を作るとき、父親はうまく働けなくなる。

彼らが働かないとき私たちは彼らを辱めたり（「最低の父親」、「最高指名手配」という郵便局に貼られたポスター）、捕まえて刑務所に入れるだろうか？　たぶん。（刑務所に入れることがよい結果をもたらすことはまれだが）。真実は、私たちがもっぱら他の誰かの利益のために人々に労働を強制し、そうしなければ罰したとき、働いているふりをする人々を作り出すことになるだろう。だから多くの父親はお金を隠すプロになる。

しかし父親の感情は複雑だ。彼は子どもを愛している、例え母親との関係に問題があったとしても。彼の秘密の稼ぎはこの複雑性に一致して分配される。お金は自由のため（弁護士）か、愛のため（新しい女性、または子どもに愛を与えるための弁護士）の希望ではなく元妻のために消える。彼のお金は彼の感情に従う。彼はヒューマン・ビーイングになりたいのであり、ヒューマン・ドゥーイングにではない。奴隷にではない。

幸運にも、政府の主たる目的は父親から無料の労働を引き出すことではなく、子どもを保護することだ。だから父親が奴隷のように感じない道があるのではないだろうか？

ええ。男性のそれぞれのＡＢＣの権利に取り組むことだ。最も重要なことは男性の避妊ピルを援助し、政府が婚外で子どもを持つインセンティブを女性に与えることに反対することだ（女性に婚外で子どもを持たないように伝えることすら含む）。女性が、男性抜きで子どもを養育する決定をした場合、政府は彼女の決定を尊重することができるが、低い収入に合わせて課される税金の低さと子どもと同居することでの税金の低さ（だから彼女の税控除依存を増やす）以上の助成金は出さない。これでもまだ夫がいるときよりも税金を安くさせているが、政府がスポンサーになる代わりの夫を彼女に与えない。

二つ目の解決方法は男性に、女性と平等な法の下の保護を与えることを含む……。

「弁護士ウォーズ：ネクストジェネレーション」

一度私たちが、女性の身体を使用することがより深く根付いている性差別――〝マミズム（momism：母親優位主義）〟

――の言い訳であることを理解するとき、私たちは平等な育児への解決に向けて自分自身を解放する。それは、二人で作られた受精卵、胎児、子どもはあらゆる分野で――育児から経済的サポートまで――二人が責任を負い、養育時間に適用されるどのような規則も、男女に等しく適用されることだ。

〝マミズム（母親主義）〟という性差別は、ますます多くの受精卵が子宮よりもペトリ皿で培養され、他人の子宮で生命が育てられ、母親の身体から離れて父親が育児に参加できるにつれ、我々に混乱をもたらすだろう。女性の選択権は胎児が自分の体にあることに基づいていると主張した後、代理母の権利を否定することで私たちを惑わせる。そして胎児を自分の子宮にもたないレズビアンの母親は平等な権利を持っているが、胎児を自分の子宮にもたない父親は権利を持たないと主張することでフェミニストやＡＣＬＵに恥をかかせる。

皮肉なことに、父親が権利を要求するまで、父親の権利はしばしば〝副産物としての権利〟だった。子どもに対する権利をほとんど勝ち取った女性――彼女の子宮を使う代理母、または子宮を使わない契約した母親、自分の子宮を使うレズビアン、または子宮を使わないレズビアン――の副産物であった。

「男性のリプロダクティブライツは何だろうか？」という質問の最初の答えは、おそらく「子宮を使わない女性と同じ」である。少なくともそこに至るまで、法律家は二つのルールに面することになるだろう。一つは母親用のルールで、もう一つは父親用だ――二一世紀の「弁護士ウォーズ：ネクストジェネレーション」を作って。

もし父親が副産物としての権利だけしかないなら、子どもたちも副産物としての父親しか持てないだろう。母親によって養育に関わるか決められる父親だ。

では男性はどうしたいだろう？

「選択を共有する」運動

多くの男性は「女性が選択し、男性も選択する」システムをほしがっている。女性を保護しようとする熱意のせいで、自分たちが正確には「女性が選択し、男性は失う」と呼べるシステムを作ることを助けてきてしまったのを男性たちは見てきた。男性にとってそれは「お金を払うが発言権はない」と感じる。男性のプロチョイス運動は、「女性のだけのプロチョイス」運動の対称ではない。むしろ選択肢を共有することを望んでいる。中絶、避妊方法、養育の取り決めの選択だ。

「選択を共有する」運動は胎児を女性の遺伝子と男性の遺伝子として見る。つまり女性の身体と男性の身体、女性の責任と男性の責任、女性の権利と男性の権利である。それは平等に移行することを望んでいる。

もし女性が自分たちの身体を使って子どもを産みたいかどうかの選択肢を持つなら、では平等は男性が自分の身体を使って子どもを養うためにお金を稼ぎたいかどうかの選択を持つことを意味するだろう。今日では、女性が子どもを育てるための片側だけによる〝選択〟をするとき、男性はお金を稼ぐための〝選択〟を失う。国が女性の胎児を中絶する望みを妨げたとき、国は彼女の権利を妨げたという理由で多くの人に間違っているとみなされる。国が男性の胎児を生かしたいという望みを妨げたとき、国は女性の権利を拡大したという理由で多くの人に正しいとみなされる。母親は胎児を殺すことを含むときですら神聖視され、父親は胎児を守ることを含むときですら使い捨てにされた。

女性だけに男性が人生をかけてすることを決める権力を与えることは、女性に奴隷所有者の権力を与える。男性に「支払いを一〇〇％しても発言権はない」を強制する――留置場に入れる刑罰の下で――ことは、現代では奴隷制度と同等である。

「母親になるかどうかを選択する権利」だけを議論することは――「親になるかどうかを選択する権利」を議論するより――性差別である。中絶、避妊方法、養育を選択する平等な権利は、男性のＡＢＣ権であり、男性にとってＡＢＣを習うことくらい重要である。

「プロチョイス」を主張してそれが実際には「女性だけのプロチョイス」を意味することは、「アメリカ市民の選挙権」の主張が実際には「アメリカ男性だけの選挙権」を意味するのと同じだ。

女性だけのプロチョイスは男性だけのビジネスクラブのようなものだ。男性だけが女性と子どもを養う責任を負っているとき、ビジネスクラブは「男性専用」であった。理論上、子どもを支援する責任を女性だけが負うことを望むのならば、女性専用のプロチョイスはありえる。しかし実際には、子どもは両方の親を必要としており、子どものニーズは女性に都合が良いように法制化されるべきではない。

女性によって独裁されている期間だけ――女性が望むとき、望む方法でのみ――男性を子育てに参加させようとすることは、夫が同意したときのみ、夫や男性の友人が許すような職業のみ、お金の大部分を〝家のローン〟に入れるときのみ女性がお金を稼ぐことを許可する法律と同じくらい性差別的である。もし私たちが責任の移行を求めるなら、権利の移行を必要とする。

この移行への主な障害は、離婚は女性を貧しく男性を豊かにさせるという信仰だ――もしそうであるとしたら、離婚後の女性に特別な保護が保証されることになる。ではそうであるのかみていこう……。

（注）

（1）"Males...Babies and Ohio Law,"1987 brochure distributed by Planned Parenthood of Northwest Ohio,1301 Jefferson Avenue, Toledo, Ohio 43624,（419）255-1115.

（2）Marriage of Dennis 117 Wisc.2d 249,344 N.W.2d 128.

（3）Matter of Audrey G.［Robert T.］;New York Family Court, Kings Country, New York Law Journal, August 17,1989.

（4）Milne v.Milne,556 A2d 854.

（5）Bedford v. Bedford; Pennsylvania Superior Court,No.02705,Philadelphia,1988.

（6）Paul Dean,"Two Men and a Baby,"Los Angeles Times, October 29,1989,p.E1. その判決は一九八九年七月に下された。

（7）Good Housekeeping, April 1989.Good Housekeeping Institute Poll.

（8）Associated Press,"Poll: Ohio Residents Support Fathers' Rights in Abortions,"Dayton Daily News, July 10,1989,p.14-A.

（9）Sam Downing, February 25,1991.
（10）“Our Bodies ;Our Business”-Top border from Ms.; July/August,1989,pp.42-43.
（11）Ann Landers,“Pay the Piper If You're Going to Tango,”Los Angeles Times, January 17,1989.
（12）Letter from Steve DeLuca, Mendocino, CA.
（13）Credit to Christine Eberl, a Canadian biologist.
（14）以下参照。John Elson,“The Rights of Frozen Embryos,”Time, July 24,1989,p.63;“A Trial of An Embryonic Issue,”Currents section, US News& World Report, August 21,1989,p.13;Ronald Smothers,“Woman Given Custody in Embryo Case,”The New York Times, September 22,1989;and “Whose Lives Are These?”“Nation”section, Time, October 2,1989, p.19.
（15）Mike Luckovich,“Frozen Embryo Case,”Atlanta Constitution.
（16）Fredric Hayward,“How the System Represses Men: Our Lady of Maternity, Church of the Woman I Serve,”as reprinted in Francis Baumli, Ph.D., Men Freeing Men（NJ: New Atlantis Press,1985）,pp.173-174.
（17）The National Center for Lesbian Rights はサンフランシスコの公益法律事務所である。Kathleen Hendrix,“A Case of Two ‘Moms’Test Definition of Parenthood,”Los Angeles Times, August 15, 1990.
（18）David Margolick,“Lesbian's Custody Fights Test Family Law Frontier,”The New York Times, July 4,1990.
（19）Catherine Gewertz,“Genetic Parents Given Sole Custody of Child,”Los Angeles Times, October 23,1990,front page.
（20）Carol Lawson,“Couples' Own Embryos Used in Birth Surrogacy,”The New York Times, August 12,1990,front page and p.16.
（21）Gewertz, op. cit.
（22）Ms. ,June, 1987,p.28.
（23）Lori B. Andrews, Between Strangers（NY:Harper&Row,1989）.
（24）男性が一度継続的な関係を女性と作ると、その女性はその男性を信用する傾向がある。女性の二%だけが継続的な男性パートナーが男性用ピルを使うことを信用していない。A.F. Glsier ,et al.,“Would Women Trust Their Partners to Use a Male Pill?”Human Reproduction, Vol.15, No.3,2000, pp.648-649.
（25）Ann Landers,“Planned' Pregnancy,”syndicated article, October 13,1989.
（26）Robert L. Cox,“Law in Brief,”U.S. Department of Health and Human Services, Federal L. Cox,“Law in Brief,”U.S. Department of Health and Human Services, Federal Office of Child Support Enforcement, January 1983,<http://www.acf.dhhs.gov/proprams/cse/new/csr8301.htm>。L.

Pamela P. v. Frank S., 462N.Y.S.2d 819（Ct.App.1983）の係争においてニューヨークの最高裁判所にあたる高等裁判所は、上位裁判所控訴部の決定を支持した。それはセルピコの慣習法の「生殖の自由（procreative freedom）」の憲法の権利が彼のガールフレンドの嘘によって奪われたことを裁定した最初の判決を覆した。

（27）Michelle Green and Linda Kramer,"Baby Doesn't Make Three,"People, November 14,1998,pp.60-65.

（28）Fathers by Force,"The New York Times, October 31,1987. Cited in Transitions, Vol.7, No.6, November/ December 1987.

（29）Ibid.

（30）Glasier, et al., op. cit.

（31）John K. Amory and William J. Bremner,"Newer Agents for Hormonal Contraception in the Male,"Trends in Endocrinology and Metabolism, Vol.11,No.2,March 2000,p.61.

（32）Jared Diamond,"Everything Else You Always Wanted to Know About Sex: But That We Were Afraid You'd Never Ask."Discover, Vol.6,No.4, April 1985,pp.76-77. ダイアモンドは、この調査は一九四〇年代に行われ、「現在父子鑑定に使われている多くの血液型物質は一九四〇年代には知られていなかった……」ため、真の発生率はずっと高いことを指摘している。私が『Women Can't Hear What Men Don't Say』で議論したように、女性の影の面や被害者としての男性を示した研究は滅多に払い戻されない。私はこの研究が一九四〇年代以降繰り返されていることを知らない。

（33）Amory, op. cit.

（34）ニフェジピン（Nifedipine）は一九八二年に流通された。ニフェジピンはジェネリック医薬品名で、バイエル（Bayer）株式会社が販売するアダラートのように多くのブランド名がある薬だ。ニューヨーク大学医科大学院のSusan Benoff博士によって取り組まれている。Marlene Habib,"Research Into Male Birth-Control Pill Hits Snag,"The Canadian Press, September 28,1999.<http://www.canoe.ca/Health9909/28_men.html>

（35）Ibid.

（36）David G. Savage,"Justices to Rule on Unwed Fathers," Los Angeles Times, April 19,1988.

（37）実名。米国最高裁判所の判例、McNamara v. County of San Diego,87-5840に基づく。

（38）U.S. Supreme Court case, Mc Namara v. County of San Diego,87-5840.

（39）メリー・ルー（Mary Lou）の話は私がインタビューした数人の体験を混合させた話である。

（40）Bruce Kovacs, Bejan Shahbahrami, Arnold Medearis ,and David Comings,"Pre-Natal Determinations of Paternity by Molecular Genetic

Fingerprinting,"Journal of Obstetrics and Gynecology,Vol.75,No.3,Part 2,March 1990,pp.474-479.LosAngeles Times, March 5,1990,p.B3. に引用。

（41）「あらゆる合理的な試み（every reasonable attempt）」として私が意図しているのは、速達で彼に手紙を送る、彼の留守電に「電話してほしい、重要な話なの」とメッセージを残すことなどだ。彼女がこれらのことをする責任がある一方で、彼が不在だったり返事をしない場合彼女は責任を持ちえない。

（42）キングス郡（ブルックリン）の家庭裁判所の元裁判長で、ニューヨーク州子どもの権利委員会のメンバーである Richard Huttner は Jane Young の "The Fathers Also Rise," New York Magazine, November 18,1985,p.75. で引用されている。

（43）Sentinel-Tribune（Bowling Green, OH),April 25,1989.

（44）Drake University School of Law,"Physical Custody Awards in Cases That Proceeded to Trial, Polk County District Court, Polk County,Iowa,1988." 研究は Judy Nusbaum の主導による。Dick Woods による参照。

（45）Michael J. Genouslis, Sr.,"New Hampshire Men and Divorce,"New Hampshire Department of Health and Human Services, Bureau of Vital Records/Health Statistics, May 1991.

（46）Patrick Kurp,"Dad Wins 6-Year Area School Fight,"The Knickerbocker News, Friday, August 9,1985.

（47）Wakefield,"Personality Characteristics,"op.cit.,pp.121-136. 七二の親たちが虚偽の告発を起こしていた。母親が六八件で父親が四件であり、九四%が母親だ。一〇三人の親が虚偽の訴えを受けており、母親が四件で父親が九九件だ——九六%が父親である。

（48）スタートレックとスターウォーズのファンに謝りたい！　しかし未来において「スターウォーズ：ネクストジェネレーション」があるかどうかは誰が知りえるだろう。おまけに「弁護士トレック：ネクストジェネレーション（Bar Trek :The Next generation）」では意味がわからない。

第七章…離婚は女性を貧しくし男性を豊かにするのだろうか?

アン・ランダースさん……女性が判事に自分の配偶者が「良い夫で素晴らしい父親」だと伝え、彼女の浮気を認めたのに、なお親権を得て、家の所有権と夫の給料のかなりの割合を手に入れるとき、何かが間違っています……浮気した妻が子どもの父親よりも月に一〇〇〇ドル以上稼いでいて、それでも司法が彼女に夫の給料の三分の一近くを権利として与えるとき何かが間違っています。

——制度の被害者

被害者さんへ……それは離婚後、元夫の生活水準が上がる一方、大多数の女性がより貧しくなるデータがあるからです。

——アン・ランダース(1)

一九八〇年代後半から、「女性の貧困(feminization of poverty)」がますます現実になっているとされてきた。レノア・ウェイツマン(Lenore Weitzman)という名のフェミニストが、離婚した女性は生活水準が七三%下がり苦しむ一方、元夫は生活水準が四二%上がる経験をするという発見を報告したとき、その信用性は高まった(2)。

私たちは離婚後女性の収入が減るという申し立てを、女性が離婚後いかに苦しんでいるかという例として解釈し、決して、男性が結婚中いかに女性に資金提供していたかという例として解釈しない。そうであっても、もしこれが真実ならば、真剣に懸念しなければならない課題だろう。だが真実ではないため私たちは祝うことができる。これがなぜかだ。

まず、私はより貧しくなる傾向があるという女性の大きな構図に言及したい。一九九一年まで、国勢調査局は、女性の世帯主の資産と男性の世帯主の資産を比較した統計を出していた。しかし、女性が金持ちになってくると（男性の一〇四％から一四一％の資産を持って）、これらの統計は公表されなくなった(3)。

本書を通してしばしば、私たちは、被害者としての女性のイメージに一致しないとき、データがこのように検閲されることを見ることになるだろう。ウェイツマンの本によって塗られたイメージに戻ろう。その時点で、女性の資産は男性の資産の一四一％だった(4)。もし離婚した女性が七三％貧しくなり、男性が四二％豊かになるなら、女性の世帯主が男性の世帯主の一四一％の資産を持つことは難しいだろう。最低でも、それは異なる構図を描く。

そのウェイツマンの研究は離婚後最初の一年だけしか見ていなかった。サンフランシスコとロサンゼルスの場所に住む人々しか調べていなかった。（離婚がより流動的になる前の）アップデートされていない一九六八年から一九七八年のデータしか見ていなかった。そしてこれが見過ごされたものだ。

全国サンプル、より多数で、より最近のサンプルを調査したダンカンとホフマンのような経済学者も、また離婚後最初の五年間を調べた(5)。彼らは最初の年、女性は収入の低下を経験したことを発見した——しかし九％であり、ウェイツマンに主張されたように七三％ではない。しかしながら、二年目の終わりになると、女性の生活水準は離婚する前と等しくなる（大部分は再婚によって）ことを彼らは発見した。そして五年目の終わりには、女性は離婚する前の生活水準を一〇％上回っている。しかし、ポピュラーメディアはこのより新しい全国サンプルを無視してきた。

ウェイツマンの研究での父親は離婚後、年収は四万二二六一ドルであった。全国調査のサンプルが示す二万五五五五ドルとはかなり離れている——ウェイツマンの数字の半分だ（どちらも一九八四年のドルで(6)）。

ウェイツマンは最終的には彼女が〝計算間違い〟したと認めざるをえなかった。しかし彼女が認める前、経済学者が間違っていてフェミニストが正しいとなる可能性もありえた。なぜ私たちは両方に意見を聞いて自分たちで判断をしないのだろう？　その代わりに、「女性の貧困」を疑問をはさめない真実にし、裁判官が離婚した女性の最初の代理保護者にならなくてはならないと感じるような雰囲気を作る。しかし女性保護は実際には女性と子どもにブーメランとして跳ね返ってくる。どのように？

それはとりわけ子どもが小さいときに全く働かない四〇％の女性とパートタイムで働く二〇％の女性に、（多くの養育費を手に入れるため）単独親権を主張させることを助長する。働くスキルを身につける時間を手に入れ、それによって元夫から本当に自立し、経済的保障の能力のためでなく愛のために新しい夫を選ぶ能力を作り出す共同親権を主張するのではなく。

どのように高い養育費の支払いが子どもを傷つけるだろうか？　その養育費は子どもから父親を奪う強い単独母親親権の結果として獲得される。そしてまたその単独の母親の養育時間は子どもを奪うことで父親も傷つける(7)。

私たちはまだウェイツマンの研究がダンカンとホフマンの研究より正しくないことを立証してきていない。それをすることは、私たちが両性の観点から離婚の経験を理解することに役立つ。いくつかの例だ：

・誰がその家族の家を手に入れるのだろう？　ウェイツマンは、ほぼいつも子どもを持つ母親が手にする自宅の価値を計算していない。彼女は女性が家を近所で借りるのにいくらかかり、彼女の収入の何割になるのか計算していない。私たちがそれを計算に入れ、同等に近所で同等の住居を手にするのにかかる費用をその男性の収入から差し引かない限り、公正な「男性の貧困」の見積もりはできない。

そして男性が最もサポートと心理的安定を必要としているときに、彼の自宅と近所から強制移動させる心理的コストを計算に入れない限り「男性の孤独」を私たちは理解しない。

・離婚した女性の二一％が一年以内に再婚している(8)。これらの女性は貧しいままではない。そしてその元夫は養育費をまだ払っている。ダンカンとホフマンは再婚した女性の生活水準は彼女らが離婚する前と等しいことを見いだした(9)。

・五年間が過ぎると半分以上の女性が再婚しており、収入のレベルは離婚前に戻っている(10)。これがなぜ離婚後一年目だけしか見ないことが、最終的に再婚する女性全員の収入が増加することを知らないかである。（離婚した女性はしばしば収入源を失うが、離婚後一年間だけ観察して長期の影響を計算することはまるで、失業後一年間だけ見て失業の長期の影響を計算するようなものである）。

・養育費を支払っている男性の二〇％から三〇％は、また彼らの生活の中で新しい女性との子どもにお金をだして支えている(11)。ウェイツマンは男性の収入が彼の新しい妻と子どもをサポートするために減少する度合いを計算していない。離婚後一年間だけ測定することで、ウェイツマンはこれらの男性をほとんど全て見過ごしている。彼女はまた多くの再婚した女性が受ける〝二人の男性からの助成金〟を見過ごしている。

・フェミニストたちはしばしば女性は二つの仕事をしていると議論する、仕事と子どもだ。しかし、これらの離婚して再婚した男性は三つの仕事をしていることを誰も議論しない、仕事、二セットの〔家庭の〕子どもを育て経済的に支えること。

再婚しない女性と男性についてはどうだろう？

・離婚したその年、女性は彼女の教育を再開したり、職業訓練を受けたり、職場に新人の給与で入るかもしれない(12)。職業訓練を投資した結果の収入ではなく、トレーニング中のこの年に彼女の収入を測るのは、医学部にいる間の収入で医者の収入を測るようなものだ。しかしウェイツマンはその女性の「訓練年間」や「再就職年」を全ての離婚後の経験を表すものとして使った。

・反対に、典型的に離婚したその年は慰謝料や養育費の義務を払ったり、新しい住居のために貯金するために、または彼の喪失感を考えないようにするため、男性は異常な時間の残業をしていることが発見できる[13]。心理的外傷を最小化しようとして男性が作った割増の収入を、世の中に彼が離婚の恩恵者であると伝えるために使うのはよくいっても計略である。

・男性はよく弁護士に養育費や慰謝料を抑えるためにその離婚の前年の賃上げやボーナスを延期するようにアドバイスを受ける。これは彼の収入が実際よりも離婚後にずっと上がったように見せる、なぜなら離婚後の一年間は彼が延期していた昇給額とボーナス（と通常の給与）を全て手に入れるときだからだ。

・父親が「父親時間」の間子どもを訪問することで被る費用は、その父親の収入からウェイツマンによって差し引かれていなかった。

・離婚した年、女性は男性の収入を失うが、法的に慰謝料や養育費で埋め合わされることができるが、男性は女性の料理する素質を失うので、しばしば外食する費用が増える。ウェイツマンが男性の生活水準は四二％上昇すると言ったとき、これらの費用は引かれていない。

・離婚した女性が新しい男性と出かけるとき、典型的に彼が払う。ウェイツマンは無料の夕食代やチケット代を彼女の収入の一部に加えるためにデートした女性に尋ねることはない。同じく離婚した男性が新しい女性と出かけて支払うとき、ウェイツマンは彼の収入からこの社会的に期待された消費を差し引かない。また彼女はいかに彼が離婚後経験する強い孤独が、とくにもし子どもが彼に敵対するようなとき、この最初の一年に女性を多く誘わせるかを見積もっていない。尊敬してほしい必要性は、彼に低い収入の傾向がある若い女性をデートに誘わせることにつながる。これらの消費は全く彼の収入から引かれていない。

私たちは結婚期間中の女性の貢献を過小評価しているのだろうか？

フェミニストたちは、家庭での女性の労働がいくらになるのか賃金評価するように私たちを促してきた――家族に対してだけでなく、男性の未来のキャリア――ウェイツマンが呼ぶ男の「キャリア資産（career asset）」――に対して。ウェイツマンは、その女性の貢献を男性がロスしたことを全く差し引かなかった。これは女性の貢献に対する蔑視ではないのだろうか？　妻への慰謝料があって〝夫への慰謝料（husbandimony）〟がないことは男性だけが何らかの貢献をしてきたと示すことになる。

ウェイツマンは、男性の将来の収入やキャリア資産は、離婚後女性と分け合うべきと示唆している。男性は女性へ貢献し続けるように期待されるが、女性は男性に貢献し続けるよう期待されない。その男性は自分の料理を作り、掃除し、洗濯し、彼のキャリア資産を作らせた彼女が与えてくれた何であれ、その時間を補償されるべきではないだろうか？　もし彼のキャリア資産の価値が彼女を支え続けるなら、では貢献した彼女の価値も彼を支え続けなくてはならない。二人とも両方がお互いに貢献を続けるか、両方ともやらないかだ。

どれくらい彼女が彼に貢献したかに関係なく、その男性のロスは決して完全に払い戻すことはできない。男性が書いた小切手は「女性の貧困」を埋め合わせるものになることが可能だが、誰も「男性の孤独」を埋め合わせるために男性へ女性の愛を与え続ける小切手を女性に書くように立法化できない。それは私たちに心理的貧困をもたらす。

心理的貧困

本当の貧困はまた心理的貧困だ。「女性の貧困」は誇張されたが、「男性の孤独」は目に見えない(14)。

男性の孤独は母親が子どもに父親の悪口を言うことから始まるかもしれない。私たちが見てきたように、（子どもによれば）パパがママの悪口を言うよりもママは四倍近くパパの悪口を言う(15)。この、彼を愛し最も必要とした人たちからの孤立は、しばしば近所や友人からの孤立とも合わさる。

リネットとジーンが離婚したとき、ジーンは断ち切られた——子どもたちからだけでなく、彼が自分の支援者であると考えていた近所の人たちからも。ジーンが子どもを迎えに戻ったとき、近所の人が自分をネガティブなフィルターを通して見ていると感じた。ジーンは、リネットが近所の人たちに「ジーンがそばにいるときには決して言えないこと」を話していることを知った。ジーンは近所の人にそのゴシップの彼側の視点を伝えている間、子どもを待たせることを快適に感じなかった。すぐに、ジーンが彼の支援者だと考えていたそれらの人々は、彼をアパートに住み〝どこぞの若い女〟とデートしている最低な奴として見るようになった。ウェイツマンもその経済学者たちもこの測定できない心理的貧困を計算しない。

いかに主たる育児者でないという理由で男性は子どもを失い、彼らが主たる稼ぎ手であるという理由でお金を失うか

私はしばしば、一九七〇年代の間なぜフェミニズム運動にあれほど支持的であったのに一九八〇年代になってから批判するようになったか聞かれる。私は変わったのだろうか？　それとも運動の方が変わったのだろうか？　その答えは一九七〇年代と一九八〇年代の間にその運動に何が起こったか見ていくことでわかる。一九七四年、私が『The Liberated Man』（男性にフェミニズム運動と自立した女性の価値を説明している本）を書いたとき、レノア・J・ウェイツマンのようなフェミニストは「現在の、母親に偏向して親権を与える判例……は父親の平等な保護を否定するかもしれないことを宣言している。親権を持ちたい父親やより良い監護者になるかもしれない父親は、多くの人に諦めさせるような困難な戦いに直面している。**加えて、この自動的な母親へのひいきによって本当の子どもの最善の利益が無視されたり、弱められたりするとき、子どもたちが苦しむだろう**(16)」（強調は筆者）。この性差別への懸念はなぜ私がその男性バッシングに

関わらず初期のフェミニズム運動を支持したかである。

しかし一九八〇年代終わり頃、同じウェイツマンは別のフェミニストたちに加わり(17)、離婚は男性より女性を傷つけること、離婚した女性は主たる養育者であったならお金を支払われる親になる選択を持つべきだということを主張した。一つ目の点はせいぜいミスリーディングであるが、二つ目の点、「主たる養育者理論（Primary Parent Theory）」はもし女性が離婚前「主たる養育者（primary parent）」であったなら、彼女が離婚後も主たる養育者になるのが子どもの最善の利益になるだろうと言っている。しかしもしそれが真実で、子どもの利益が論点なら、彼女は離婚後の主たる養育者にならなくてはならない義務を負うだろう。しかし彼女は選択を要求していた――女性の選択であり、その子どもの利益ではない。

主たる養育者理論は女性に家庭にいる選択を与えるだけではなく、元夫に彼女が家庭にいるためにお金を払うよう強制する、だから彼女自身の人生を支配するだけでなく、彼の人生も支配する。それがなぜ赤ん坊が男性に大きな影響をもたらすかの理由である。

本質的に言えば、男性は法律によって女性の「強制された雇用主」――彼女がそう選んだら、母親の仕事を与える――になるよう要求されている。男女を逆にすれば、これは離婚前に主たる一家の稼ぎ手だった夫には、離婚後も主たる稼ぎ手になるかどうか、妻を家に子どもといることを強制するかどうか優先選択権があるべきと言っているようなものだ。男性に選択権を与える一方で女性に役割を強制することを誰も支持しないだろう。離婚後、両方の親たちに職場と家庭の両方の平等な機会がなくてはならない。もし彼らが二人とも伝統的役割を選んだのなら、それはいい。しかしその最初の地点は平等な機会でなくてはならない。私はすぐに「主たる養育者理論」を支持するフェミニストたちが機会の平等ではなく不平等なご都合主義を好むのを見ることになった。

男性が子どもに会うことを選択したときを除いて、離婚が男性にとって子どもの人生から歩き去っていいことを意味するならば、それは男性版の思春期のフェミニストに相当するものだ。義務を負わずに選択肢を欲しがる人だ。むろん道徳的に、彼らには歩き去る権利はない。それを許す法律も同じく非道徳的だ。だが「主たる養育者（Primary Parent）」法は女性にとってまさにそのような法律だ。

主たる養育者法のアイロニーは、フェミニストは片手では男性の経済的子宮から出てくるキャリア資産を共に作り出す女性の平等な権利を主張し、もう一方の手で女性の出産する子宮から出てくる子どもを共に育てる男性の平等な権利に反対をしていることだ(18)。ほとんどの人が、隔週の週末に子どもへの訪問者に男性を貶めることを、二人が一緒に買った自宅への訪問者に女性が貶められること——彼女がスラムに住んでいる一方——と同じであると見ない。実際には男性は、“男女が共同で作り出した”家に元妻と住む、“男女が共同で作り出した”子どもへの隔週末に来る訪問者である。

簡単に言えば、女性は彼が主に作り出したもののパートナーであり、男性は彼女が主に作り出したものの訪問者である。

私からすると、これは平等とはいえなかった。

フェミニズムが平等な機会から不平等なご都合主義にこの変化をするにつれて、私は支持者から批判者に変化していった。しかし私の内面の精神は変わっていない。私は平等の支持者から平等の支持者に移っただけだ。

政治家は、女性が主要な母親時間を得るための土台として「主たる養育者」理論を買ったが、主たる責任を持っていた収入に伴い男性が主要な“父親時間”を持つための基礎として「主たる稼ぎ手(primary breadwinner)」理論を買うことは決してないだろう。これらの二つの理論が合わさり司法実践の基準になったとき、それらは「美味しいとこ取りをしよう」という解放の法律になった。またしても政治が平等に優先された。

「彼女が主たる養育者だからそれは女性の選択」のフェミニスト理論はすぐにフェミニズムの衣装をまとった生物学的宿命の新バージョンになった。それはその女性の夫に雇用主になるように強制するが、彼には彼女の雇用主になりたいかどうか、彼女を雇い続けるべきか解雇するべきか発言権がなく、業績を評価する力はない。彼は雇用主の義務はあるが、雇用主の権利はない。彼は従業員より少ない権利しかない。

親権のステージでの「彼女は主たる養育者だからそれは女性の選択」と呼ばれるその理論は、中絶や出産のステージでの「それは彼女の身体だから女性の選択」と呼ばれる理論と同等なものだ。両方の理論は女性の選択と男性の義務を合理化する。

どうしてこれが起こったのだろう? 男性は何も言わなかったため、政治家はフェミニストたちの声——大きな声で金切り声を上げる——を聞いた。政治学は平等より強力になった。両方の理論は、男女平等への支持から、複数の選択肢を持つ女性と選択肢がない男性の支持へのフェミニスト運動の変遷の一部であった。その主たる養育者理論のインセンティブは養育費だった、その政治は養育費を払わない無責任な父親（deadbeat dad）の信仰によって可能になった……。

（注）

（1）Ann Landers' syndicated column, Herald-Star（Steubenville, OH）, April 13, 1990.

（2）Lenorn J. Weitzman, The Divorce Revolution（NY: The Free Press, 1985）.［訳者注：73／42はレノア・J・ウェイツマンの一九八五年出版のDivorce Revolution内での数字。離婚前の収入の七三%を女性は失い、男性は四二%上がると報告した研究。極端過ぎて信用性に欠けるデータであったが、米国では一九八五年から九〇年代にかけて大きな影響力を持ち、多くの法学系、社会学系の学術論文に根拠として引用され、判例にも引用された。ウェイツマン自身、この数字を使ってカリフォルニア州の離婚法を改正している。後にこの数字は社会学者のリチャード・ピーターソン（Richard R. Peterson）によって、検証され、まず単純な転写エラー（紙からコンピューター上へのウェイツマンの転写ミス）であることがわかり、ウェイツマンも計算ミスとして認めざるを得なかった。このときに再検証で出した数字が女性二七%減、男性約一〇%増である。四二%増はあまりに極端な数字だったため、この修正版がより正しいものとして、その後広まった。しかし、これらはウェイツマンのサンプルデータをそのまま使っており、転写ミス以前に、そもそもこのサンプルの取り方が偏っている、生活水準の定義が「収入／必要額比」だけで行っているなどの問題点があった。サンプルはわずかカリフォルニア州の二二八人の男女で、インタビューを実際にしたのは一一四人である（少なくとも片方側にしかインタビューしていない）。また固定資産を計算に入れないなど。これらの数字に批判的な統計学者のジーン・ポーラック（Gene Pollock）やアトレー・ストループ（Atlee Stroup）などの全国規模の調査では、男性も離婚後に生活水準は一〇%以上低下している。ウェイツマンの数字は長らく議会やメディア、社会科学での男性バッシング（男性は得をしている、養育費を出していない）、政治的に離婚法をもっと女性有利に改正する根拠とされた。ポーラックはこの数字のいい加減さに関わらず、ここまで広がった理由をポリティカルコレクトな数値だったからと述べている。］

（3）その最後の数値は米国商務省から引用可、Bureau of the Census, Statistical Abstract of the United States in 1991, table titled "Household Net Worth-Percent Distribution, by Selected Characteristic:1998." この年の数値は一〇四%であった。この統計の最新版は一九九一年に発行されていた。

（4）U.S. Department of Commerce, Bureau of the Census, Statistical Abstracts of the U.S.（Washington, D.C.:G.P.O., 1989）, 109th Edition, p.459, Table 747-"Household Net Worth-Median Value of Holdings:1984." Lenore J. Weitzman's The Divorce Revolution, op. cit., は一九八五年に発行されている。

(5) Greg J. Duncan and Saul D. Hoffman,“ The Economic Consequences of Marital Instability, ”Figure 14.3 and Table 14.A.8,in Martin David and Timothy Smeeding, eds. ,Horizontal Equity, Uncertainty& Economic Well-Being（Chicago: University of Chicago Press,1985）.

(6) 私たちが六つの収入の研究を見たとき、父親の総収入の平均はわずか一万八〇〇〇ドル（一九八四年のドル価値で）だった。全ての六つの研究は“Estimates of National Child Support Collections Potential and the Income Security of Female-Headed Families-Final Report,”April 1,1985,p.xi.Bush Institute for Child and Family Policy, Frank Porter Graham Child Development Center, University of North Carolina at Chapel Hill に収録されている。

(7) 第八章「養育費は家族を助けているのかそれとも傷つけているのだろうか?」を参照してほしい。

(8) Greg J. Duncan and Saul D. Hoffman, “The Economic Consequences of Marital Instability, ”Table 14.A.2.,cited in David and Smeeding, op. cit.

(9) generally Duncan, “Marital Instability, ”ibid.; and Greg J. Duncan and Saul D. Hoffman, “A Reconsideration of the Economic Consequences of Marital Dissolution,”Demography,Vol.22,No.4,1985,pp.485-497.

(10) Ibid.

(11) Freya L. Sonenstein and Charles Calhoun, “The Survey of Absent Parents/Pilot Results, ”U.S. Department of Health &Human Services, Office of the Secretary for Planing&Evaluation,July,1998,p.iv.

(12) Greg J. Duncan, “Do Women ‘Deserve’ to Earn Less Than Men?Years of Poverty, Years of Plenty, ”Vol.164, 1984, p.162.

(13) 例えば、R. Haskins, A. Dobelstein, J. Akin, and J. Schwartz, University of North Carolina, Bush Institute for Child and Family Policy, “Estimates of National Child Support Collections Potential and the Income Security of Female-Headed Families,”Vol.38,No.54,1985. 参照。

(14) Credit to Bernard R. Goldberg,“Love and the Deadbeat Dad,”The New York Times, August 20,1986, for phrase “masculinization of loneliness”.

(15) Walker, op. cit. , pp.84-85. 詳しい詳細は第四章の悪口のバリアの項を参照してほしい。

(16) Lenore J. Weitzman, “Legal Regulation of Marriage: Tradition and Change” California Law Review, Vol.62, 1974, pp.1169 and 1194.

(17) Weitzman, Divorce Revolution, op. cit.; Phyllis Chesler, Mothers on Trial“NY: McGraw Hill,1986”.

(18) Lenore J. Weitzman,“A New Look at Career Assets,”Ms.,February,1986,pp.67-68,and Phyllis Chesler,“Phyllis Chesler on Custody,”Ms.,February,1986,pp.69-70.『The Divorce Revolution』の著者の Weitzman,ibid.,は『Mothers on Trial』の著者のチェスラー（Chesler）, ibid. がしたように「キャリア資産（career asset）」と「主たる養育者（primary parent）」理論を支持した。

第八章…養育費は家族を助けているのか それとも傷つけているのだろうか？

僕は小切手の裏に元妻の名前を書く

——マイケル・フランクスの歌より

我々は女性に家庭を壊すインセンティブを与えていないだろうか？

妻は夫よりも二倍離婚を主導する(1)。なぜだろう？ 間違いなく夫も妻と同じくらい配偶者が離婚したくなるような人間関係の問題を作り出すだろう、しかしもし離婚がそこまで男性に利益があるならば、女性が二倍も主導する（initiate）ことはありえない。子ども、養育費、家族の自宅の選択を女性に与えることによって、我々は女性に家庭を崩壊させることを先んずる経済的、情緒的インセンティブを与えていないだろうか？ イエス。共同養育時間を適用した州では、数年以内に離婚率は下がった。それはつまり、女性は子どもと収入を獲得できることを知っていることを一つの理由に、大部分の離婚を先に主導するということである(2)。子どもと収入を獲得できるかわからないとき、女性はよりその状況に留まる傾向がある。

別の言い方をすれば、父親としての役割から夫を〝解雇〟し、次に彼自身の〝解雇〟に対して補償金（母親への慰謝料）

を男性に求める女性の選択は、その家庭で離婚することを女性が主導するインセンティブとして考えられるかもしれない。それはまるで雇用主に従業員を解雇して、新たに加わった雇用主の負担（現在別の誰かを雇って再教育しなければならない）のために月ごとに「雇用主支援費」の支払いを従業員に求める選択権を与えるようなものだ。もし私たちが雇用主にこのインセンティブを与えたら、被雇用者が大量解雇されることを誰もが容易に予測できるだろう。

父親を奪われた子どもから子どもを奪われた父親まで：ある男性のストーリー

これはお父さんと子どもが引き離された影響についてのある男性の話だ。その影響は現在では次の世代にまで響いてきている。

私の父親は子どもが願いうる最高の父親であり、心の底から自分自身の子どもを育てたがっていた。私の母親は能力がなく無責任だった……しかし離婚判決は彼女の私ら四人全員を育てたいという要求を叶えた……私の母は父に比べて私たち四人を支えることができず、母が付き合える最初の男と結婚した。彼は殺人で刑期を終えたばかりの暴漢だった。酒を飲み、タバコを吸い、ギャンブルに狂い、よく暴力をふるった(3)。

もともと私がこの男を大嫌いだったのは彼の悪人性というより、彼が私の父親に成り代わったからだった。私が強く慕っていた、この男のようなひどさは全くなかった父の。私はできる限りのやり方で私のステップファーザーに反抗した。その結果私の子ども時代は優しさもなく、落ち込み、愛情から切り離されていた。

……一〇代になると、私は反社会的でボーダーラインの非行少年になった……。

社会と私にとって幸運なことに、引退したドイツの科学者が庇護してくれ、私の父が与えることをさせてもらえなかった道徳の道標を教えてくれた……私は自分の崩れかけた人生をまたやり直し始めることができた。私はもう少しで、父と私たちが残酷にも否定されていた自由を守るという名目で、軍隊に志願しベトナム戦争で戦うところだった、もしかしたら死んでいたかもしれない……。

……私は大学にも行き、キャリアを積み、結婚し、かわいい子どもにも恵まれた。娘が生まれた最初の年、私は愛情を示し育児する父親になるためのできる限りのことをした。その結果、私と娘は強い愛着関係を持った。

妻は出産一年目に情緒不安定の様子が表れ始めたため、私はマリッジカウンセラーに見てもらいに一緒に行こうと促した。が、彼女は断固として拒否した……。

私の娘が一歳一ヶ月一七日のとき、妻は娘を誘拐し妻の母と共に引っ越した。妻は次にサンフランシスコの高等裁判所のイサベラ・グラント裁判官の所へ行き、——私を仰天させたが——一時的に私の娘の親権を要求し、私の面会の頻度を制限して、乳児をひどい感情的ストレス下に置いた。妻は自分の要求の理由も伝えず、グラント判事は私に何も聞かなかった。グラント判事は私の妻の一方的な行動に対する主張を考えることすらなかっただろう。

その裁判所は妻と私に家庭裁判所の調停カウンセラーを任命した。そのカウンセラーは彼女の子どもをその父親から離婚の間中奪い、驚いたことに、それを「子どもの最善の利益」の行動の例として使った。私は次の瞬間、娘と私は深刻なトラブルの中にいるのではないかと不安になり始めた。その調停員があっさりと「裁判官をやる楽しさのために働いている」と認め、グラント判事が望むことに逆らう行動をして自分の仕事にリスクをとれないと言ったとき私の疑いは強くなった。私がグラント判事が調停員に望むことは何か聞くと、彼女は真顔で私に話した、グラント判事は「普通もし母親が共同親権に同意していなければ単独親権を母親に与える」と。さらに、「私は全ての人を多くのトラブルから救いたい、もし裁判官がいつも命じることにあなたが同意すれば」と言った。

グラント判事は私の子どもを私の現在では元妻に「与えた」……まるでそれで十分でなかったかのように、グラント判事はその私自身の娘に対する連れ去りと虐待をした者にお金を払えと命じた、皮肉にもそれは「養育費（チャイルドサポート）」と呼ばれた。……

……私は後に元妻は長い間、秘密裏に彼女の離婚計画を助けるフェミニスト団体から無料の法的サービスを受けていたことを発見した。そのフェミニスト団体はサンフランシスコの市と郡や弁護士連から基金を受けとっていた。彼女らは次にこれらの資金を、女性が父親から子どもを連れ去るように助けるために使う。

「養育費（Child Support）」は名前を「母親助成金（Mother Subsidy）」（または「父親助成金（Father Subsidy）」）に付け直すべきではないだろうか？

通常父親によって行われる、お金の支払いを意味に含むものに「養育費（チャイルド・サポート）」という言葉を使うよりも皮肉なものを思い浮かべるのは難しい。私たちはときどき「チャイルドサポートは金銭的サポート以上のものだ。それはまた情緒的サポートでもある」と聞く。それは真実だが、養育を――そしてだから大部分の伝統的女性を――侮辱している、「チャイルドサポート」という言葉をお金と情緒的支援のコンビネーションに制限することで。

もしチャイルドサポート（養育費）が他の短い言葉に言い換えることができるなら、それらは「どのような運命になろうとも」になるだろう。現代、「どのような運命になろうとも」は結婚の誓いよりもペアレンティングにずっと当てはまる。しかしチャイルドサポート（養育費）は短い言葉に変えることはできない。金銭的情緒的サポート以上にチャイルドサポートは、寛容であることを当然とし、失敗もし、何千回の運転手になり、身元保証人になり、どんな決定をあなたがしようとも、あなたはセラピストにお金を払って自分がいかに精神的に不当に扱われてきたかを子どもに伝えてもらって終わらせることはないことを意味する。それは教育し、話を聞き、助言をし、動機付けし、治療し、友達になるが友達ではなく、靴ひもを結び、料理し、掃除し、あなたがぼろ切れのように感じたときも顔を拭いてあげることを必要とする。チャイルドサポートを支払いと呼ぶことで、その父親に自分の役割を担っているのが支払いだけであると感じるのを強める。

数週間前、私はアイルランド行きの夜行便の飛行機に乗っていた。ある父親は二つの隣りの席をベッドに変え、彼のももを枕にし、娘にお休みのキスをするために背中を曲げていた。私の隣には誰もいなかった。なので私は体を傾け、ペンを持ち、ポール・サイモンの『母と子の絆（Mother and Child Reunion）』を少し変えて書いた……。

父と子の絆（Father and Child Reunion）

私にはママがパパに言ってるのが聞こえたよ
あなたに夫になってほしいわけじゃなかったと
でもママは私には聞かなかった
パパは私にとってパパなのに

コーラス：養育費の小切手は「愛してるよ」と言ってくれない
　背中に乗ってお馬さんごっこもできない
　養育費の小切手はおやすみのキスもしてくれない
　毛布で私を包んでくれない

ママはサンクスギビングの日にターキーを焼いてくれた
彼女は家族のために神さまに感謝した
でもその間私は祈っていた、泣いていた「パパは恋しがっていて、私は寂しい」

（コーラスリピート）

ママは私を勝ち取れるように教会で祈っていた
でも私にはその勝ちは罪
私はママとパパに愛してほしい
私はパパと再び逢えるようになりたい

（コーラスリピート）

ポール・サイモン、私が必要としているときにあなたはどこにいるのだろう？

母親助成金は女性に特別休暇を与えるように本当にデザインされているのだろうか？

養育費の支払いが、母親（ほとんどの場合）に十分なお金が支払われないことと、母親をひいきする性差別の両方である可能性はあるだろうか？　ええ。養育費が育児の最低時給よりも高く支払われることはまれである。そして養育費を受け取る親は通常母親である。

しかし、年収一二万ドルの医者であるアリス・マックナイト・フィッツジェラルドが年収三万ドルの前夫が養育費を自分からいくら受け取っていたか（アメリカ議会が全ての五〇州とワシントンDCに要求した養育費ガイドラインによって）見たとき、彼女はショックを受けた。彼女はそれに立ち向かい勝った、夫より稼いでいる女性の視点から、ワシントンDCのガイドラインを再検証することを余儀なくさせた。そのガイドラインは覆った――、たった一人の女性被害者が彼女の権利のために戦ったあと(4)。

父親は養育費の支払いで減税を受けられない、しかし養育費を受け取る母親は免税される。過去、父親が養育費を払うと扶養控除を申請することができた。一九八五年以降、子どもを獲得した母親は免税され、父親は扶養控除を失った(5)。それは母親が子どもを持つ新たな動機である。

ガチョウを殺すと……

ダリン・ホワイトは養育費と慰謝料でカナダドルで月に二〇七一ドル払うように命じられた。彼は月に一〇〇〇ドルしか稼いでいなかった。一〇〇〇ドルは慰謝料の支払いであった。ダリンは病気休暇をとっていたが、同じ仕事の資格を持つ彼の妻は働くことが許可されなかった。その最初の二〇七一ドルの期限はすぐにきた。ダリンはいなくなった。彼の遺体は北ブリティッシュコロンビア大学の近くの森の中で見つかった(6)。彼は首に縄をかけこの世に他に道はなかったことを説明するためにその終わりを告げた。

現在ダリンの子どもたちは、父親も父親のお金もどちらも持っていない。カナダ厚生省の統計によると、若い男性の自殺は過去四〇年間で劇的に増加しているが、あったとしても極わずかしかその原因を探る調査はされてこなかった(7)。私たちが見てきたように、離婚した男性は離婚した女性の一〇倍近く自殺する(8)。

ダリンの妻は子どもと持ち家を受け取っていた。私たちが父親に養育費と妻の生活費を与えるように要求し、その後彼の子どもと家を奪えば、私たちは彼の精神、稼ぐ意味、生きる意味を殺す。たとえそれが彼が稼いだり彼女が受け取るよりも多くなくても。私たちが彼を袋小路に追い詰めると、彼は養育費を払わなくなるか（dead beat）、ボロボロになるか（dead broke）、単に死ぬ（dead）。父親の死が彼に強制されたとき、彼の家庭の精神も死ぬ。

子どもへの責任が等しいとき、誰がより支払うだろう？

フルタイムで働く父親は、男女逆の場合よりも、母親からより低い金額しかもらっていない傾向がある。五〇％が少ない傾向がある(9)。

父親がお金を受け取るとき、それは低くなる(10)。これは母親の方が給料が低いからだろうか？　ときどきはそうだ、しかしフルタイムで働く母親とフルタイムで働く父親が同じだけ稼いでいるときでさえ、母親は父親の支払いの八〇％しか払うように命じられていない(11)。

ほとんど毎週、私は自分の子どもをフルタイムで育児する父親から手紙を受け取る。例えば今日届いた手紙の一つでは、その父親は養育時間（parent time）の争いに負けたが、母親がもう長男を制御できなくなったとき、彼女が「あなたが彼をほしがったんでしょ、連れて行って」と言われた。彼は書いている。

> 元妻は私が〝彼女の〟養育費のお金を送ってこなくなったと声を上げて警告した。私はそのサポートのお金は彼女のものではなく、子どものためで、そして子どもが私と一緒に住んでいる以上、いったいぜんたいなぜ僕が彼女に送らなくてはならないんだ？　と指摘した。事態はより悪くなる。元妻はビジネスを始め現在では三〇人の従業員を抱えている……私は彼女から養育費を一セントももらうことができなかった。息子が一八歳になるとすぐに、彼女はその会社を売却し引退した。私には彼女を司法の場に連れて行く度胸はない……(12)。

その指摘は養育費を払わない無責任な妻がいることではない——どちらの性別にも養育費を払わないものがいる——しかしフルタイムの父親が養育費を払わない母親を訴えることが、いかに稀かということである。そのため、——統計的な「養育費未払いの母親」になる——あらゆる養育費を払わない母親が見つかる傾向が低くなる。それにも関わらず、その統計はまだ母親の方が払うことが少なく、より少なく払う傾向があると明らかにしている。

どちらの性別が親の助成金（〝養育費〟）の支払をより滞納しているだろうか？

資料：子どもが父親と住んでいて、裁判所が母親に父親補助金（養育費）を支払うように命令したとき（通常彼女の収入がその父親を上回っているという理由で）、その母親は平均して課された額の三三%を払った。父親は課された額の六二%を払った。このデータは連邦情報公開法（ＦＯＩＡ）の請求によってワシントンＤＣ父親養育費履行強制庁から得た(13)。

資料：同じ請求で父親の一三%が母親補助金（養育費）を過払いしていることが明らかになった。母親は一人も父親補助金（養育費）を過払いしていない(14)。

要約すれば、父親が子どもを得たとき、母親は裁判所によって母親補助金より支払うように命じられることがずっと低く、命じられる金額も低く、それを払う傾向も低く、決して過払いすることはない。

私たちは下記で女性たちが支払わないとき、彼女たちが法廷侮辱の罪に問われ刑期を受けることも遥かに低いことを見るだろう(15)。

もし父親が母親補助金を支払わないと、彼は刑務所に行くことになる、もし母親が父親補助金を支払わないと、彼女は……

資料：ボビー・シェリルは彼の養育費を期限通り支払ってきた……イラクがクウェートに侵攻するまで。しかしクウェートで働いていたボビーは誘拐されイラクで三ヶ月人質にされた。ボビーの父親が彼が人質になっている間一部のお金を払っていたが、彼はその全てを払わなかった。ボビーがアメリカ合衆国に帰ってきたとき、彼は逮捕され、手錠をかけられ、治安判事の前に連れてこられた(16)。ボビーは「僕がその支払いから解放される方法がありましたか？」と聞きながら、彼の状況を治安判事に説明しようとした。

その治安判事は伝えられるところによると「君が支払った場合だけです」と返答した。

ボビーは自分から小切手を書こうとした。その治安判事は現金を要求した。そのときは夜でボビーは現金にアクセスする方法がなかった。彼は聞いた。「営業時間までこれを延期できないですか？」

治安判事は答えた、「君が地方裁判長を抑えられる人を見つけない限り無理だね」。

その記事はその逮捕がボビーの母親の心を荒廃させたとコメントしている——彼らが「息子に手錠をかけ誰かを撃ったみたいに引きずっていかれた」とき、それは「彼女を本当にボロボロにした」。

資料：ラルフ・リモンは母親補助金を支払えなかったことでカリフォルニア州の刑務所で一年以上刑期を受けた。彼の失敗は彼を国内の「最重要指名手配犯の一〇人」のポスターにのせた（あなたが知っているように、郵便局で見ることができるものだ）(17)。

子どもを父親に会わせることを否定している母親はほとんど審査されない一方、母親補助金を払わない父親は現在広くこれらの郵便局にある「最重要指名手配」ポスターに載らされている。そしてポスターの表示を注意深く見ると、滞納している一人の母親は逮捕さえされていなかった。

刑務所に行く可能性がある債務者は慰謝料か養育費を払わない債務者だけだ(18)。実際、それはほとんど排他的に男性債務者を意味する。破産したときでさえ、養育費も慰謝料の債務も課されなくなるわけではない。

債務者の刑務所がイングランドの現実であったとき、チャールズ・ディケンズの『デイヴィッド・コパフィールド』(David Copperfield)でのその描写はイギリスを辱め、世界にショックを与えた。しかし一世紀以上あと、言われるところではより先進的な国がまだそれを持っていた、事実上、男性だけのための。債務者の刑務所は男性専用クラブである。いくつかの理由で抗議はなかった。ディケンズのイギリスの描写、家族が債務を負ったとき、男性だけが刑務所に行かされたことに、どれだけの人が疑問をもっただろう! 表面上は、これは男性がお金を稼ぐ責任を、女性が子どもを育てる責任を負っていたという推定に基づくものだった。しかし、もしその父親だけが債務の滞納で刑務所に行くなら、母親だけが子どもの非行で刑務所にいくべきだろうか? ディケンズなら、母親が刑務所の独房に押し込められ肺結核を待っている間、クリスマスイブに暖炉を囲む父子のイメージを掲げて、ペンクラブの大会キャンペーン(pen festival)をしたはずである。

ペンシルバニア州のデラウェア郡では、男性債務者はケーブルテレビに毎週三〇〇回映され、一ヶ月に一度新聞一面の広告に載った(19)。一部の地域では、警察が男性を捕まえるとき、テレビステーションに知らせがいき、その父親を刑務所に入れられる存在としてニュース報道する。世論は父親を犯罪者として見るが、子どもと父親が会うことを妨害する母親を犯罪者として見ることはない、またはその捕まった父親が失業していた可能性を見ることはない(20)。その父親はもともと子どもに対する平等なアクセス権を持っておらず、母親に対する罰則法は比較的執行されることはないため、この一方的な父親だけへの迫害は違憲であり男女差別である。

これを現代の魔女狩りと呼ぶのはフェアだろうか? 確かに違いがある。魔女には滅多に子どもがいなかった。その父親の子どもは自分のパパが裁判なしでテレビで〝焼かれる〟ところを見ることができる。そのイメージは永遠に彼らの記憶の中に刻みつけられるだろう。

養育費を支払わない女性を刑務所に送らないその言い訳は、彼女らは子どもの育児に必要とされているからである。しかしその同じ子どもがいる男性は刑務所に行く。これは合衆国憲法第一四条の「法の下の平等な保護」の大義に対する違反である。それは違憲だ。それはまた賢くない。私たちが男性を刑務所にいれ、子どもへの平等なアクセス権を奪い、もっと支払うように要求しながら、どうやって男性に育児にもっと参加するようにお願いできるだろうか？

彼の場合お金がないと刑務所へ、彼女の場合社会サービスへ

アイオワ州の何千人の父親は仕事で降格されたり解雇された後、養育費が払えなくなった。または病気になっているとき。その集金代行業者は個人信用調査機関に父親の預金状態がよくないことを告知する。しばしば裁判所はすでにその父親に（解雇されたことなどを理由に）低い養育費を課していることがあるが、行政の左手が養育費を低くする命令をだしていても、その右手は滞納の告知を信用調査機関に送っている。未だに他の父親たちは支払いを低くする方法を探している過程にいる。

集金代行業者はその男性には法の適正な手続きを受ける権利があることを発見するが、その男性は裁判を受けさせてもらっておらず、集金代行業者は連邦法の支持を受けてきており、もし父親の支払いが遅れたら父親の給料を差し押さえ、信用調査機関に通告することを求められる(21)。

集金代行業者の自動告知の裏にある推論は「私たちが車の支払いを滞納したら、個人信用調査機関は知らされる。である以上どうして養育費の支払いでやっちゃいけないわけ？」これが理由だ。車の代金を払う余裕がない人は滞納を免れるため車を売却する選択がある。父親は滞納を免れるために自分の子どもを売るわけにはいかない。

このプログラムがアイオワ州で施行されたとき、ここ二〇年のアイオワ州で最も経済的に景気がよい年であったにも関わらず、男性の自殺率は急上昇した(22)。

つまり、男性が財布としてうまくできないと、彼は刑務所に入れられる。女性が母親としてうまくできないと、私たち

は彼女に社会サービスを提供する。私たちは男性には犯罪アプローチを、女性には社会福祉のアプローチをとっている。

なぜ私たちは父親をボロボロ（Dead Broke）、行き詰まり（Dead Ended）、死んでいる（Dead）と思い浮かべるより養育費踏み倒し（Deadbeats）として考えてしまうのだろうか？

神話：ほとんどの男性が母親補助金（養育費）を払っておらず、期限通り満額払う人はもっと少ない。これは国勢調査局でさえ確かめている。

事実：国勢調査局の数字に基づき、私たちが読む新聞の見出しはいかに少数の男性しか払っていないか伝える。これらの国勢調査局の数字は全て女性の報告に基づいている。女性だけによる報告だ。しかし、これらの女性の間でさえ、五一％が養育費の全額支払いを受け取っていることを認めており、他の二五％は一部の支払いを受け取っていると言っている。全体として、一四六億ドルが女性に獲得され、一〇〇億ドル（三分の二以上）が支払われた(23)。しかしこれは女性側の記憶に基づいている。

政府が男性を対象に含めた特別調査を委任したのは最近になってからである。その男性たちは女性が受け取っていると報告しているものより四〇％多く払っていると報告し（裁判所が命じたものの八〇％から九三％）(24)、加えてより全額、期限通りに支払っている(25)。

もちろん、見出しが「男性たちは養育費の九三％払っている」と載せることは、「養育費を払わない父親」と載せてきたのと同じくらい当てにならない。しかし大きな疑問がある。なぜ私たちは一切、「男性たちは八〇％から九三％支払っている」という見出しを見ていないのだろうか？　ええ、疑わしいことに、男性側の観点があまりに異なることがわかるとすぐに、家族支援局のウェイン・スタントンはその調査を中止した(26)。これは社会が意識する女性の被害者像よりも被害者でないように見えるあらゆるものを出版しないようにする政府、メディア、学問、福祉の専門家の傾向や「レースカーテン」の一部である。私が『男性が言わないことは女性には聞こえない（Women Can't Hear What Men Don't Say）』で展開した概念だ。

神話：父親たちは養育費を二つの理由で払っていない。一つ目は父親たちは単純に支払うことを拒んでいる。二つ目は父親は逃げ出し母親は彼を捜し出すことができない。これらの二つの理由は国勢調査局にさえ確かめられている。

事実：これらの〝二つの理由〟は国勢調査局によって唯一質問紙にリストされた二つの選択肢である！(27)。二つ目に、繰り返すが、国勢調査局は父親がなぜ養育費を払わないかを女性だけにしか聞いていない！

人口動態調査

あなたがこれらの支払いを定期的に受けられない理由は何ですか？　その理由は（カテゴリーを読んでください）

・父親が支払いを拒否するから？
・あなたが父親を探し出せないから？
・またはその他の理由？（詳しく記入してください）

これの問題？　父親が払わない主な理由は聞かれてさえいない。なぜ男性が払わないか調べた三つの研究全てで同じことが発見された。その男性の収入のレベルが、彼が払うか、いくら払うか、どれくらい定期的に払うかの唯一の最重要決定要因だ(28)。（年収が一〇〇〇ドル上がるごとに、年間の受け取り額レベルも三〇一ドル上がる(29)）。しかし「支払い能力がない」ことは国勢調査局の質問での選択肢にでてすらいない。その結果？ 私たちは新聞で「男性が拒む」「男性が見つからない」から男性が支払わないという二つの主な理由だけを読むことになる。私たちはその二つの選択肢しかリストに載っていなかったことを伝えられていない！

女性だけになぜ男性が支払わないかを聞くことは、男性だけになぜ女性が訪問権を拒否するのか聞くようなものだ。税金が男性だけに質問するのに使われるのを想像してほしい。

あなたが定期的な訪問権を得られない主な理由はなんですか？ その理由は（カテゴリーを読んでください）

・母親が拒否するから？
・あなたが母親を探し出せないから？
・またはその他の理由？（詳しく記入してください）

もし国勢調査局がこれらの質問だけして新聞の見出しに「国勢調査局は母親は訪問権を拒否し、子どもを連れて消えたことを発見」と出たら、私はすぐにそれを性差別だとラベルするだろう。しかしながら、私たちが女性だけになぜ男性が支払わないか質問し、二つの選択肢（どちらも男性を責め、主な理由ではない）を彼女たちに与えると、新聞はそれを事実であるかのように引用し、実質的にそれに誰も疑問を抱かない、それを性差別と呼ぶことはさらに少ない。

男性が養育費を支払ったり、支払えなかったりする他の理由はあるのだろうか？ ええ。定期的な満額支払いは、週ごとの訪問権(30)、母親と友好的な関係(31)、共同養育の取り決め(32)、同じ州に住む(33)、母親側に高い教育レベルがあること(34)、父親が白人であることに強く相関する(35)。

規定が使われて裁定額を決めたとき(36)、養育費が裁判所命令のとき、父親が代理機関を通じて払うとき（子どもに直接渡すのとは反対に）(37)、父親が黒人だったとき（収入レベルと子どもの人数が白人の父親と全く同じときでさえ）、父親はあまり支払わない(38)。

国勢調査局はこれらの選択肢を全く提供しておらず、だから新聞の見出しは父親が彼の子どもと面会が許されたとき、普通は支払い、彼が子どもたちに会えているとき、支払っていることを伝えられていないことに気付いてほしい。

どうやったらママはパパに支払わせられるか

自分の子どもに会っている父親は子どものために支払う。父親が彼らの子どもたちとアクセスを得られたら母親補助金の支払いの不履行率は「最高七〇％から七％に落ちた[39]」。別の研究は子どもとの面会が母親補助金を三四％から八五％増加させた[40]。父親は支払わないことが好きなわけではない。視界から去ると財布をポケットから出さない。支払いを抑えるのは愛情を得るためのテコの作用に過ぎない。

母親は本当に父親と子どもの面会に応じないのだろうか？　そしてもしそうなら、なぜ？　約四〇％の母親が彼女らが一度かそれ以上元夫が子どもに会うのを拒絶したと報告しており、「彼女たちの理由はその子どもの願望や安全に関係なく、本質的にはなんらかの方法での仕返しであった」ことを認めていた[41]。父親のさらに多くでさえ――五三％――彼らが「訪問権」を一度かそれ以上否定されたと言った。その割合は離婚後二年間のうちにここまで高くなった。この研究は女性によって実施され、アメリカ国立衛生研究所によって援助を受けた。

別の研究では共同養育時間がない父親は、彼らは子どもの生活から退いたのではなく、追い出されたと感じている[42]。父親（大部分が）が養育費を支払わないとき、政府は介入する――三四億ドルを養育費の履行強制に使う。母親（大部分が）が父親と子どもの面会交流権に応じないとき、政府は手を引く――たった一〇〇〇万ドルしか「訪問権」の履行強制に使わない。本質的には、その政府は母親を懲戒するのに使う一ドルに対し父親を懲戒するのに三四〇ドル使う[43]。

しかし状況はもっと複雑だ。父親の面会を履行するために使われた政府のお金の約八〇％が面会強制履行プログラムのない機関に与えられている！[44]　むしろ、彼らは父親の面会に制限を加えるプログラムを持つ機関に与えている――それは、彼の面会が監視下の元で行われるよう求めるプログラムだ。そのお金はまだ父親を懲戒するために使われ、母親ではなかった。現実的には、つまり、母親を懲戒する一ドルに対し父親を懲戒するために約一〇〇〇ドル使っている。

その犯罪は、子どもの心理的な健康と母親にお金が支払われることの両方を導くのが、まさにパパの子どもへの面会であることを見ないことだ。ほとんどの男性が彼に敵意を持ってきた女性に——または子どもに——母親補助金を払いたいと思わない、母親も同じだろう。ほとんどの父親たちは養育者になりたい。彼らは養育のために支払うだろう。

しかし多くの父親たちはその法律が自分が実の父親でない子どもへ支払いを要求されたり、彼らが女性にはめられて妊娠させることになったとき、または子どもが大人になるまで彼が父親であることを一度も知らされていなかったり、または突然母親が引っ越すことを伝えられたため子どもに会うために一〇〇〇マイル飛行機に乗らなくてはいけなくなったとき憤慨する。父親はこれらの条件下でも支払いを強制されうるだろうか？　自分が父親ではなかった子どもに支払いが強制された男性から始めよう。

男性は、彼の妻が別の男と作った子どもへの支払いが強制されることがあるのだろうか？

資料：インディアナ州に住む男性が、自分のではなかった子どもに母親補助金を払っていたことを発見したのは一一年前のことだった。しかしその裁判所は彼に支払いをやめることを許さなかった——未来においてさえ(45)。

資料：私の電話が鳴った。サンディエゴのスーと言う名前の女性は激怒している。「私の夫のジョンが、彼の子どもではないと最近わかった子どもへの養育費として三万ドル訴えられているんです、でも彼はそれを証明するためのDNA血液検査さえ元妻の同意がないと受けることができません——そして彼女は同意しませんでした。その他にも、彼はもし子どもが彼のではなかったと証明することができても、まだ養育費を払わなくてはいけないんです。私はこれがフェアだと思いません。私は法学部の学生でそれと戦おうと思います。DNA血液検査は彼が離婚届にサインをしたときですら利用可能ではありませんでした、でも彼が離婚届にサインしたあと子どもができたと言われ、彼は全ての権利を失ったんです」。

ジョンの前妻と闘うことに準備万全な心構えなのはスーである――そしてジョンでない――ことに注目してほしい。皮肉にも、男性の権利に最大に有利になることは、おそらく女性の権利が女性の権利と対立するとき――このケースでは、新しい夫の三万ドルを共有するスーの権利――に起こるだろう。男性の権利がないため、前妻の権利が現在の妻の権利を奪っているとき、私たちは突然男性の権利を気に掛ける。（もちろん、本当は私たちは単に女性の権利を気に掛けている）。それにも関わらず、その〝男性の〟権利のために戦う女性たちは、彼女たち自身のための良い業に投資している――〝男性の〟権利が平等を目標にしている限り。

その解決策？「父親検査」――またはDNA血液検査――を妊娠が発覚したときの決まりにすることだ。DNA血液検査は出生証明書のための必要条件にすることができる。この方法で母親と父親の両方が確かめられる。

なぜ毎回の決まり事にする？　もし血液検査が結婚前に要求されたら、それぞれのパートナーはそれを受けるよう頼むことで「結婚生活の悪いスタートをきる」ことを恐れるだろう。同じように、父親は父親検査を要求することと幸福な結婚を維持することの板挟みになることを感じる。（夫は妊娠した妻に「君の妊娠をお祝いするかどうか僕が決める前にDNA血液検査を受けてくれよ」と言って出迎えられない）。血液検査を決まり事にすることは、男性が自分自身の子どもを育てていることを、ちょうど女性が自分の子どもを育てているのを知っているように、知ることを助けるだろう。

父親検査は父親の憲法の生命権の一部だろうか？

男性が子どもを持ったとき、彼はより子どもを支えるため「死の職業」に就く傾向がある。彼はより残業する傾向がある。そしてより高い賃金がもらえるという理由であまり好きではない職業に就く傾向がある。彼のではない子どもを支えるためにこれをする男性は、彼から生命（死の職業）、自由（時間を越えた労働）、幸福追求（好きではない仕事に就く）を奪う可能性のある詐欺行為にあっている。DNA血液検査はそれを防ぐことができる。そのような検査を出生証明書の必須条件にすることは生命、自由、幸福追求の父親の権利の一部である。

父親は母親が引っ越したとき、まだ払っている

資料：二人の子どもの主な養育時間（parent time）を持った母親が再婚し、子どもと一緒にカリフォルニア州からオクラホマ州まで引っ越した。その父親は彼女が連絡してくるまで、子どもを七年間探し出せなかった。その父親は自分がもはや子どもと面会できなくなったときになって養育費の支払いを中止した。しかしカリフォルニア州の裁判所は子どもが、つまり、彼から誘拐されていた全ての年月の養育費を払うように要求した(46)。

私の同僚――自分の子どもと面会できていた父親――は彼が毎回飛行機に息子を乗せて、国の半分をまたいで母親が引っ越した先まで行くたびに痛みを感じたと述べた。「私の七歳の息子を一人で家に帰すため飛行機に乗せるとき、彼の頬に静かに涙が流れ落ちるのを見るのは、心が死にかけるように感じたよ(47)」。

今日の父親の権利は「代表なくして課税あり」のレベルである。

（注）

（1）（法的な）全ての離婚の六一％である。残りは夫主導（三三％）、共同で（六％）である。男性は三三％が訴え、六％が共同で訴えられている。以下参照。"Monthly Vital Statistics Report: Advance Report of Final Divorce Statistics,1987,"National Center for Health Statistics,Vol.38,No.12,Supplement2,May 15,1990,p.5. これは二〇〇〇年時点で最新のデータである。その本を通して明らかなことは、女性が被害者でないと考えられるデータは更新されない傾向がある。夫婦に子どもがいるとき、女性は二倍以上、より主導する傾向がある（六五％ vs 二九％）。National Center of Health Statistics,1989.

（2）Margaret F. Brinig and Douglas W. Allen, "These Boots Are Made for Walking: Why Most Divorce Filers Are Women,"American Law Economics Review,Vol.20,No.1,Spring 2000,pp.126-169. また以下も参照，Richard Kuhn and John Guidubaldi,"Child Custody Policies and Divorce Rates in the U.S." その論文は 11th Annual Conference of the Children's Rights Council, October 23-26, Washington, D.C., 1997.<http://www/vix.com/crc/sp/sprc97.htm>

（3）John Rink, "Two Generations of Tradition-Divorce in America," Liberator, Vol.16, No.5, May, 1990, p.1. 一部の引用は圧縮するためにわずかに修正した。
（4）Fitzgerald v.Fitzgerald,No.87-1259（DC Cir.）in Ronald K. Henry, "Litigating the Validity of Support Guidelines," The Matrimonial Strategist,Vol.VII,No.12,January 1990.
（5）the Tax Reform Act of 1984 の Section 423。これは一九八四年七月一八日に立法化され、一九八五年一月以降 Internal Revenue Service code section 152 のように修正された、両方の親が同意して変えることを書類にサインしない限り、親権を持つ親が免税を主張できる。児童福祉と法の専門家で National Council for Children's Rights で働く Fred Tubbs（802）223-0873 に確認をとった。
（6）Chris Cobb, "Father's Suicide Fuels Battle Over Divorce Act: Man Ordered to Pay Ex-Wife Amount Twice His Monthly Income," The Ottawa Citizen, March 27, 2000.<http://www.ottawacitizen.com/national/000327/3825583.html>
（7）Ibid.
（8）Kposowa, op. cit. Table 1,p.256. その数値は離婚した女性よりも離婚した男性の方が九・九四高い。その九・九四という数字はコポワ（Kposowa）教授が使用している二五六頁の図1の情報から得た。個人的な往復書簡は二〇〇〇年六月二九日。コポワ教授はカリフォルニア大学リバーサイド校の社会学部で教えている。
（9）その年に単独親権を持つ母親は母子助成金を六一％が受けている。その年に単独親権を持つ父親は父子助成金を四〇％が受けている。Lydia Scoon-Rogers, "Child Support for Custodial Mothers and Fathers: 1995," in U.S. Department of Commerce, Bureau of the Census, Current Population Report（Washington, D.C. :G.P.O. , 1999）.
（10）Ibid.
（11）Patricia G. Tjaden, Nancy Thoennes, and Jessica Pearson, "Will These Children Be Supported Adequately?" The Judge's Journal, Fall, 1989, p.40. その発見は四七二一のケースのランダムなサンプルに基づく。
（12）匿名希望のサンフランシスコのベイエリアに住む父親の個人的な手紙、March 16,2000.
（13）John Siegmund, "Preliminary Analysis of the Database of the D. C. Office of Paternity and Child Support Enforcement," National Council for Children's Rights に応じる、一九九〇年、一一月九日。情報公開法の要求は米国子どもの権利委員会によってなされた。そのコンピューターのプリントアウトは一九九〇年八月三日の日付で、六一〇三名の氏名と住所、財産額、支払い額が含まれておりランダムに六一〇人の名前がサンプリングされていた。
（14）Ibid. その一〇％のサンプルの中で、合計三七一〇六・二七ドルの八一件の過払いが記録されており、男性の一三％が過払いをしてきたことを示している。
(15) Bennett Stark, Ph.D., “Child Support Delinquency: Are Men and Women Treated Differently?”Today’s Dads, March 1990, p.3.
(16) Associated Press, “Ex-Hostage Jailed in Child Support Case,”Greensboro News and Record, December 16, 1990.
(17) Stephanie Finucane, staff writer, “Failure to Pay Child Support,”Santa Barbara NewsPress, March 1, 1989.
(18) Interview by Fred Hayward with Max Cline, California bankruptcy attorney with offices statewide, January 7, 1991.
(19) Michael deCourcy Hinds, “Better Traps Being Built for Delinquent Parents,”The New York Times, December 9, 1989, p.107. 言及されている手続きはペンシルベニア州 Delaware 郡の家庭裁判所によってとられた。
(20) Inside Edition, January, 1990. 養育費のトピックでのテレビレポーター（Janet Tamaro）。検察官の Angela Martinez は全米子どもの権利委員会の David Levy によってインタビューされている。
(21) Interview November 7, 1990, with John Conine at（206）586-4775. ワシントン州養育費徴収局の元局長であるコナインは Father’s Rights: The Sourcebook for Dealing with the Child Support System（NY: Walker& Company, 1989）の著者である。
(22) Richard Woods, former executive director of the National Congress for Fathers and Children, 一九八九年六月二四日、アイオワ州コー（Coe）大学で行われた講演「父親の権利：一九九〇年代の人権問題」published in Fathers for Equal Rights（now called Networker）, July, 1989, Vol. VII, No. XII, p.1.
(23) 一九九一年時点で、養育費に関する最新の国勢調査省のデータは Gordon H. Lester, “Child Support and Alimony:1987,”Current Population Reports, Series P-23,No.167,U.S.Department of Commerce, Bureau of the Census, June 1990 である。
(24) この調査の女性たちは自分たちの受取額の五五％から八三％受け取っていると報告しており、国勢調査省の報告と近い。Sonenstein, op. cit . , p.26.
(25) Ibid. , p .iv, and other citations.
(26) これは（アメリカ合衆国保健福祉省（Health&Human Services）副秘書の）Robert Helms から（家族支援局の局長の）Wayne Stanton へのメモ記録に書かれている、October 1, 1988. その手紙の完全版は the National Council for Children’s Rights（202）547-6227 から手に入れることができる。
(27) Lester, “Child Support and Alimony: 1987,”op.cit.,p.40.
(28) 一つ目の研究は Carol Jones, Nancy Gordon, and Isabel Sawhill（“Child Support Payments in the United States,”1976, Working Paper 992-03,Washington,DC:The Urban Institute）であり、二つ目の研究は Martha Hill in “PSID Analysis of Matched Pairs of Ex-Spouses:

The Relation of Economic Resources and New Family Obligations to Child Support Payments," University of Michigan, Institute for Social Research,1984. ヒルは全国の夫婦の対象に関する長期にわたる情報を含んだ数少ない調査の一つである、Panel Survey of Income Dynamics（PSID）を使用した。三つ目の研究は Sonenstein, op. cit. , p.5.

（29）Ibid.,p.45.

（30）Ibid., pp.vi and vii. また以下も参照してほしい David L. Chambers, Making Fathers Pay（Chicago: University of Chicago Press,1979）and Judith S. Wallerstein and Dorothy S. Huntington,"Bread and Roses: Non-Financial Issues Related to Father's Economic Support of Their Children Following Divorce," in The Parental Child Support Obligation: Research, Practice, and Social Policy, Judith Cassetty, ed.（Lexington, MA: Lexington Books,1983).

（31）Ibid. , Sonenstein.

（32）Ibid.

（33）Hill,"PSID Analysis",op. cit. ,as cited in ibid., Sonenstein.

（34）Ibid.

（35）Ibid.

（36）Ibid., Sonenstein, pp.vi and viii.

（37）"Child Support and Alimony:1983（Supplemental Report),"1986,Current Population Reports, Series P-23,No.148,U.S.Bureau of the Census as cited in ibid.,Sonenstein,p.5.

（38）Hill,"PSID Analysis",op.cit.,as cited in ibid.,Sonenstein.

（39）Goldberg, op. cit. 研究はトロント大学のハワード・アーヴィング（Howard Irving）教授によって行われた。また以下も見てほしい、F. Furstenberg and N. Zill, "Supporting Children After Divorce: The Influence of Custody on Support Levels and Payments", Family Law Quarterly,Vol.XXII,No.3,Fall,1988.

（40）R. Mnookin, "Child Custody Adjudication: Judicial Functions In the Face of Indeterminacy",Law and Contemporary Problems, Vol.39, pp.226-93,1975. また以下も参照。Chambers, op. cit. , as cited in Liberator, Vol.16, No.5, May 1990, p.3.

（41）Julie A. Fulton "Children's Post-Divorce Adjustment,"Journal of Social Issues, 35: 4, 1979, p.133. 研究は全米精神衛生機構（National Institute of Mental Health）がスポンサーになっている。

（42）Judith Greif, "Why Fathers Don't Visit,"American Journal of Orthopsychiatry, April 1979. また以下も参照してほしい。John Jacobs, "The

Effect of Divorce on Fathers," American Journal of Psychiatry, Vol.139:10, October 1982.

（43）三四億ドルという数字は、以下を見てほしい、Elain Sorensen and Ariel Halpern, "Child Support Enforcement Is Working Better Than We Think," The Urban Institute, Series A.No.A-31, March 1999, p.4. 一〇〇億ドルという数字は、以下を見てほしい、Department of Health and Human Services, "93.597 Grants to States for Access and Visitation Programs." <http://www.cfda.gov/static/93597.asp>

（44）Hugh Nations, "Analysis of Access and Visitation Enforcement Grants in Texas, FY 1999." プライベートで二〇〇〇年七月二一日に連絡を取る。ネイションズは一二の内一〇個の面会交流と訪問権の強制施行は、面会と訪問権の強制施行プログラムがないが、訪問権を制限するプログラム（例えば監視付き面会交流）しかない機関に与えられてきたことを発見した。

（45）Fairrow v. Fairrow, Indiana Court of Appeals, Second District, September 13,1989,as cited in Liberator, Vol.15,No.12,December 1989.

（46）Tibbett v. Tibbett, California Court of Appeals, First District, No.A046030, February 28, 1990, released in March 20, 1990, Speak Out for Children（the National Council for Children's Rights により発行さるたニュースレター）Summer, 1990, Vol.5, No.3, p.13. Cited in "In The Courts: Child Support Due for Concealed Child," Liberator, October, 1990.

（47）Goldberg, op. cit.

第九章…犯罪としての「訪問権（visitation）」

「養育時間（parent time）」の導入

大部分の母親は父親をもっと多く子どもの生活に入れたい

大部分の母親は父親をもっと多く子どもの生活の中に入れたい、少なくしたいのではなく。ひょっとすると、離婚した親に関する書籍で最もタブーなことは、母親と父親の両方が「子どもを連れて帰るのは今度はあなたの番だ」と言っていることかもしれない――それぞれの親が養育時間を減らしたがっている。彼らが自分の子どもを愛してないからではなく、離婚が両方の親を弱くさせるからだ。（女性は仕事と子どもをジャグリングする行動で、男性は仕事にのめり込む行動――離婚の集中的経済負担を賄うために週に五〇時間から七〇時間働く――によって）。子どもを育て上げることは片方の親用に設計されていない。（それがなぜ離婚が避妊よりも強いタブーであったかの理由だ。）

私たちが「面会交流（visitation time）」を否定した母親に罰則を設けるなら、私たちはまた「面会交流」に現れない父親も罰する必要がある。問題はビジテーションタイムの父親の権利ではなく、子どもへの両方の親の義務である。問題は、子育てが対処することを予想していなかったもの――離婚――があっても両方の親が養育（parenting）をいかにやるかである。

「ビジテーションタイム」vs「ペアレントタイム」

「訪問権（visitation）」という言葉はほとんど全ての片方の親を訪問者――〝元（ex）〟――に落とすことができる制度を正確に表している（1）。しかし夫婦は〝元〟になることができるが、親はできない。どんな家庭も両親が生きている限り二人親家庭である、たとえその親が離婚していても。

私たちの子どもは「訪問権（visitation）」vs「親権（custody）」ではなく、「養育時間（parent time）」に言及することで良い待遇を受けられる。私たちが、母親が親権を勝ち取ったり、父親が訪問権を手に入れることに言及するとき、私たちは誰かが勝って誰かが負けたことを話している。私たちが母親や父親が子どもと「養育時間（parent time）」を過ごしていると言ったとき、私たちは二人の親について話しており、親vs訪問者ではない。

なぜ用語について気にかけるのか？　これらは現実を反映しているというより、これらの用語が現実に影響を与えてしまうからである。「訪問権(ビジテーション)」は欠席しがちの父親の時代を反映している。「養育時間(ペアレントタイム)」は育児する父親の登場に影響する。「養育時間」は家庭の再構築に影響を与える。「養育時間」はどちらかの親が負けると、子どもも負けることを理解する時代に影響する。

心理的な養育費（child support）としての「養育時間（parent time）」

資料：離婚して母親と暮らす子どもの四二％が、母親が離婚後、彼らの父親に会うことを妨害しようとしたと言っている。父親と暮らす子どもの一六％だけが、父親が彼らの母親に会うことを妨害しようとしたと報告した（2）。

親が子どものその「養育時間」を否定したとき、親はその子どもの児童福祉を否定している——心理的養育費（psychological child support）を。スペイン語のように多くの言語では、「チャイルドサポート（訳者注：司法用語としては養育費）」が翻訳されるとき意味としてちょうど心理的サポートを内包している。その国々は養育費（child support）がまず何よりも愛情であることを理解している。子どもは「ねえ、お札束さん、昨日怖い夢見たんだ」と話しかけることはできない（3）。

子どもの社会的免疫システム：児童虐待としての養育時間の否定の事例

共同養育で、子どもは社会的免疫システムを持つと考えられるかもしれない。現在では私たちは両方の親と過ごす時間が一〇代の非行、薬物依存、国語と算数の成績へのダメージ、知的ダメージ、性的混乱、精神的不安などに対して抵抗する力を強化することを知っている（それ以外では、父親と接触がない子どもの状態はいい！）。

小切手は母親助成金（養育費）の支払いの遅れを埋め合わせるために使うことはできる。しかし父親は息子が初めてしゃべった言葉を聞くことを、その機会を逃したら二度と経験することはできない。または彼の子どもの初登校日や、反抗期の過程でうとんじられることとさえ決して経験できない。子どもも彼が読まない限り父親が寝る前にお話を読んでくれたことも思い出せないし、揺りかごをゆらさなかったらその思い出も、観に行かなかったら学芸会も、リトルリーグの試合での応援も——または最初のデートの前の余計なお節介なアドバイスさえ——いつか大人になり父親が自分のことを気にかけていたのだと知る記憶も思い出せない。

養育時間の否定は児童虐待の最も根深い在り方の一つである。その理由はまさに子どもの生活に入っていくことは、諺にあるように二度と同じ状態にならない川に入っていくようなものだからである。幸運にも、その児童虐待は、虐待者が行動を変えるまで慰謝料と養育費を停止したり、もし行動が変わらない場合虐待者に罰金を与えたり、最終的にその子どもをその虐待者の家から移住させることで止めることができる。その代わりの——子どもの免疫システムを破壊するために父親に金を請求する——案は、その世代を破壊し、次世代にこの破壊的パターンを伝え、同時に父親に精神的な虐待を与える。

どうして母親に自動的に子どもを割り当てることが常に母親と子ども、そして父親も傷つけるのか

離婚後も女性が親権を持つという期待は大部分の女性にとって自滅的だ。離婚した女性は唯一最大の心配は経済力であるとランク付けしている(4)。離婚した女性が最も良い待遇を受けるのは、経済的依存から経済的自立への橋が建設されるときだ。子どもがいて経済的自立をしていない女性はしばしば〝父親ハント〟に行き、彼女自身が好きになったと確信しただけの男をすぐに家庭に入れる。そして彼女の経済的依存は、彼女自身をまるで新しい夫の売春婦のように感じさせ、やがてそれは新しい夫と離婚する前兆になる。反射的に与えられる母親時間は、女性の二つのアキレス腱を撃つ——安全と愛だ。

反射的に与えられる母親親権は男性を打ちのめす、なぜなら男性が離婚したとき、主に絶望している領域は、感情の結びつきの喪失である。彼らは妻より同性の友人が少なく、全ての彼の感情の〝親密さの卵〟は妻が持つバスケットの中に入っている。そのため、彼の子どもが新しく重要になってくる——そして離婚した瞬間それも失う。夫として、男性は自分自身の両親よりも妻の家族と時間を過ごしがちである(5)、離婚後しばしば離される家族と。反対に、女性は離婚後、感情と経済両方を支えてくれるよう自分の家族により求める傾向がある。

自動的な母親親権では、子どもは負け、失う。なぜなら子どもは男性に対する怒りと男性のお金への依存という奇妙なコンビネーションを吸収するからだ。経済的無力感をだんだんと経済的達成感に変えていける職場に行かない、離婚した女性たちの強い感情を。もしその母親が元夫から自立する経済的基盤を開拓しても、彼女は親としての時間を失う。

これは子どもたちの二つのアキレス腱を撃つ。母親と過ごす時間からの隔離、また心理的に物理的に父親と隔離されることだ。

反射的な母親の時間は、だから女性、男性、子どものアキレス腱を最も傷つきやすい瞬間に撃つ。解決方法？　育児の平等な機会だ。

父親は本当に世話するの？　または子どもともっと時間を過ごしたいと言う父親は母親への養育費を減らそうとしているだけではないの？

……私は留置場に入れられ一一日間ハンガーストライキをした――食べ物はとらず、一日コップ二杯の水だけだった。私は生きてここを出られないんじゃないかという否定できない恐怖があった……子どもたちが私と会うことを否定されるのを私は見てきた、裁判官は面会交流（visitation）を命じた、だが、罰則命令をサンドラに出すことは堅く否決した、何度も面会交流の裁判命令を破り続ける私の元妻に。恥と罪悪感と無力、自己嫌悪があった。もし私が子どもたちが不本意に私の元から連れ去られることを許していたら、もし私があらゆる手段を使ってこの不当判決に抗議していなければ、もし私が裁判所に話を聞くよう強いなければ、どうやって自分の尊厳を保ちながら、善人の男性として自分の顔を見れるだろう？　……レイプ被害者のように、その出来事と戦わない限り、自分として生きることはできないことを知っていた……。

――モーリス・スモール博士(6)

離婚後、男性の最大の恐れは、一般的に自分の子どもを失うことだ（女性の最大の恐れは貧困である(7)）。これは多くの母親に本当のことのように聞こえない。なぜなら彼女たちが結婚しているときはそこまで子どもに焦点を置いていなかったように見えた多くの父親たちが、離婚後急に子どもに関心を重く持つようになるためである。上で言及したように、これは多くの元妻に、男性たちは義務的な養育費を割り引くためだけに子どもとの時間がほしいと主張していると疑わせる。もちろんこれが真実の場合もあり得る、しかし私たちが離婚した父親の産後鬱を理解していないなら、そのように判断するのは性急過ぎる。

離婚後の父親の産後鬱

父親はしばしば経済的子宮を供給することは、自分を犠牲にするお返しに子どもの愛をもらい、子どもが成長するのを見守り、彼の価値観を授け、彼自身も成長し、子どもの目を通した生活を経験することだと感じている。離婚はしばしば、元妻の許可の下のあらゆることのために経済的子宮を提供し続けることを意味する。彼女の自由裁量である。彼は愛のない人生の意味のなさに打ちのめされ、認識する、離婚したとき、彼の子どもたちが自分の唯一の愛と意味のソースであることに。これは母親の産後鬱に等しい離婚した父親の産後鬱を作り出す。

もし離婚が父親に愛の必要性に気付かせるのなら、なぜ父親の権利団体の一部の男性はときどき怒ったり、傷ついたり、苦しい思いをしているように見えるのだろう？　なぜならこの時は、また多くの父親が初めて、そもそも自分たちが財布として使われてきたからこそ、妻が子どもの愛情を得ることができていたのではないかと密かに疑いを持つときだからである。これは怒りを生み出す。そのとき、また多くの父親が、妻が彼を本当に愛していたことがあったのか疑う。それは心を傷つける。次に、彼らが自分の子どもたちの愛を得ようとしたとき、父親たちは子どもたちは本当は父親のものではないことを発見する。彼らは母親のものなのだ――お金に関することを除いて。これは苦しさを生み出す。多くの女性はその怒り、傷つき、苦しみだけを見て、愛情の真偽を見落とす。

もし父親が本当に育児をするなら、なぜ多くの父親は新しい女性と一緒になったとき彼らの子どもを無視するように見えるの？　ダグにとってこのようになる。離婚はダグに女性の産後鬱と同等なものを与えるが、しかしそれはまたダグに週一五時間余計に働かせる（養育費、慰謝料、自分のアパートを借りる代金を払うために）。ボニーと出会ったとき、彼女は彼に約束させる。「週末は二人っきりで過ごしましょうね」。彼は約束した。しかしその後、元妻が子どもたちを週末連れて行ってほしいと頼んだ。もしボニーより子どもや仕事を再び優先したら、ボニーは歩き去っていくことをダグは知っていた。そしてボニーは離婚における問題を彼が話すことができる唯一の人だった。しかしながら、ダグの元妻はダグが週末と子どもと過ごすことをはぐらかすところしか見ていないため、彼女は彼のどれだけ子どもと会いたいかという言葉が本物でないと感じた。ダグは二つのタイプの彼が最も必要としている愛の板挟みになっていると感じた――全てのシングルマザーが理解しているに違いない問題だ。

男性が二つの愛のソースの板挟みになっていると感じるとき、彼らは追い求める方法を知っている……独立を追い求めたガンジーのように、そして自分の子どもを追い求めたモーリス・スモール博士のように。

なぜ母親たちは父親たちの「父親の養育時間（Dad Time）」を奪うのだろう

多くの女性が自分の前夫に、子どもともっと時間を過ごしてほしいと思っている一方、一部はそう思っていない。これらのケースでは何が起こっているのだろう？　ときどきは、それは母親の養育費の願望だが、通常は別の事が同時に起こっている。面会交流を否定するのは、子どもを自分の主要な仕事と主要なアイデンティティとして見る女性たちである。

女性の観点からすれば、共同養育（shared parent time）は、男性にとってまるで元妻が彼のオフィスにやって来てキャリアを共有する経験をすることのように感じる。男性は〝共同キャリア〟は〝会社の最善の利益〟にならないと主張するかもしれない。しかし彼が本当に心配していることは、元配偶者が彼の仕事で同じくらい仕事ができて自分が侮辱を受けることだ。その恐怖は理解できる一方、違いは彼のキャリアは彼だけのものであっても、彼らの子どもは彼ら二人のものだということだ。

その恐怖は単に仲違いした父親が彼女のアイデンティティを分け合おうとするだけでなく、その「父親の養育時間（Dad Time）」が父親に子どもたちと団結して彼女に反する機会を与えることだ、それは彼女の主要なアイデンティティの領域で自分が不適格であると感じさせる。彼女のその感情は、まるで最近離婚した男性が、職場の同僚が団結して彼に反しているときに感じるようなものだ。だから彼女は攻撃的で、子どもを父親に反するように団結させるのかもしれない。彼こそが拒絶されるに値する人物で彼女ではないということを自分自身に〝証明する〟ことを助けるために。

女性が前夫からの養育費に依存すればするほど、彼女は父親が子どもを迎えに来て新しい財産を彼女が持っていたり、旅行に出かけていることの証拠を見つけてしまい、養育費を減らす文書を彼に書かせることになることを意味するかもしれない「父親の養育時間」を恐れる。または彼女が新しいボーイフレンドと住んでいる証拠が見つかり、元夫が嫉妬の怒りにかられるか、裁判所に彼が「自分の子どもたちに母親が別の男と寝るのを見せるためにお金を支払っている」ことに抗議することを恐れた。「父親の養育時間」が単に元夫が彼女の生活を妨害し続ける言い訳でしかないと抗議する女性たちは、しばしばこれらの理由によるこれらの感情を感じている。もし、これに加えて、元夫がもともと子育てに決定的に関わっていたら、その妨害感情は幾何学的に増加する傾向がある。

父親もこれらと同じ恐怖を元妻が子どもたちと一緒にいる毎時間経験している。それを知っておくことは母親にとって重要だ。そして子どもが女性の主たるアイデンティティであればあるほど、何故しばしば元配偶者が子どもと過ごす恐怖は男性より女性の方を脅かすのかを知っておくことも男性にとって重要だ。

父親はしばしば復讐心によって「父親の養育時間」を否定されていると感じる。面会の妨害は女性が拒絶されたと感じた離婚のあとに最も起こりやすい。私たちが愛している誰かに拒絶されたとき、私たちは〝殺された〟と感じる、本能的に私たちを〝殺し〟何かを〝殺そう〟とするのは自然だ。古代ギリシャ神話メーディアのエウリピデス版では、ジェイソンは美しい王女に惹かれメーディアから去る。メーディアは究極的な復讐をする方法を探した。「彼は私が産んだ私たちの息子と生きて二度と会えないことになるだろう……これがジェイソンに一番深く傷を負わせる方法だ」。

女性にとって、殺す本能はまた彼に自分を拒絶させることを許したこれらのもの（例えば、彼のお金、地位、名誉、自立性）を〝殺そう〟として浮かび上がってくる。そして次に彼女が彼に提供していた全てのもの（情緒的サポート、セックス、子ども）を奪う。彼から奪うことは彼を〝殺す〟彼女のやり方——彼女の貢献に触れられなくなる——であり、そして彼女が自分自身の価値を自分に再主張する方法だ。

彼が〝殺す〟ものは何だろう？　彼自身だ。離婚後に彼が女性の一〇倍近く自殺していることを思い出してほしい[8]。メーディアの神話だろうと、格言だろうと「蔑まれた女性の怒りは地獄よりも激しい[9]」。女性の怒りが、自分がかつて持っていた美しさがある誰かにとって代わられたと感じるとき最も激しくなるのは偶然ではない。そのため、エリザベス・ブローデリックがより若い女性に惹かれた夫に拒絶されたとき、最終的に夫とその若い妻がベッドにいるときに二人とも殺すことになった。

簡単にいえば、裁判所は母親が「父親の養育時間（Dad Time）」を否定する動機がないと推測することはできない。その動機は理解できるが、しかしそれをすることがその子どもの最善の利益になることは稀である。

ペアレントタイムの否定は違憲であるだけではない……それは代表なくして課税ありである

両方の親が憲法で保証された自分の子どもたちと会う権利を持っている。歴史的な時代とその文脈から判断すれば、それは「生きる、自由、幸福を追求する」権利(10)、憲法修正四条の「不当な拘束」の条項（子どもは「適正手続き」なしに親から引き離すことはできない）、または憲法修正第一四条の平等な保護によって保障されてきた(11)。

父親たちにとっての問題は男女平等よりも伝統の方が優先されてきたことだ。その法律が母性の伝統と男女平等のどちらかを選ばなくてはならないとき、伝統が勝つ。伝統は男女平等を無視し、男女平等に言い逃れをし、相互矛盾した法律を作り出し、伝統と対立しているとき男女平等を優先する判決を執行するインセンティブを減らす。

養育費を払い、子どもと過ごす時間を否定されるのは、代表なくして課税ありである。しかし女性が男性の養育時間を否定するとき、裁判官はしばしば身動きできないと感じる。彼らは経済的支援を与えないことでその母親を罰することができない、なぜならそれはまた子どもの経済的支援を奪うことになるからである。子どもの母親を奪うことになるので裁判官は母親を刑務所に入れることもできない。

しかしそこには裁判官が無視している問題がある。子どもの父親を否定する母親は、児童虐待の最もわかりやすい形態の一つを犯していることだ。

どうやって母親が子どもの「父親時間」を与えないことができるか

母親の多数派は父親と子どもの面会を望んでいるが、現状はそうでない母親を止めることはほとんど不可能である(12)。彼女はその子どもを父親と敵対するように仕向けることができ、引っ越すことができ、子どもを自分の親族の元に送ることができ、父親と電話で触れあうことをほとんど不可能にし（それによって面会の取り決めにフラストレーションがたまり、メッセージの誤解が最大化される）、子どもの学校での成績に関する情報を教えないことができ、または彼女が彼にDVされてきたと主張することができる。

ひょっとしたら子どもが父親と会うことを妨げるのに有力な形は、二人のエリザベスの話によって例示されているかもしれない。エリザベス・モーガンとエリザベス・ブローデリックだ。エリザベス・モーガンは彼女の娘が父親に性的虐待されたと主張した。エリザベス・ブローデリックは彼女は精神的DVを受けたと主張した。二人のエリザベスの話には別のことも共通している。母親の申告に証拠がなくても、一度エリザベスが訴えるとどちらの父親も二度と自分の子どもたちに会えなかった。

お風呂に入れたり、シャワーを浴びせたり、朝までベッドで寄り添っていたという子どもの報告は次に〝おかしな行動〟となり、それは合法的な懸念を作り得る。それはまたその父親を捜査する言い分を提供し、どのような結果になろうと彼のダメージになり、その子どもの報告は悪意の申告や虚偽の訴えをしたことで訴えられることから彼女を守るのに十分である。少なくない父親が養育費の引き下げや「父親時間」をもっと求めたとき、元妻が単純に「シンディとあなたが裸で一緒にいたことがあると報告するわ」と脅されたことを私に伝えてきた。これらの父親のほとんどはその結果を恐れ沈黙することになった。実際問題として、子どもと父親を引き離したい女性は現在チェックもされずバランスもない権力を持っている。

『ニューヨークタイムズ』が養育費を払わない無責任な父親（deadbeat dads）に関してフェミニストによるゲスト社説を載せたとき、異なる経験を持つ女性が異論を出した。

私の友人は二四ヶ月の間、毎週金曜日に子どもに会いに行っていました。その内の半分は家が真っ暗で誰も玄関から返事をしませんでした。残りの半分は母親の姿は見えず、年長の子どもが玄関越しに返事をし、侮蔑的な言葉と責める言葉を叫び、その子の後ろの階段の上から二人の弟妹もまねし、六〇秒後彼の目の前でドアは乱暴に閉まりました(13)。

もしあなたが現在その子どもたちや前の奥さんに彼が訪問してきたことがあるかと聞いても、彼女たちはしかめつらをして一度も来たことはないと誓うでしょう、千切れに破かれて返ってきたカードや手紙も送られてきたことはないと言うでしょうし、一度も気遣ってくれたことはなく、ここ七年間毎年二万二〇〇〇ドル養育費と慰謝料として彼が払ってきたものも送られてきていないと言うでしょう。そしてあなたの所の記者は女性に深く同情して全ての言葉を鵜呑みにするでしょう、なぜなら女性がそのような重大な事柄で嘘をつくことは決してなく、私たちみながご存知のように、男性は卑劣だから。

いつになったら、本当にいつになったら私たちのフェミニスト以後の世界では人間の状況に関する本当の真実が認められるんでしょうか?

——ジェーン・ジャフィ・ヤング、ニューヨーク州、編集者への手紙
ニューヨークタイムズ、一九九〇年、六月二八日

しかし大部分の父親時間の妨害は、父親が元妻のドアをノックして、彼女が子どもを連れて逃走したことに気付く場面を含まない。それは元妻が、子どもがその家から離れることを許さないことを含む(14)。これが最も一般的な不満で、ホットラインに電話してくる六〇〇〇人以上の父親の約七〇%であると記録されている。その問題は、子どもがその家から離れることを妨げる母親は実務上裁判所命令に従っていることになり得ることだ(彼女は〝訪問権〟は許している)。

自分の子どもがもう一人の親とアクセスすることを完全に否定する親は、本質的には、児童誘拐犯である。理論上は、彼らは一九八〇年の全国親による誘拐法(the Federal Parental Kidnapping Act of 1980)に基づいて起訴されるべきだ。しかしながら、母親が子どもを誘拐したとき起訴されることは滅多にない——父親が誘拐したときはすぐにされるが。

子どもと一緒にいる女性は引っ越しする権利を持つべきだろうか？

子どもといる女性は引っ越しの権利を持つべきだろうか？　イエス。子どもたちは両方の親と会う権利があるべきだろうか？　イエス。両方の親に自分の子どもたちと会う権利はあるべきだろうか？　イエス。

私たち全員が女性に引っ越しする権利、子どもに両方の親と会う権利、そして両方の親に自分の子どもと会う権利があってほしいと思う。しかし女性の引っ越しする権利が父親と子どもが他人になることを意味するとき、その女性の権利は子どもや父親が互いに愛情を持つ権利より一方的なもの以外でなくなる。

解決策？　母親や父親がもう一方の親の互いの合意の取り決めをしようとせずに、子どもを連れて引っ越しすることを違法とする「離婚した親の転居の法律」である。彼らが合意していたら、問題はない。もし合意していなかったら、彼らは調停をしなくてはならない。もし調停がうまくいかなかったら、次にその問題は裁判所で決着をつけることができる。しかし少なくとも最初のステップを踏むことなしにはどんな状況においても親は引っ越すことはできない。

何％の父親が、母親が（「父親時間」を否定する方法として）虚偽の性的虐待の訴えをしたと批判しているか？　一三％だ(15)。その訴えは、母親が父親の養育時間を否定することで裁判所命令に従っていないことを見せなくする。それは彼女らに逆の裁判所命令を手に入れさせる。

過去では、母親が子どもの父親を奪うことで子どもを虐待したとき、彼はお金を払わなかったりすることで報復することができ、法律は通常彼ら自身で闘うようにさせていた。最近になるまで、このバトルは少なくともある程度バランスがあるようには見せていた。現在では母親は合法的に単独の母親時間を得ることができ、合法的に彼の収入を差し押さえ、合法的に――立証されていない児童虐待の告発を通して――〝父親時間〟を否定することができる。性的虐待で訴えられたとき、彼は疑わしきは罰せずの基本的な法的権利さえ失う。彼はシステムによって死ぬ程打ち負かされる。私は「離婚後に養育費の支払いを怠る父親（deadbeat dad）」一人につき三人の「打ち負かされた父親（beat dead dad）」がいると見積もっている。

いくつかの解決に向けて

バランスのとれたペアレンティング法

その解決法は父親の権利ではなく――バランスがある養育だ。どちらの親からも彼や彼女の子どもを奪うことは違憲だが、しかし子どもからどちらの親も奪うことも不道徳である。その理由は、願わくば第Ｉ部で明らかになったと期待しているが、離婚した両親、調停員、裁判所のまず最初の前提が、「子どもたちは両方の親を必要としており――それが実現できるようにしよう」となっている必要がある。それは父親が平等な権利を持たない限り起こらない。しかし平等な権利は手段であり、平等な育児がゴールである。平等な養育法(16)はそれを明確にするべきだ。それがなぜ父親の権利を扱う組織がだんだんと「子どもの権利のための全米会議」(National Council for Children's Rights) のような名前を使うようになってきたかの理由だ――なぜなら彼らのゴールは子どもであり、父親たちではないからだ。

もし女性に男女雇用機会均等委員会があるならば、なぜ男性に男女家庭機会均等委員会がないのだろう？

私たちは、離婚が起こったとき、男性に女性の経済的喪失を埋め合わせるように要求したが、女性に男性の家族的喪失を埋め合わせることを要求しなかった――子どもとの面会や妻が家庭にしていた貢献の喪失を――ことを見てきた。私たちの社会の組織はこの性差別を反映している。雇用への男女平等なアクセスを否定された女性たちは雇用機会均等委員会に助けを求めることができる。子どもへの男女平等なアクセスを否定された男性は家庭機会均等委員会に助けを求めることができない。

男女家庭機会均等委員会は養育時間を奪われた父親や、母親へ養育費を払うことができない父親、児童虐待で虚偽に訴えられたと感じる父親を助けることができる。父親はもし「父親時間」が与えられてきていないと感じたら、地元の委員会にコンタクトすることができる。その委員会は彼の母親への養育費支払いを第三者委託することができる。委員会が調査したあと、それに応じて支払いは積み立ててから払われる。支払いを第三者委託にすることは父親に支払いをしない言い分を得るために「父親時間」を母親が与えないと虚偽の申告をするインセンティブを与えず、母親に子どもの「父親時間」の否定を思いとどまらせる、なぜならそれは彼女の養育費を危険にするだろうと知っているから。

少なくとも、その男女家庭機会均等委員会は離婚した父親のためのカウンセリングセンターの全国ネットワークを作るために何百万ドルかを投資することで、国の何十億ドルの費用を抑えることができる。どうやって？

男性のＥＥＯＣ（男女感情機会均等委員会 Equal EMOTIONAL Opportunity Commission）

離婚が誰からも「必要とされていない」と感じさせるとき、少なくとも母親は子どもに必要とされていると感じる。父親はしばしば誰からも——感情的に——必要とされていないと感じる。母親にとって、離婚の孤独は少なくとも増加する子どもとの情緒的な結びつきによって軽減される。彼の孤独は減少する子どもとのふれあいによって深くなる。要約すると、彼は二度目の感情的離婚を経験する。私たちが男性のためのＥＥＯＣ（訳者注：男女雇用機会均等委員会＝Equal Employment Opportunity Commission）を始めるとき、二つ目の〝Ｅ〟は〝感情（Emotional）〟を表しているだろう——男女感情機会均等委員会だ。

子どもを失った離婚した父親はしばしば家庭から〝解雇された〟と感じる。彼は自分を〝解雇した〟人に毎月の支払いで小切手に書き込むことを良い気分とは感じない。女性は彼女を解雇した雇用者に分割払いをすることをどう感じるか想像すれば共感することができる。彼は拒絶されるために支払っていると感じる。

自分を子どもから解雇した人にお金を支払う男性たちは、かつての報酬（子ども）なくかつての仕事（一家の大黒柱）

をしてほしいと頼まれているように感じる。これは自分の子どもに会いたくない男性にとってはよいかもしれないが、子どもに会いたいマジョリティの男性にとって「主張せず、ただ払う」——または「財布を開けろ、口は閉じろ」……または「代表なくして課税あり」のように感じる。そしてそれは革命のためのかいばだ！

離婚した男性は、彼が自分を必要としてくれている人々がいる家に帰宅したときに一旦経験していた感情的基盤を最もよく寂しく思う。もし彼の妻が本当に情緒的に支えていたら、彼はまた彼女を恋しく思う、単に彼女の役割だけでなく。離婚が起こると、私たちは情緒的に不足した男性を残し、それは彼らに経済的に必要とした未熟な女性から情緒的な支えを探させることにつながる。それは貧しい女性に彼を縛り付け、彼は逃げられないようになり、元妻に「なんて最低の男なの……たぶん彼にとって私はどうでもよかったのね」と思わせる。貧しい女性は、経済的依存を保つため、競合するニーズのために元妻と争わせる状況を作るため、彼の子どもたちは母親からお父さんの悪口を聞かされる。私たちの社会にとって、いくつか感情的サポートを彼に与える方が安くないだろうか？

多くの男性にとってそれはさらに深く進む。男性はしばしば自分が元妻の蔑みの対象であるように感じる——法律に変わる可能性がある蔑みの。それは、彼女は彼女の許可なく子どもに会うことを法律によって特別に妨げられる唯一の男性に彼をすることができるということだ。これはたくさんの父親たちにまるで彼らの子どもが殺されてしまったように感じさせる。しかし……。

彼はこの子どもが〝殺された〟こと以上のことに向き合わなくてはならない——彼は喪に服すことなしに彼らの〝死〟に向き合わなくてはならない——なぜなら彼らは決して死んだと認められたわけではないからだ。私の弟が雪崩で死んだとき、彼の遺体が見つかるまで家族のみんなが眠りにつくことができなかった。なぜ？　彼の遺体を見つけ彼を埋葬することはつらいが、私たちに嘆きと回復のプロセスを始めることを許すからだ。お父さんの子どもが彼にとって死に、しかし未だ生きているとき、彼は悲しみ嘆くプロセスを始めることは決してできない。彼は回復することは決してできない。私たちは彼らの子どもを否定された父親たちに会うときこの回復しない傷と苦しさを感じる。

一部の父親にとって、子どもの〝死〟を悼むことができないことさえアナロジーとして不適切だ。女性に行われた研究では離婚した一年半後の母親の五〇％（vs父親の二〇％）がまだ父親についてネガティブに話すことを示している。私たちがこの時間を一〇倍から一五倍多く子どもといる母親に掛け算すると、子どもに会った多くの父親が自分自身の子どもの瞳に元妻の怒りを見ることをある程度理解することができる。多くの父親にとって別居したあと数週間で「お父さん大好き」が「お父さん大嫌い」に変わるのを聞くことは、彼が一オンスの愛を最も必要として探しているときに怒りのナイフに心が刺されるように感じる。

どうやって父親は怒れる母親によって自分に敵対するようにされた子どもから彼自身を守ればよいだろうか？　彼は心を堅くする。彼は電話するのが恐くなる。訪問するのが恐くなる。父親であることを恐れるようになる。ときどき生きることさえ恐れるようになる。養育費を払うように頼まれたとき、彼は感情的に死んだように感じる……お墓から支払い小切手を送るように要求される男性のように。

男女平等感情機会均等委員会は何をすることができるだろうか？　単純に支援団体や（離婚後の男性問題に特化した）マスキュリストのカウンセラーを紹介すること、男性用の交流場所となる喫茶店を用意する、元妻とコミュニケーションをとるオンブスマンを育てる、キャンプやスポーツを通して他の同じ立場の男性や子どもたちのネットワークを作る、女性団体と一緒の会合を計画する、または最悪の事態になっても読む本を彼に教えることができる！　お互いに訴訟しあうよりも私たち全員の費用を低くするだろう。

怒りの最悪な形は〝元の配偶者をつぶすこと〟によって彼女や彼の〝子どもを勝ち取る〟チャンスが増えると感じる親のそれであるといえる。法律は最も復讐的な親に「虐待」の手札をきるよう勧誘を与えてきた。これは強力な誘惑だ。

（注）
（1）Credit to Asa Baber
（2）Walker,op.cit.,p.83.
（3）Kevin Roy, "Low-Income Single Fathers in an African-American Community and the Requirements of Welfare Reform," Journal of Family Issues, Vol.20, No.4, July 1999, p.432.
（4）一八歳から八〇歳の二一〇〇人の調査（The Motherhood Report NY: Macmillan Publishing Company, Inc., 1987参照）でルイス・ジェネビー（Louis Genevie）とエバ・マーゴリス（Eva Margolies）は女性にとって経済力が離婚後のストレスの最大の原因であることを見いだした。

（5）Larry Hugick, the Gallup Organization "The Family Still Is Thriving, Poll Says," Seattle Times, July 3, 1989, Section E, pp.1 and 7.Copyright 1989, the Gallup Organization.『Los Angeles Times』通信社による配信。

（6）Dr. Maurice M. Small, "Freedom-From Jail," Today's Dads, October 1989,p.3.

（7）See Goldberg, op. cit.

（8）Kposowa,op.cit. その数字は離婚した女性よりも離婚した男性の方が九・九四％高い。その九・九四という数字はコポワ（Kposowa）教授が使用している二五六ページ表1の情報より得た。Personal correspondence, June 29,2000。

（9）Willam Congreve, The Mourning Bride（1697）: "Heaven has no rage like love to hatred turned, Nor hell a fury like a woman scorned."

（10）その最高裁判所（Griswold v. Connecticut, 85 S.Ct.1678）は、米国司法は独立宣言の「生命、自由、幸福追求」のフレーズの下で、互いを世話すること、一緒にいること、愛すること、子どもの愛情を享受する父親の権利を保護することができ、そしてこれは法の適正手続きなしで奪うことはできないと裁決した。"In The Courts: Fundamental Rights of Fathers," Liberator, Vol.16, No.3, March 1990. より引用。

（11）Mabra v. Schmidt, D.C. Wisconsin 1973, 356 f.Sup.620. Cited in ibid., "In The Courts" Liberator.

（12）Peter McCabe, "Disposable Fathers," Penthouse, November, 1982, reporting on The Disposable Parent by William Haddad and Mel Roman.

（13）Jane Jaffe Young（of New York), 編集者への手紙, The New York Times, June 28, 1990.

（14）Edward Nichols and J. Annette Vanini, "Divorced Fathers' Estrangement From Children As a Result of 'Visitational Interference' and Its Correlation to Child Support Default Rates: An Empirical Analysis Utilizing a Large Data Base," 1978,p.11,publised by FAIR-The National Father's Organization,1 NE Tenth Street, Milford, DE 19963,（302）422-8460. その研究の二三二八人の男性は一九八六年の四八州での一二五〇回のラジオ放送に反応して全国無料ホットラインに電話してきた六七二〇人からランダムに選ばれた。

（15）Ibid.

（16）Jack Kammer, "The Gender Bias in the Maryland Report on Gender Bias in the Courts," The Matrimonial Strategist, October 1988, p.12.

第一〇章…「虐待」のカードをきる

私が第Ⅰ部で議論したように、虐待は養育ではなく、害毒である。そして性的虐待は特に蝕む。性的虐待は最もよくステップファーザーと義理の娘に起こる。その問題はあまりにリアルで頻繁なため、現実的には全ての人がどんな訴えや訴えのほのめかしにも疑問を投げかけることを恐がる。しかし告発者を疑うことへの恐れが、法の適正手続きや「疑わしきは罰せず」を上回るとき、家族と子どもは以下の方法で虐待されうる。

性的虐待の告発：真実か嘘か？

概要

資料：フロリダ州の学校の副校長であったダグラス・タラントはみだらで猥褻な行動を犯したことで訴えられた。彼は一五歳の告発者が二日前に彼女の話を撤回したことを知らなかった(1)。彼は無罪を主張するビデオテープを作った。その後彼は自分を銃で撃った。

資料：児童性的虐待の八〇％は根拠なしと確定された(2)。

資料：フロリダ州では児童虐待で上訴されたケースの九二％は（最初の有罪判決のあと）虚偽であったり証拠なしであることが発見された(3)。上訴した一二〇〇人全員が前もって〝常習的な〟児童虐待者として人事管理サービス（Human Resource Services）によってリストされていた。彼らが上訴しなかったら、省庁のコンピューターのファイルに常習的な虐待者として五〇年間登録されていただろう。

資料：最終的に無罪であることが立証された児童虐待で告発された人の約八〇％は、無罪が立証されたにも関わらず仕事を失ったり、別の雇用問題に苦しめられた(4)。

資料：過去一〇年間で性的虐待の申し立ては二〇倍に増加してきた(5)。（全ての児童虐待の申し立てが増加してきたが、性的虐待の申し立ては急上昇した。）

一部の性的虐待の告発は〝真実〟と〝虚偽〟のどちらでもなく、解釈の問題であった。裸は卑猥なことだと教えられた子どもがあとで彼女や彼の親が裸で歩き回っているのを見たら、トラウマを経験するかもしれない。しかし裸は自然だと教えられてきた子どもは、親が着替えているときに子どもが近寄ってくるのを見てドアをバンと閉められたことでよりトラウマを受けるかもしれない。ある家庭にとっての健全は別の家庭での虐待になる。子どもにトラウマや虐待になることはその家庭で何が道徳であるかという信念にとても関係する。これはその家族の信念が法律をくつがえすべきという意味ではなく、しかし法的な動きをとる前にまず私的に家族に話すこと――疑わしきは罰せずのアプローチをとって――をするべきであり、それができないときは、次のような結果になる……。

ノルウェーからアメリカ合衆国、ソ連スタイルへ

クリスマスの四日前、マーガレット・グランとスティーブ・グランとその家族がミネソタ州ミネアポリスの自宅で夕食を一緒にとっていた(6)。ドアをノックする音がした。警察の一団が踏み込んできてグランに子どもたちを移動させる緊

急令状を見せた。子どもたちは狂乱状態になった。巡査は幼い娘を抱き上げ、他の子どもは走ってベッドの下に隠れ泣いた。母親が出てくるように子どもをいいなだめて警察が子どもを連れて行った。警察は一六日間「児童福祉センター」に子どもを連れて行った。

どうしてこんなことが起こったのか? 『ウォール・ストリート・ジャーナル』によると、近所の人の〝内報〟――グランが彼の子どもたちの一人を性的虐待している――が、捜査なしに、子どもを移動させた。調査の後、容疑は事実無根だと結論が出た。

子どもたちが帰宅したとき、「彼らは同じ子どもたちではなかった」というグラン夫人の説明をウォール・ストリート・ジャーナルは報告している。「彼らはトラウマを受けていました」。

この経験から六年後、子どもたちはまだ警察を恐がり、まだ絶えず親を失うことを恐怖しているとグラン夫人は報告した。グラン夫妻が調査に先行して子どもを移動させたことで地区の郡を提訴したとき、連邦裁判官は、その郡は訴訟からの免除を享受する資格があると定めた。最高裁判所は上訴を退けた。

しかしこれはアメリカ合衆国に限った現象ではない。世界中の新聞の見出しはレイプで訴えられ、三五人の女性と子どもを含む人質に銃をつきつけたノルウェーの男性について伝えている。

その見出しの背後には別のストーリーがある。その男性は子どもの主たる養育時間を得ていた。彼の前の妻はレイプの申告で応じた(7)。調査なしで、子どもたちは彼からすぐに引き離された。彼はどんな連絡も許されなかったため、なぜ警察が彼らを移動させなくてはならなかったか、なぜ父親は会うことができないかは確実に母親側の意見のみ子どもに伝わる。

二〇〇〇年の五月で彼の息子は一三歳になった。息子からの電話がほしいという彼の誓願は聞き届けられなかった。ソーシャルワーカーや警察も聞き入れなかったとき、彼は切れた。しかし見出しが私たちに信じさせようとしているやり方ではなく……。

彼は人質に傷つけるつもりはないとすぐに伝えた。彼はテレビでこの事件を説明する三〇分の時間だけほしがった、誰かが聞いてくれるように。もし彼がその時間を得られなかったら、彼自身だけを傷つけただろう――自殺していたかもしれない。彼は七人を残して全ての人質を解放した。彼はＴＶの時間を得た。彼はすぐに警察と市民に危機に瀕している人間は彼自身だけだと伝えた。ＴＶで話を聞く心理学者のパネリストたちは（あなたが知っているようにメディアは、「地元の警察vs父親」を見る社会学的経験があるように印象付ける専門家を私たちの前に持ってくる）何が彼をそのような絶望に陥れさせたか聞いた。彼は息子に電話をかけることができないこと、声を聞くこともできないこと、そして結論付けた。「あなたがたが社会サービスや警察機関でここまで不公平に扱うなら、何も方法は残っていない……多くの人がどうしようもできないから自殺している……私にはもはや失うものなどないんだ(8)」。

アメリカやノルウェーのどちらであろうとも、私たちが虐待で訴えられた人を子どもから離さないとき、ええ、子どもたちを危険にさらす。しかし有罪の推定が無罪の推定に先行するとき、それはだから法の適正手続きに先行する行動であり、その子どもたちは危険な状況下にはいなくなるが、ダメージを受けることが保証されてしまう。一二の方法で……。

どのようにして児童虐待の可能性の告発が「一二の児童虐待の保証」を作り出す可能性があるか
……たとえその告発が真実だったとしても

アメリカ合衆国の児童保護局は毎年一〇〇万件の児童虐待の可能性の調査をしている。これらのうち一五万件だけが裁判にかけることができるに足る証拠があった。これらの一五万件のうち、八％だけが性的虐待の申し立てである――そしてこれらの半分だけが裁判で立証されている(9)。別の見方をすると、児童虐待の調査の一〇〇〇件の内六件だけ（約〇・五％だけ）が、性的虐待が立証されて終わっている。

生物学的な父親の児童性的虐待の割合はどれくらいだろう？　性的虐待が立証されたケースのわずか四分の一が生物学的父親によるものだ(10)。だから私たちは児童虐待の調査のわずか〇・一五％だけしか生物学上の父親による性的虐待が立証されていないことを見ることができる(11)。

どのようにこれがスティーブ・グランに対して起こされた告発に関係するだろう？　その訴えが正確である可能性は

一〇〇〇分の一・五だ。その見込みで、子どもは最低でも一〇年間のトラウマを受ける保証にさらされた。

感情的には、私はこれを理解できる。子どもが家で虐待的な親と一緒にいるかもしれないと聞かされた私自身の感情的反応は「これ以上一分たりとも虐待をする親の下に子どもを置いておく危険はおかすことはできない」。もし誰かがその問題に私の意見を求めたら、私の口は「子どもの保護が失敗するよりも親が冤罪にあう方がましだ」と返答する。

しかし私がそれについて理性的に考えるとき、そこには二つの可能性がある。もし虐待があれば、それは過去の、または継続的なものである可能性がある。もしその虐待が過去に行われたものなら、「一分が過ぎること」は調査が緊急スピードで進んでいると子どもが聞かされる限り犯罪ではない。もしその虐待が何年も継続して行われてきたなら、調査によって一分が過ぎることは調査が緊急スピードで進んでいると子どもが聞かされる限り、その子どもの基本的な精神を変えることはない。これらは虐待があった場合の可能性だ。

その一方で、もし虐待がもともとなかった場合、緊急的な引き離しはトラウマを作り出す——そしてだから（今まで存在していなかった）虐待の保証となる。どのようにして？　親の性的虐待の可能性を理由にして子どもと会うことを禁止したとき、私たちは子どもを虐待の保証の下に置く。

児童虐待の告発がいかにして一二の児童虐待の保証を作り出すか

1　その子どもの彼や彼女の親のイメージは変えられる——信じ愛する保護者としての親から信用できない犯罪者で虐待者の可能性がある親へ。

2　無邪気さを失う。

3　疑いと不信のフィルターが、子どもが全ての男性（または女性）を見るとき作られる——しばしば何年間も。

4　その子どもは警察や心理学者や福祉局による繰り返しの事情聴取を経験する、それは子どもが虐待されてないと言っても「否定段階（denial phase）」であると見たり、「〝虐待として触れたこと〟に気付いていない」と見る。

子どもは安心することができない親と〝当局〟の板挟みになる。

5　その子どもは彼や彼女の敵としての忘れることのできない母親と父親のイメージを与えられる。

6　その子どもは一人の親からもう片方の親に敵対するように仕向けられる。

7　その子どもは家族をばらばらにした個人的な責任を感じ、愛することのできない者、愛情を破壊する者のイメージを伴って生活する。

8　その子どもの父親や母親はおよそ七万五〇〇〇ドルを弁護士、心理テスト、専門家の証人に払う。これは貧困を生み、しばしば父親は解雇される。

9　その子どもは彼や彼女の安定が蝕まれていくことに無力感を持つ。

10　その子どもに触れていた父親や母親は現在では子どもへの触れ合いをなくし、子どもに対して愛情よりも恐怖で反応する。

11　子どもの人生で仲間の集団圧力が強いとき、しばしばその子どもは近所の人や学校の友達が、彼や彼女の母親や父親を犯罪者として考えていることを感じる。

12　その子どもはどんな気に入らないことを親がしてきたときも法的なトラブルにあわせることができる感覚を手に入れ、それは親のしつけする能力を弱らせ、だから子どもから本当の親を奪う。

私たちは、虐待のより悪い形を防ぐ可能性とこれらの児童虐待の保証のバランスをとらなくてはならない。私たちが防げるかもしれない虐待の形が、これらの一二の複合された虐待より有害であることが確実でなくてはならない。

法的なジレンマ

この冤罪による虐待が起こる確率は、教師やヘルスケアワーカーやデイケアの業者が虐待の可能性があるあらゆることを報告しなかった場合、彼らを一年間刑務所に入れるという法律を州が通すにつれ、増えていった。子どもが「パパが私を叩くの」と言ったのを聞いた教師はそれを通報しなかったことで刑務所に入れられることを恐れる。

下地にある法的な問題は、普通の犯罪捜査の場合、被告は原告と裁判と事情聴取のあいだ闘う権利がある。これらの家族法のケースでは、これらの被告人の権利は現実的には消え去る――それは実際的には私たちがソ連の悪夢としてイメージしているようなレベルで、警察は文字通りドアをノックし父親か子どもを連れ去ることができる。

虐待者のラベルを貼られることの恐怖は心理的な不妊だろうか?

どんな結果になろうとも児童虐待の告発が、訴えられた人への調査や事情聴取に先行して、公的または子どもたちに明らかになるなら、他の児童虐待の形よりも深い問題を作り出す。

もし私が新聞で性的虐待の申し立てがあったと書かれた地域社会でワークショップしていればいつも、子どもがまだいない男性たちの多くがこのように言うと私は予測できる。「僕は人生でずっと子どもを自然と抱きしめたり、くすぐったり、愛情を持ったり、あやしたりすることを楽しみにしてきた。だけどもし自分の娘が誰かに彼女との遊び方や彼女に触れた事を話し、一部の大人がそれを性的虐待として報告することを決め、一度でも性的虐待で告発されたら僕は社会的に死ぬだろう。これを考えると、僕は親になるのが怖い」。

この虐待者のラベルを貼られる恐怖を理由にした親になることの恐怖は新しいタイプの不妊につながる――心理的不妊だ。危険な通りを横切るように、性的虐待の訴えは深刻な問題を引き起こしうる。そのため子どもたちから愛情と遊びを奪う段階まで過保護にしてしまう可能性がある。

児童虐待としての親虐待としての児童保護

資料：ミズーリ州は一日あたり一〇九件の児童虐待の虚偽や確認されていない報告があることをまとめている(12)。これは、ミズーリ州では年間、五二の世帯に一つの計算になる(13)。

考えてみよう。もしミズーリ州の夫婦が三人の子どもを持ったら、二人はおそらく二八年間彼らの子どもを育てているだろう――これらの年月のうちどこかで児童虐待で訴えられる可能性は約九〇％だ。明らかに、もし二人が養育時間の争いをしたなら、この確率は上がる、もし父親だったら、これらの確率はまだ上がる。

資料：人々がフロリダ州で訴えられたとき、彼らは告発されていたことを伝えられていなかった(14)。彼らは児童虐待登録がされており、たとえ無実と発覚しても七年間登録され続ける、そのため本当に被害者である。これらの人々の多くは、子どもたちに匿名で報告された親たちであった。

大部分の人たちは、なぜその人がたとえ無罪であっても数年間は申し立ての記録に残り続けるのか理解している――もしある人が以前に七回訴えられていたなら、それを知っておくことは裁判官に役に立つだろう。しかし報告の八〇から九〇％が事実無根であったとき、では記録に載っている七年間は人格暗殺の装置になることを私たちは知っている。

フロリダ州の教師は、教務課に怒りの電話をされることの恐怖で厳しくすることを恐れるようになってきた(15)。例えば、悪い成績をもらった生徒は教師にこう伝えることができた。「Fなんてくれたら、匿名であなたが私に性的悪戯をしたと電話するわよ――そしたら今後七年間は性的虐待者としてリストされるでしょうね。先生が一回目の件で言い逃れをしようとしたら、私は来週にまた電話をかけるわ、再来週も。つまり、私が落第したら、あなたは刑務所行きなわけ」。

子どものお尻をぶったり、頭をはたいたあとで虐待として近所の人に通報され、既に三回も申し立てが記録されていることを私たちが発見する親に誰がなりたいだろうか？　子どもを持とうか考えている人が、一つの間違いが彼女や彼を「記録」させることを知ったとき、彼女や彼は子どもを持つことが恐くなる可能性がある。

その親を法的なトラブルに巻き込むことができるその子どもの能力は、その子どもに親よりも強い権力を与えることができる。責任なき権力だ。子どもを保護しないのは誤りだ、しかし子どもに警察を召喚し、電話で親と話すことや、親と子どもをカウンセラーにまず見せるために招いたりせずに反対尋問をさせる力を与えることは、一変して反対方向になる――そして長い目で見て子どもを傷付ける。

この女性はそれを簡潔に言った「親が親であることができ、子どもが所帯をしきらないようにならない限り、私はもう一度親になる気はない」。

教師や親たちは次第に以下のようなストーリーを私に話してくれている。

マリアは一四歳で、学校からドロップアウト寸前であり「池の腐った魚の匂いのような口の悪さ」でした。ある夜、彼女は夕食と宿題のために六時までに帰宅すると約束していました。彼女とボーイフレンドは深夜になるまで車でドライブしていました――電話も何の連絡もありませんでした。私が外を見るとトニーとマリアが車の中でペッティングしており、彼の手は彼女のブラウスの中に入っていました。マリアがやっと出てきたら、彼女はブラウスをとめてもおらず――ボタンもはめていませんでした。私は青ざめましたが、しかし車の中での彼女を見なかったふりをし、事故にでもあったのかと心配していたふりをしました。私の手は震えていたけれど、彼女の夕飯を温めテーブルに置きました。彼女は無視しました。私は何もなかったなら――なぜこんなに遅くなったのか聞きました。彼女の返事？「うせろ――私のことにクビをつっこむな」。

「何度も言ったでしょう。家のなかで乱暴な言葉をつかってはだめだと」。私の胃がむかむかしてきた。彼女は今に至るまで毎月毎月悪くなっていく。私は無力を感じたけれど、叫ぶのはやめ穏やかに対応しました。「ほら夕食よ」。彼女は夕飯に唾を吐きかけ、「くそくらえ」と言いました。そこまででした。私は我を忘れ彼女の頬を叩きました。彼女は私の顔に唾を吐きかけました。私は唾で濡れ、侮辱が私の目から鼻に垂れていくのを感じました。彼女は馬鹿にした笑いでニヤニヤしていました、まるで「バカね」と言っているように。彼女は髪を後ろにふり「私はあんたをやっつけてやったわ、なんでもないわね」と言うように歩いていこうとしました。私はもう我慢なりませんでした。前に回りまた頬を叩きました、今度は思いっきり。彼女の唇から少し血がでました。

彼女は落ち着いて電話まで歩き、九一一（訳者注：警察、救急、消防を含む緊急通報番号）に電話をしました。そして警察が電話に出ると突如怯えた子どものふりをしました。「お願い助けて、お母さんがいろんな場所で私を殴るの」。……彼女は住所が思い出せないほど取り乱したふりさえしました……一瞬の間だけ。彼女は受話器を切ると勝利の笑みを浮かべました。鋭い目で挑発してきました「叩いてみたら、もっと見た目がよくなるわよ――ほら、ここよ――どうしたの、恐いわけ？」。私は激昂しました。彼女は挑発を続けました。「また唇をはたいたら」。私は警察が車を運転してきているのを想像し、止めました。数分の内に、その警察は到着し犯罪者であるかのように私に尋問しました。それは午前〇時半であり、光が近所の家を照らし、近所の人たちが道に出てきました。この日から近所の人たち全員の私を見る目が変わりました――「虐待犯」か何かの緋文字〝A〟がついたようでした。

しかしそれは大したことではありませんでした。その警察は私を連行しませんでしたが、児童虐待で通報されたことが登録されました。私は彼女に再び触れること――厳しくすることさえ――恐れるようになりました。彼女は自分で叩いたり服を破ったりして警察に電話し、私がやったと伝えるとはっきりと言いました。もし警察が私を信じたとしても、次の光景は悪夢になるでしょう。私はバリアム（精神安定剤）を飲み、夜中に目が覚め、私が間違ってしまったのか悩みました。しかし何よりも、私のしつけをしてそれを守らせる能力のなさに悩みました。私は今心が痛い。彼女は人生において私の心を痛ませるだろう人になりました。

ビッグブラザーまたは家族のプライバシー？

多くの州にあるその児童虐待の法律は、今や潜在的な児童ネグレクトのあらゆる形も児童虐待の定義に含めている。少年法の研究者でニューヨーク大学のロースクールの教授であるマーティン・グッゲンハイムは、その法律はあまりに広範囲に書かれているため、現実的には全ての親が毎週何回かは児童虐待で有罪になることを見いだした。貧しい人々はさらにそうなる。このリソースの無駄遣いは本当の虐待を受けている児童を保護するためにゼロにする必要がある。それはニューヨーク州の事件の四分の一しか調査のあと信用できる証拠がみつからなかった事実を作ってきた(16)。そして他の人にとって、それはまた家族生活のプライバシーにビッグブラザー（監視社会）が侵入してくるという私たちの最悪の悪夢を導いてきた。

私たちが「保護し過ぎの傾向」を止めなかったら何が予想できるだろうか？ オーストラリアでは、児童性的虐待は「児童の性器を長く見過ぎる」と母親に解釈されることを含む程広がってきた。もし父親が子どもをお風呂に入れ、母親が、父親が子どもの性器を見るのが長すぎると感じたら、彼女は彼を性的虐待で告発することができる。逆は起こり得ない(17)。

オーストラリアでは、父親が子どもに対する脅威になる可能性があったと母親が恐れることを単に意味する「子どもを危険な状態に置いた」ことで男性は訴えられる可能性がある。「子どもを危険な状態に置く（putting the child at risk）」は、父親が実際に子どもを危険な状態にしたという証拠を必要としない。その訴えだけでも裁判官が父親に主たる養育時間を――共同養育さえ――与えるのをやめさせる。

いかに証拠のない児童虐待の訴えで無実の男性の人生はめちゃくちゃになるのだろうか

ギャリー・エマーソンの妻が性的虐待の訴えを取り下げギャリーが三人の子どもの主たる養育権を保つまで、法的請求書は彼に破産法第一三法を強制した(18)。

ギャリーの家族は一世紀近くトラバース市に住んでいたが、ギャリーの言葉では「みんなが新聞で破産審査であなたの名前を見つけ、ラジオから児童性犯罪であなたの名前を聞いたとき、誰が真の友達かわかるよ……一緒にハンティングや釣りに行っていた友人から連絡がもう来ることはなかった。彼らに電話すれば忙し過ぎて無理だという返事を聞くことになるだけだ」。

大人の倫理 vs 子どものニーズ

何年か前、私は大人と子どもが参加するキャンプのディレクターとして働いていた。親たちとのセッションでは、何人かの離婚した母親はとりわけその関係が真剣でない場合、恋人の男性が自分の家で泊まるときに心配になると漏らした。子どもとのセッションでは、私は彼らがどう感じたか聞いた。うつろな凝視があった。最終的に一人の少女が発言した。「状況によるわ。私はママとデイビッドが泊まるのは好きだけど、他の男の人は——うーん、そんなによ。デイビッドはいつも私と遊んでくれるし、みんなで映画に行ったり旅行に行くわ、だから楽しいの。でも他の男の人はママを連れて行くだけだから、次の日まで私はママと会えないわ」。

その大人たちが懸念しているのはセックスだ。子どもが必要としているのは関心だ。その親たちと子どもたちには異なる〝倫理性〟があった。

多数の親がいかに自分たちの子どもを保護しようとする願いによって大人の倫理を子どもに投影してしまうため、子どもの本当の必要なこと——関心、尊敬、愛情——が何なのか聞くことさえ無関心になってしまうことだ。

文化をまたいだ性的虐待は、解釈の役割が大きい。オランダ、スウェーデン、デンマーク、ノルウェーの子どもの教科書にはしばしば子どもと大人のヌードが載っている。その本では親たちは子どもたちが性行為の写真を性教育の一環として考え——ポルノではなく——子どもたちがアクセスすることを許していた。これらの文化での強姦や性犯罪数はアメリカ合衆国よりかなり低い。

私は二一世紀の最も難しい「内省的な質問」の一つは「私たちの国は大人の倫理を子どもに投影することにとらわれすぎていたため子どもが本当に必要なこと——関心、遊び、しつけ、触れ合い、愛情——を無視しつつタブーを作ることでトラウマを作り上げてきたのではないか?」であるだろうと信じている。子どもを守ることは良いことだ、しかしどんな長所もそれが極端になると短所になる。

性的虐待の教育かおねしょか？

学校で行われる性的虐待の教育は本当の虐待を子どもに気付かせるが、また子どもを怖がらせ、触られたことを虐待として報告することで関心を得られるというういくつかのメッセージを与える。

バークレーでの研究では、性的虐待のプログラムを経験した幼稚園児の約半分が、くすぐられたりお風呂に入れられることを心配なことと見ることが多いことを発見した(19)。別の研究では性的虐待のプログラムは親に幼稚園に迎えに来てもらわなくてはならない幼稚園児を怖がらせたことを発見している(20)。多くの親たちがこれらのプラグラムを受けたあと彼らの子どもが悪夢にうなされおねしょをしたことを報告している(21)。小学生の半分以上さえそれらを体験した(22)。

現実生活での例

男性のための法律、女性のための法律：ニューヨーク州

資料：匿名の電話でニューヨーク州のスケネクタディ郡で父親が二人の幼児を性的虐待し、性病に感染させたという報告があった。その父親はすぐに嘘発見テストを通過し、性病も持っていなかったことが検査でわかった。この証拠にも関わらず社会福祉局は彼の子どもに会う権利を否定することを推奨した。家庭裁判所の判事も同意した。（ニューヨーク州の法律では、ソーシャルワーカーは養育保護下に子どもを移すために「示唆（indication）」または「いくつかの信頼できる証拠（some credible evidence）」しか必要ない）。その悪夢は、母親が同棲しているボーイ

フレンドが子どもと同じ性病を持っていたことが明らかになるまで一年半続いた。そのあと、その父親は彼の子どもたちに会うことが許可されたが、厳重な監視下でのみであった(23)。

資料：ニューヨーク州のマリベス・ティニングという名前の母親が彼女の子どもを何人か殺した。警察は彼女を疑いさえしなかった――〝偶然である〟とラベルされた。彼女が同じ異常な行動をしようとして自分の娘のタミー・リンを殺したときだけ有罪が発覚し、彼女の他の九人の子どもの内七人を殺したことの容疑者になった(24)。これは匿名の電話によって父親と子どもがお互いに会う権利を否定された同じニューヨーク州スケネクタディ郡だ。

男性のための法律、女性のための法律：ミシガン州

資料：ミシガン州のグレース・ギアは夫のデイビッドが三歳の娘に性犯罪をしたことを見たと証言した(25)。専門家の証人は一人だけ――医者――しか性的虐待の訴えが正しいことを証言しなかったが、一二人の陪審員は有罪の陪審員判決を出した。デイビッドは六年から一五年の懲役になった。デイビッドが刑務所にいた間、一人の刑事がその出された判決に確証を持たずにい続けた。彼は捜査を継続し、最終的にグレース・ギアはデイビッドが娘を虐待していたところは見たことがないことを認めた。

デイビッドが無罪であることが発覚したとき、容疑者が判決を受けるまで全ての人を疑うことが仕事であるその検事は「ミセス・ギアはこの犯罪の容疑者ではない。私たちは、彼女は誰がその少女を性的虐待したか知らないと確信している。彼女はこの犯罪で身に覚えはない」と言った(26)。この主張をもっと細かく見ていこう。

デイビッドとグレースは九年間結婚していた。これらの九年間、グレースとデイビッドの間に一度も身体的暴力（ＤＶ）の事件はなかった。しかし九年間の結婚生活でグレースは何回か浮気し、およそ三〇回近くデイビッドから去った。彼女はその子どもを連れ、自分のガールフレンドやボーイフレンドと一緒に引っ越すつもりであった。グレースのデイビッドへの虐待の申し立てはグレースが「彼女の背景を隠す」方法ではないのだろうか？　たぶんそうであり、そうでないだろ

う。しかし勇気をもって調べる者が出てこなかったら、検察官はそれを決して知らなかっただろう。その状況下で、グレースを一度も捜査しないで、デイビッドに有罪判決を出すのは、我々の男性を傷つける意思と女性を保護する意思に関して多くのことを伝えてくれる。

最初の判決がデイビッドを有罪と立証したとき、陪審員の二人のメンバーは、デイビッドを誤って有罪にしたと感じ、グレースが嘘をついていたと感じて涙を流したが、しかし必死にこの性的虐待事件に何か〝したがった〟。男性の力があるという表面的な外観は、男性をスケープゴートの完璧な被害者にする。

性的悪戯の事件で起こる共通した過ちの一つは、その娘の性器や肛門が拡張したり赤くなっていることを証明し、その後拡張したのは性的悪戯のためだと推測し、次に父親――または母親のボーイフレンド――がやったに違いないと推測することだ。同様のプロセスが中世スペイン異端審問（Spanish Inquisition）の最中にあった。「この人物は社会的混乱をもたらしたことで訴えられた。うむ、社会的混乱は存在している、訴えられたことで混乱したに違いない。彼を処刑せよ」。

スケープゴートにすることは、破壊的であるが、理解はできる。社会にその犯罪には寛容ではないというメッセージを伝える。しかしそのスケープゴートの対象がほぼ全て社会の中のある集団であるとき、それは私たちがその集団のメンバーに抱く蔑みと怒りに関するあらゆることを伝えてくれる。そして性的虐待の事件では、そのスケープゴートの対象はほとんど全て男性である。彼らは唯一訴えられる人間であるだけなく、最も裁判の前に数ヶ月留置場に入れられ無実が立証されない限り有罪として扱われやすい人間である。もしユダヤ人が同じように選出され不当な裁判を受けさせられたら、私たちはそれに寛容でいるだろうか？

父親が娘の座薬を入れたとき……

ジャネット・シンガーは手首を切って自殺未遂になる前、一〇〇〇以上の精神安定剤を一年の間に注文していた(27)。彼女は精神病院に入院しており、娘の主たる監護権を赤ん坊の父親、セシル・スミスにわたしていた。ジャネットは回復すると弁護士事務所に行った(28)。弁護士を訪問したあと、彼女は社会福祉局に夫のセシルが娘のアマンダをお尻に薬を入れたことで虐待していたと報告した。その社会福祉局にいる間、人事管理省（ＨＲＳ：Human Resource Service）の虐待発見テクニックのマニュアルを手に入れ、虐待の兆候があると考えるだろう方法で娘を人形と遊ばせるようしつけ、その後それは法廷で公開された。

ジャネットは次にアマンダをカウンセラーの所に連れて行き、子どもが落ち込み混乱しているよう見せ、虐待を匂わせた。そのカウンセラーはもしジャネットがこの子どもの父親をＨＲＳに報告していないなら、自分が強制的にそうさせると伝えた。ジャネットはＨＲＳと地元の警察にその虐待を報告し始めた。そのＨＲＳは、人形の〝お尻〟の辺りを指差しパパが薬を入れ痛かったと言っているその子どもと面接した。そして経験の浅いケースワーカーは、それは虐待だと結論付けた。

事実は、アマンダの父親は娘が痛いと訴え、彼の両親がそうするように勧めたあとで、座薬を彼女の〝お尻〟に入れたのだった。しかし虐待の結論は、セシルに事情聴取することなしに、警察にセシルを逮捕する権限を与えたフロリダの判事デイビッド・ハーパーに報告された。裁判することなしに、レイプ犯や殺人犯のいる重犯刑務所に放り込まれた。彼は娘に会うことも妨げられた。

重犯刑務所内の児童変質者容疑者として、セシルは殺人犯よりも下の〝最低の地位〟にあり、アナルレイプの標的に最もされることを意味した。セシルは喉を掴まれ窒息させられることから脱走した。五週間後、重犯刑務所から変更されたが、さらに半年間刑務所に入れられ続けた。その彼への告発は、二五年の刑罰を義務付ける重大性的暴行であった。

セシルは刑務所に一度も入ったことがなく、地域と良い関係があり、過去の人間関係からジャネットとの二人の子どもを一〇年間主たる責任を負い、献身的な親と考えられたが、しかし最初の保釈金は五〇万ドルにされた。彼の弁護士は迅速な裁判を行うよう三度動議を提出したが、専門的な理由で全て却下された。

刑務所で七ヶ月過ごしたあと、セシルは裁判を受けた。彼は無罪だと立証された。彼は現在娘を訪問する事が可能だ。判事はジャネットを制度を悪用したことで非難したが、アマンダの親権をジャネットが最近まで持っていたため、安定した居場所の継続がアマンダの最善の利益だと結論付けた。だからジャネットは彼女の目的を達成した——親権を取り返すことだ。

私がセシルにインタビューしたとき、彼は疲れ果て、挫折し、抑鬱を感じていた。彼はそれについて話し、システムを明らかにすることで他の人たちを助けることを望んでいたが、しかしCBS局の『48 Hours』が彼をインタビューに呼んだとき、彼に「報道禁止令（gag order）」が与えられたとセシルは言った。しかしジャネットが現在、彼女の親友にどうやって夫から子どもの親権をとるか教えていることに、我慢の限度を超えたと彼は言った。彼女のその友人は、同じソーシャルワーカー、同じ医師の下に行こうとさえしていた。

娘は虐待を否定した、ではなぜ父親は刑務所に入ったのか？

セシル・スミスのようにレイモンド・ハンターは妻のブレンダが精神病を煩っている間、子どもたちの世話をしていた(29)。ブレンダ・ハンターは定期的な精神分析治療を過去一五年受けており母親とアトランタに住んでいた。レイモンドはオハイオ州デイトンに二人の子どもたちと住んでいた。ある日ブレンダはレイモンドが彼らの娘に「何か」しているという訴えをするように母親にアプローチした。彼女の母親はデイトン児童サービス局（ＣＳＤ）に電話をかけ、彼らはデイトンの警察署に連絡をした。

レイモンドの娘と一〇歳の息子はすぐに彼から離されＣＳＤによって保護された。その日から、彼は子どもたちと全ての連絡を否定された、訴えはその時点で起訴されておらず、そして六ヶ月以上起訴されなかったにも関わらず。

このような事実があったにも関わらずこれは起こった――。

・レイモンドは嘘発見器のテストを通過している
・彼は何年も家庭の主要な養育者であった
・警察や児童保護局、検察官によって引き離されたとき、彼の娘はあらゆる容疑を否定しており、検察庁から来た女性が、父親を欲望的な動物だから少女の〝承認〟を脅させたと描いた絵を少女のために持ってくるまでの四日間はそれらを否定し続けた。

レイモンド・ハンターは黒人であった。彼は全員白人でほとんどが女性の陪審員によって裁判にかけられた。彼はレイプの〝有罪〟であることが立証された。以下の事実に関わらず。

・ブラウン裁判官は裁判でブレンダ・ハンターは証言する能力がないと判断した、なぜなら「彼女は真実と嘘の区別がつかなかった」ため。

・彼の娘は一九八八年の七月の間、父方の祖母に二四時間電話をかけており、そのたびに父親への訴えは全面的に捏造であると主張していた。

・マリー・プライアー医師はその少女の処女膜は全く傷つけられておらず、性的虐待のしるしがなかったことを発見した。その娘の女性器の入口がわずかに開いていた事実は、プライアー医師が単にタンポンを挿入することによって起こった可能性があることを認めていたにも関わらず、性的行動の証拠として使われた。

もしレイモンドがブレンダを性的虐待で訴え、娘が継続的にそれを否定し、レイモンドが精神病を患っていて証言さえできない能力であると判断されたとき、ブレンダが〝五年間〟刑務所に入ることはあるだろうか？

女性のためだけの法律

資料：ミネソタ州ミネアポリスのジェーン・ジョンストンが児童性的虐待で告発されたとき、彼女は前の雇用者を名誉毀損で訴えた。その告発が立証することができなかったときに、ミセス・ジョンストンは三〇〇〇万ドル勝ち取った(30)。

私の知識上、性的虐待の証拠不十分な申し立てに対する懲戒的な損害や名誉毀損でお金を得ることのできた男性はいない。私は故意に嘘をついたと明らかになった告発でもお金を勝ち取った男性を知らない（セシル・スミスのケースのような主たる養育権を得ることが動機で）。事実上、冤罪で解雇された場合でも賠償金を得た男性を知らない。

性的暴行をした女性たちと彼女たちがなる先生

「私はあなたの息子に六回講義しただけです」。教師になるつもりの若い女性はパーティーで三人の幼い少年の二人の父親に自慢した。「私は胸やヴァギナを彼らに見せて、胸もさわらせてあげました(31)」。二人の両方の父親はその女性を通報したが、しかし告発は警察や、地域サービス、その父親たちによって記録されなかった。ある父親は説明した。「私は彼女のキャリアをだめにしたくはなかった」。

想像してみてほしい、少女に性器を触らせた教師になる予定の男が通報されず、教師をめざし続けることを。

なぜ女性は男性を性的虐待で訴えるのか？

資料：男性は女性の約一九倍性的虐待の冤罪を受けたと言う傾向がある。これらの虐待の申し立ての八五％が女性によって親権争い、離婚の苦闘の間、または同棲が失敗したときに起こされる(32)。

もし男性が女性に昇進を抜かれ、その女性を「トップと寝ることで昇進した」と訴えたとき、私たちは彼女を仕事から解雇後に調査するくらい彼の言い分を真剣に扱うだろうか？　それがまさに私たちが、親権争いの間に性的虐待で男性が訴えられたあと彼からまず子どもを取り上げてあとで調査するときにやっていることだ。

性的虐待の告発は親権争いの期間が最も虚偽でありやすい。その女性の観点からすると、観念（男女平等）は感情（「子どもは私のもの」）と競争している。生物学的に、それは彼女の領域である――そして領域の防衛は相手の弱点をつかせる。男性にとって同等にあたるものは社会で出世する領域だ。彼女の領域が脅かされたとき、私たちは彼女の告発を、私たちが男性が領域が脅かされたときにした告発を見るのと同じ疑いで見ていない。

しかし離婚の苦しみの中にいる女性たちが、他の方法よりも虐待で男性を訴えがちであるのには他の理由がないだろうか？　ええ例えば、女性と男性両方が離婚を拒絶だと感じるが、男性はチームスポーツを通して、相手のチームを倒すために相手を〝悪いもの〟とみなすことなしに、負けたり行動することを学習してきた。そしてセックスのイニシアティブをとる男性役割を通して拒絶を大いに含む女性とのほぼ全ての人間関係を学ぶ。簡単に言えば、男性が虚偽の性的虐待や児童虐待で女性を訴える傾向が少ない一つの理由は、彼らは非難することなしに拒絶に対応することにより慣れているからだ。

男性はしかし子どもに対応することにはあまり慣れていない。そして女性は男性のやり方で男性に養育をやらせることにあまり慣れていない。そして――特に母親から見た場合の――男性のやり方は、まさに性的虐待の告発の仕組みになる。

父親はより身体的に行動的でより体や性的な話にオープンな傾向がある。子どものシンプルな言語は、例えば、父親が彼女をお風呂に入れた（彼女の身体を洗った）報告やシャワーに一緒に入っているときに身体やセクシュアリティをジョークを交えて説明することを母親にねじ曲げて伝えてしまうかもしれない。もしこの報告に、子どもが父親を再び訪問した中での少しでも恐れや嫌気（例えば、母親がいつも彼女に言いきかせている時間より早く、父親が寝かしつけるだろう恐れ）が伴っていたら、これは母親に性的虐待として本当に誤解されうる。

次に、母親が父親を虚偽の児童性的虐待で訴えることは、女性と男性がしばしばヌードやセックスに関して持っている態度の極端な違いの反映の可能性がある。子どもが帰宅して「パパとお風呂に入った」と言いママが心配したとき、母親の心配を感じたその子どもは「パパが私に何か悪いことしたのかしら？」と自問するかもしれない。自分の身体を隠すものとして考えるように育ってきた女性は虐待が起こっていることを本当に恐れる。たとえ何も言わなくても、彼女のボディランゲージを通して恐怖が子どもに伝わる――それは子どもにパパを怖がらせ、それにより父親と子どもの親密さの

土台は一掃される。それは鶏か卵の問題だ（または〝雄鶏か精子〟の問題⁉）

母親がそばにいないで育児することに父親が慣れるにつれ、母親は女性のやり方で育児することを男性に期待しないことに慣れていく――しかしその代わりに男性の性的なオープンさを彼の貢献として評価する。

性的虐待の虚偽の訴えは「家庭関係での核兵器」だろうか？

汝、隣人に対して偽証することなかれ

――出エジプト記　20：16

神も男女に「汝、配偶者に対して偽証することなかれ」と警告する必要があるとは思っていなかった。私たちが性的虐待の告発を「家族関係の核兵器(33)」と呼ぶ理由は、性的虐待の告発が――たとえ虚偽でも――しばしば父親の仕事、健康、友人、評判、子どもの関係に損害を与えるからだ。たとえ彼が無実であると証明されても、彼は子どもが男性たちへの信用を失う目撃者にさせられる。そして彼への請求書はしばしば七万五〇〇〇ドルを上回る。なぜ？

性的虐待の申し立てには通常、三つの異なる裁判制度が含まれる。離婚裁判（家庭裁判所）、少年裁判、刑事裁判だ。訴えられた側の視点からすると、まるで三つのリングで行うサーカスだ。

神話：離婚に関係した性的虐待の訴えの内、ほんのわずかだけが冤罪である。

事実：児童性的虐待の告発の八〇％が根拠なしと判定され、離婚が関係する告発はより事実無根が多い傾向がある(34)。しかし何％が故意の嘘かは誰もはっきりと言うことはできない。

事実：一九八〇年代初期、父親を性的虐待で訴える母親の約一〇%が親権争い中であった。一九八〇年代後半までに、母親による父親の性的虐待の訴えの約三〇%が親権争い中になった(35)。

立証されていない告発の割合は、その制度を理解するのに注目に値する。例えば父親は、政治的野心があればしばしば盲目でありがちな男性検事と対立することになる——彼は虐待犯であることが発覚するかもしれない男性を保護するよりも、女性を保護するイメージの方が自分をよりヒーローに見せられることを知っている。離婚や家庭裁判所では、母親の訴えは通常の立証責任を負う必要がない。刑事裁判での疑わしきは罰せずを上回る立証責任は、離婚や家庭裁判所での立証責任よりずっと厳しい——多数の証拠によって立証される。この全てが、父親に怒っている母親が子どもと一緒に暮らしている可能性が高い制度の文脈に入れられると、彼女は母親の承認を失うことを恐れさせて子どもをコーチすることをやめられなくなる。

もし子どもが虐待を主張したら、それは虐待である
もし子どもが虐待を否定したら、それは「否認」である

その事件が裁判所に行く前に、その子どもは通常児童保護局の女性ソーシャルワーカーによってインタビューされる。性的虐待を専門にした児童精神科医のエリサ・P・ベネディック(36)は、こう言っている「私たちは、当局機関が何が本当に起きたか子どもたちが話すまで、お風呂も食事も与えないことを子どもたちから繰り返し聞かされている……」。カウンセラーはその子どもが何かがあったことを頑なに否定したことを理由に、子どもは虐待されたと結論付けてきた。

私は何度も、ソーシャルワーカーに話したり児童虐待委員会の話を聞くとき、女性のソーシャルワーカーは彼女たちが児童保護の領域に惹きつけられたのは、彼女たち自身が性的虐待をされたからだと言及する事実にぶつかった。救うべき新たな子どもたちを探すこと——そして彼らを傷つけたその男を罰すること——は児童虐待された経験を持つソーシャル

ワーカーにとってセラピーや復讐の形になりうる。しかしこの体験はしばしば、彼女に虐待があらゆるところに潜んでいると見せ、男性が無実である可能性や、彼女が無実の男性の人生を滅茶苦茶にするかもしれない危険に目隠しをさせうる使命感的情熱を作り上げる。概して、これらの女性は、彼女の子どもを保護しようとする善意で行った結果の「児童虐待の一二の保証」をあまり感じない。（〝どのようにして児童虐待の可能性の告発が「一二の児童虐待の保証」を作り出す可能性があるか……たとえその告発が真実だったとしても〟の項を参照）

この〝使命モード〟にあるカウンセラーはときどきこのように行動する。もし子どもが、彼が虐待されたと言えば、「虐待」のラベルが貼られる。もし子どもが虐待されたと言わなければ、「否認」のラベルが貼られる。全てのカウンセラーの間で、このような方法をとるのは非常にわずかだ。しかしその少数の者は虐待の定義を広げることで全ての人を救っていると感じている。

その被害者を探す必要があるカウンセラーはしばしば無意識である。例えば〝治療〟グループにいる三人の少女が「パパが私に何をしたか」説明しているとき、次の少女には選択肢がある。彼女は話をして――「パパが私に何をしたか」――グループの一員になることができる、もしくは何も言わずに排除されたように感じることができる。カウンセラーがその少女に「スー、今度はあなたの話を聞かせて」と励ますとき、権威のある人に誉められたいニーズによって、スーの所属したいニーズは拡大する。真実を話すことは、所属できないことや誉められないことを恐れる子どもにとって抽象概念になる。

医療レポートの政治学

資料：二つの異なる研究では少女が性的虐待されたという医療検査の二五％から三〇％が正しくなかったことを発見した[37]。

これはひょっとすると何万人の男性たちは犯罪者であると誤って立証する〝科学的な〟証拠を与えられてきたことを意味するかもしれない。「パパ」と呼ばれていた愛情のある男性は翌日には「犯罪者」と呼ばれる。一夜にして、近年に離婚した男性の子ども——最も重要な場面での彼の愛情のソースの一つ——は破壊される、虚偽の証拠に基づいて。もし彼が最終的に潔白を証明したとしても、それはたぶん腫瘍や心臓発作が起こったり、銃を見つけたあとだろう。

ロバート・フェイ医師は、「父親に虐待されたことが明らかになった(38)」とカウンセラーが言った少女を見極めるために連れてこられたことを思い出す。フェイ医師はその児童を見極めるのではなく、守りたいと感じたことを打ち明けた。そして彼は自分が、虐待の〝証明〟——最低でも虐待の証拠を——を探そうとしていたことに気付いた、真実を探すのではなく。彼はある少女に「虐待の証拠」として簡単に使うことができるいくつかの異常を見つけたことを思い出す。彼はその少女が虐待されてきた〝具体的証拠〟があることを裁判所に結論付けさせるための文書を準備しようとして、少女にいくつかの質問をすることに決めた。「過去二ヶ月であなたがこの部分でけがをした他の可能性はありますか？」彼が驚いたことに、答えは「イエス」であった。彼女は自転車事故にあい、医者に行き、幸運にも、フェイ医師が「性的虐待の証拠」として使おうとしていたトラウマは既に自転車事故に関連して記録されていた。

フェイ医師はもしその少女が事故後の検査を受けなかったり、これらのトラウマが記述されなかったり、またはその事故を思い出させるような質問をしていなかったら、裁判所は父親によって子どもが虐待されたという「具体的証拠」を得ていたことを認識した。これはフェイ医師を恐れさせた……彼自らがその少女にインタビューするほど。彼は、その少女が虐待されたと感じていないような印象をうけた。だから彼は、少女が父親に「この下のあたり」を触られたという言質をとる「目的を持つカウンセラー」の証人になるためだけに、カウンセラーに彼女と話す時隣に座っていていいかと聞いた。この発言からそのカウンセラーは虐待があると推測した。フェイ医師は、パパが少女をお風呂に入れたときやオムツを変えるとき、「この下のあたり」を触ったという答えを得るためだけにパパが何をしていたか尋ねなければならなかった。

いかに世論、レースカーテン、法律が一緒に動くか

誰の権利？　エリザベス・モーガンまたはエリック・フォーティッチ？

私たちが、娘を父親から隠し二年間刑務所に入ったため、娘は父親に会うことができなくなったエリザベス・モーガン博士やエリック・フォーティッチ博士を考えるとき、どちらを児童虐待で告発されていると私たちは考えるだろう？　ほとんどの人がフォーティッチを思い浮かべ、そして核となる疑問はエリック・フォーティッチが有罪かどうかだ。事実は、二人とも相手が子どもを虐待したと主張していることが記録されている。しかしエリザベスの主張だけが信用された、エリザベスの主張だけが三度もワシントンＤＣの上位裁判所で棄却されている事実にも関わらず。エリザベスだけが他の人（エリックの両親）への児童虐待の主張を撤回しなければならなくなった(39)。そしてエリザベスだけがこの章で議論されてきた性的虐待の虚偽の申し立てをするプロフィールにほとんど完璧に一致していた。

通常ではない徹底的な捜査が行われたあとで、裁判所によってエリックは無罪を宣言されたが、エリザベスはエリックに子どもを会わせるという裁判所命令に従わず、とりわけ娘のヒラリーを父親の下から誘拐したことで、法廷侮辱罪で刑務所に入れられた。が、ＰＲ映画を制作し、たくさんの全国放送の番組にアピールし、『Custody（親権）』という小説化の契約を出版社とし(40)、彼女の側からだけのストーリーに基づいて作られたＡＢＣ局の映画ができ(41)、アメリカ議会を全会一致で通過し、合衆国大統領は彼女のための法律にサインした(42)。一人の女性がいったいどうやってこんなことができたのだろう？　そして我々の制度に対して彼女の成功は何を私たちに伝えているだろう？

エリザベスはまずエリックとデートし始めた数ヶ月で妊娠したことから始まり、次にハイチでエリックと結婚し、その後彼女の子宮の中にいる娘を連れてすぐに彼から去っていった(43)。

ヒラリーが産まれたあと、エリザベスとエリックは長く養育時間をかけて争った。しかしエリックが父親養育時間（「訪問権」）を受けとってまもなく、エリザベスは（二歳半の）ヒラリーを虐待したとエリックを訴え、またエリックの両親

も二年間にかけて虐待したと訴えた。（この最後の訴えが裏目に出たあとでのみ——証拠もなかったのだが——それは棄却された）。

その時点で裁判所がエリックは無罪であることを知り、エリザベスに子どもと会わせるように命じ、そしてエリザベスは裁判所命令を無視し、その子どもを誘拐し、法廷侮辱罪で刑務所に入れられた。しかし……。

刑期中、エリザベス・モーガンは広報映画にお金を出し、彼女の独房からキャンペーンを行った。一九八九年までに、USAトゥデイの調査で世論の六九％が彼女を信じていることがわかった。九％がエリックを信じていた(44)。女性の間ではエリザベスを信じる人は八一％で、エリックを信じる人はたった二％だった。エリザベスは裁判では負けたそれに、広報では勝った——彼女が無罪で父親は有罪であるという推測として。正確にはどのように？

その広報映画は部分的にはメディアの女性を被害者としたストーリーの受容力を理由に成功させることができた、それは拙著『男性が言わないことは女性には聞こえない（Women can't hear what men don't say）』で発展させた概念だが、しかし雑誌『タイム』のこの表紙でその感触を私たちは知ることができる。

〝レースカーテン〟による裁判(45)

ワシントン
犯罪をせずに服役
鉄格子の中：刑務所にいるモーガン(46)

『タイム』マガジンがそのモーガンとフォアティッチのケースをレポートしたときの見出しは、「犯罪をせずに服役」と読める(47)。事実上、エリザベス・モーガンは実質的に娘を〝誘拐〟したことで服役していた——子どもの行方を教えるという裁判所命令を無視し父親から子どもを隠し、子どもからその父親を奪った。しかしこのどれらもタイムの記事で違反行為として触れられなかった。反対に、その見出しは犯罪はなかったと言っている。

『タイム』には同情心を刺激する鉄格子の向こうのエリザベス・モーガンの写真も含まれていた（〝犯罪をせずに服役〟）。フォーティッチからの視点は排除されていた——世論の意識に決して上ることはない以下のショッキングな事実が（タイムだけでなくほぼ全てのメディアで）排除されていた。

・そのバージニア州の児童相談所は、エリックへの申し立てを「事実無根」と分類し「これ以上何もしない」ことを推奨して訴訟を終結していたこと(48)。

・エリザベス・モーガンは児童相談所の結論を受け入れず、ヒラリーを『児童精神医学の基本ハンドブック』の著者のジョセフ・ナシュフィッツ医師の所へ連れて行った。ナシュフィッツ医師はセラピーで九ヶ月間ヒラリーと会ったが、ヒラリーは性的虐待の被害者ではないが、離婚に関する争いによって「適応障害」で苦しんでいるという結論を出した。セラピーをしている間、ヒラリーは彼女自身を「(両親の)間をいったりきたりしているモノ」としてイメージしていることを言った(49)。大部分がエリザベス・モーガンの訴えを原因とする争いで——そしてフォーティッチによる虐待からではなく——ヒラリーは苦しんでいるという結論にも関わらず、エリザベスは告発を継続した。これはエリザベスによる児童虐待ではないのだろうか？

・アメリカ精神医学会の前代表のエリッサ・ベネディック（Elisa Benedek）医師はヒラリーを診断したが、フォーティッチ博士による性的虐待の証拠はなく、エリザベスは「現在のヒラリーの動揺は、親の別れと離婚、父親や祖父母との分離、忠誠葛藤、エリザベスの過保護、意識的かつ無意識に、訴えることでヒラリーをエリザベスが手に入れようとしていることに起因することを全く理解していない」と結論を出した(50)。

・フォーティッチ博士は三つの別々のポリグラフテストを通過した(51)。彼は二八人の裁判官の前で勝訴してきた(52)。彼が負けたのは裁判官がいないケースだった。なぜかそのケースは、彼がハラスメントを受けている、権利を奪われている、子どもの愛情の喪失、許されがたい児童虐待（二度と取り戻せないため）として子どもが父親を奪われている観点から議論されることはほとんどなかった。

・ジョンズ・ホプキンズ大学医学部、一般小児科学部長のキャサリン・デアンジェリス教授はヒラリーの支援で雇われた。彼女は女性器に不調がある何千人の子どもを見て来た。ヒラリーがクレヨンとスプーンをヴァギナに入れているのをエリザベスが撮ったヌード写真を見せられたとき、彼女はクレヨンは簡単にヒラリーの処女膜を広げる原因になると言い、それ以上見なかった(53)。

なぜ『タイム』誌は全てのこれらの事実に言及してエリザベスが本当の児童虐待者ではないか読者に考えさせなかったのだろうか？

このタイプの「レースカーテン」で覆うことは、アメリカ議会全体と合衆国大統領に司法の決定を変え、法案を通させる、つまりエリザベスを釈放する動機付ける雰囲気を作り出す（その法案は養育時間争いでの法廷侮辱行為の刑期を制限したが、目的の大部分がエリザベスの保護であることは、残りの一八ヶ月の刑期を無効にした事実で明らかだ。「満期（サンセット）を終わらせる」ので「サンセット法」と呼ばれた）。この〝エリザベス法〟は全会一致で通され、ブッシュ大統領にサインされた(54)（そして次に国はなぜ赤字がなかなか解決しないか不思議に思った）。全てが、少なくとも二つの犯罪をしたこの一人の女性のためだ。司法の無視と娘の〝誘拐〟だ。

これの重要性？　まず、いくつかの観点だ。アメリカ議会は、ヒトラーに立ち向かうために第二次世界大戦に参戦して以来、全会一致で賛同したことはなかった。

エリザベスは彼女のために何をしただろうか？　世論の傾向を父親よりも母親を信じさせ、父親よりも母親を保護させた。親類——元検事でメイランド州の民主党候補を務めた兄から、裁判官である婚約者まで。女性は無実で男性は罪があるという推定で一致している、フェミニスト団体からキリスト教福音団体を通して作られる政治的空気。これら全てを組み合わせ彼女の方向に流れを誘導する能力がある女性は、彼女が彼らの助けなしでは子どもを守れないと全員に信じさせることができる。

これらの女性の保護的政治家はリベラル（左）、保守（右）の両方におり、男女両方にいる――つまり全ての人である。それがなぜその法案が全会一致で通過したかである――エリザベスが娘を保護していたという証拠は何もなかったにも関わらず、父親がいない娘は非行や薬物の人生における虐待をより受けるたくさんの証拠があるにも関わらず。

ひょっとしたら、最も驚くことは、この形の児童虐待はリベラリズムに「進歩的」と呼ばれることかもしれない。少なくともナチスが書物を焼いたとき、誰も彼らを進歩的と思わなかった(55)。

大きな構図

大きな構図は、その法律が私たちが後悔するかもしれない三つのことを支援するために使われているかもしれないことを見せてくれる。第一に、エリザベスは性的虐待の虚偽の申告をする女性のほとんど完璧なプロフィールに合致しているようにみえる(56)。性的虐待を抑えて扱うより公表することへの彼女の偏り。紛争調停者タイプの専門家の証人と自分のカウンセラーを雇い、彼らが賛同しなかったとき彼らを信じなかったこと。彼女が真実を独占しているという推定に基づいて法律を破ろうとすること。告発が親権争いの間に行われたこと。二つ目の誤用は、先ほど議論した児童虐待の一二の形での加害だ。しかし三つ目が最も危ないかもしれない。彼女自身の利益のために子どもを使っているかもしれない女性を支援することだ。どうしてそうなるだろう？

アメリカ合衆国の地方裁判官スポーキンは、エリザベスがメディアに渡したヒラリーのテープを見たとき、彼は彼女の行動を「児童ポルノ作成者……公開し幼い子どもを虐待している」行為と結び付けた(57)。（彼はエリザベスを児童ポルノ作成者と比較していた）。彼はライフタイム局（Lifetime cable）がその割り当てに基づいたＢＢＣプログラムを見せることはヒラリーに「取り返しのつかない傷」を引き起こすと主張した。スポーキンは、ヒラリーがプライベートであるべきビデオテープをあまりに私的なものと感じていたためカウンセラーにさえ見てほしくなかったことを目にした――彼女は彼らに部屋を出て行くように頼んだ。しかし、エリザベスはヒラリーのそのテープを公開することを拒否した裁判官に同意しなかった。アピールして、エリザベスはやり方を見つけ、そのテープをメディアに配った。ロサンゼルス・タイムズのコラムニストのハワード・ローゼンバーグは子どもが二人のカウンセラーに出て行ってほしいと頼み、母親がテレビを通して部屋の様子を世界中継することを選択したとき、母親が彼女の子どもの最善の利益に関心があることが信じ難かった(58)。

その間、エリザベスは〝子どもの権利〟でも〝家族の権利〟でもなく『母親の権利：エリザベス・モーガン・ストーリー』をABCテレビで作成したテレビプロデューサー、リンダ・オットーに映画化の権利を売った。しかしながら、リンダ・オットーは彼女自身が児童性犯罪の被害者であり、「制作キャリアで被害者としての子どもに関するドキュメンタリー物語に注目してきた(59)」。オットーは長い期間エリザベスと過ごしたが、しかしエリック・フォーティッチに話を聞くことすら企画しなかった。

エリック・フォーティッチに対して最も確信的な証拠の一つは、エリザベスによって作られたビデオテープから出てきた。彼らはフォーティッチが裁判所に認められた「訪問権」でヒラリーの前に姿を見せたとき、ヒラリーがヒステリックになったことを見せた。エリザベスはこれらのテープを『コニー・チャンのサタデーナイト（Saturday night with Connie Chung）』（訳者注：アメリカのニュースバラエティ、一九八九〜一九九〇）のためにCBS局に開放した。何百万人の視聴者は、テープで父親に会って逆上したヒラリーを見せられたとき、エリックが「何かおかしいに違いない」と感じた。しかし、もしエリザベスがヒラリーに「パパはあなたに恐ろしいことをするつもりよ」や「パパはここからあなたを連れていって二度とママに会えなくするつもりよ」と伝えていないか尋ねる人はほとんどいなかった。

誰が最初から正しかったのか誰にもわからなかったケースがこれだ、しかし、私たちはいかに女性を信じ、男性を信じない我々の本能がメディアのレースカーテンを助け、本能を助長し、女性を支援する法律を作ることになるかを見ることができる。

性的虐待の告発：解決に向けて

法律はいつ私たちの家に入ってくるべきだろうか？

私たちが匿名の電話によって親から子どもたちを奪う許可を法律に与えすぎる前に、国が話題にすべきいくつかの基本的な質問がある。

・私たちが性的虐待の虚偽の申告を締め付けることに気が進まないことは、男性が彼らの子どもの子育てに参加することを恐れさせる無意識の方法だろうか？　それはまた女性を主婦役割に押し戻すのではないだろうか？
・なぜこれは、ちょうど男性がいくつかの子どもへの権利を手に入れている歴史的な時に起こっているのだろうか？
・私たちは女性ソーシャルワーカーと女性教師を女性視点の性的道徳を父親に課すために使っているのだろうか？
・私たちは男性の性的なオープンさの社会化を女性の性的警戒の社会化とつり合わせないべきだろうか？　私たちは性犯罪率が低く性的解放のレベルが高い北欧のような国々に学ぶべきではないだろうか？
・私たちはコミュニティーの中で最も性的に閉鎖された人にコミュニティーのセクシュアリティをコントロールさせていないだろうか？　例えば、ジョンとナンシーは日曜日の朝は子どもとベッドで寄り添い、家族でくすぐったり、マッサージしたりして遊ぶことを健全だと考えていた。ジョンとナンシーが離婚したとき、両方とも日曜日の儀式をやり続けた。しかし幼いサリーが幼稚園に行ったとき、クラスメートに楽しそうにこの話をしてそのクラスメートは彼女の母親に伝えた。その母親はジョンを捜査することにつながる匿名の電話をし、ジョンは次の日曜日から子どもがベッドで一緒に飛び跳ねないようにした。つまり私たちはコミュニティーの最も性的に閉じられた人に全てのコミュニティーをコントロールすることを許しているのだろうか？　私たちは法制度が最も性的に閉じられた人の道徳の観点を施行してほしいだろうか？

・私たちは家に入ってくる法律の長い腕がほしいだろうか？　私たちは自分たちよりも先生よりも警察の介入がほしいだろうか？

・私たちが防ごうとしているその虐待は我々が作り上げることをほとんど保証してしまっている〝一二の虐待の形〟よりも悪いだろうか？

・私たちは、既に警戒している女性教師をあらゆる性的虐待の可能性を報告し損ねたら、仕事を失ったり逮捕されると脅すことでより警戒的にするように怖がらせてないだろうか？

・児童保護局は担う人々を自己選択でき、これらの人々はしばしば彼ら自身が虐待された背景を持っており、そのため「その世界観」と使命感の両方を持っていることを私たちは理解しているだろうか？　その組織は通常八五％が女性スタッフで構成されており、男性スタッフも大部分が女性的感受性の強いタイプである。

カウンセラーと教師は法制度で何をしているのだろうか？

カウンセラーと教師の仕事はクライアントや生徒に合わせることだ。法制度の仕事は反対尋問することだ。カウンセラーと教師の義務はその人を保護することだ。法制度の義務は全ての人――訴えた人と訴えられた人――を平等に保護することだ。

問題は、その法制度がカウンセラーの手法から出る法的結論に跳んでしまうことだ。それは原告に合わせた制度から出てきた報告を、原告と被告両方を平等な真剣さで話を聞いた全立場の複合的報告と同じような信頼性があるように扱う。その法制度は男性を警察の記録なしに警察の記録がある男性と同じカテゴリーに荒っぽく分類する政治的空気によってこの問題にぶつかる。これが「性的虐待に甘い」と見られることを恐れる検事に重なると、被告の権利は消えてなくなる。その直接的な被害者は男性たちだ――彼らが無罪だと立証されたとしても、取り消すことのできない疑惑の空気で親友でさえ自分を見てくる評判が作られたコミュニティーで人生を過ごす男性たち。しかしその間接的な被害者はその家族である——その多くはこれらの訴えを通して不安定になる。

その冤罪の法的結果は公な名誉毀損だ。カウンセラー、教師、学校制度、児童保護局に対する訴訟。ちょうど女性保護に特化した産婦人科が自分たち自身が年間六万ドル医療ミスによる保険料で苦しめられているように、疑問を持たずに女性と子どもを保護しようとしているカウンセラーはまたカウンセラーの誤診や名誉毀損保険料を生み出さなくてはならないことで苦しめられるだろう。そして納税者として私たちも、学校制度と児童保護局による誤診の補償金を払うことになるだろう。

どのようにして我々の教育制度は本当に子どもを保護しているのだろうか？

クラスの人数を減らすことは、この家族が不安定な時代に先生が必要な子どもたち一人一人に対する注意を払えるようにさせる。子どもたちは、大人の倫理を押し付けられるよりも、もっと大人に関心を向けられることを必要としている。彼らは親を恐れるように教える先生よりも、親を理解するように手伝う先生を必要とする。

教師やカウンセラーには何ができるだろう？　第一に、報告よりも前に全ての立場の人たちと非公式に話すことだ。二つ目に、教師やカウンセラーに自分たちの判断に関わらず通報するように要求する法律に立ち向かうことだ——先生とカウンセラーは低い判断力しかないと推定する法律、秘密に〝物事を話す〟生徒やクライアントの能力を弱らせる法律に。その法律はもし先生とカウンセラーが変化するように準備しなければ、先生とカウンセラーを法律の手先に変え、自分たちが訴訟から身を守れることをもっと心配させる、創造的な教育や指導——児童保護の最善の形だ——を考えるよりも。

性的虐待の告発が嘘なのはどんな場合といえるだろう？

どのようにして私たちは真実である（または純粋に誤解に基づく）告発と意図的な虚偽の告発を区別できるだろうか？

コロンビア大学のリチャード・ガードナー教授はこれらの区別の尺度を発達させた。

ガードナー教授の発見では、母親が父親を訴えたとき、その告発は以下のことが真実であればより真実である傾向がある(60)。

・その不満は養育時間争いの文脈の中で出てきたものではない
・その女性はその虐待を軽視したり初期は否定していた
・その女性はその男性に「復讐」したり彼を破壊したがっていない
・彼女は「用心棒」弁護士やメンタルヘルスの専門家を探していなかった
・彼女は性的虐待の申し立てに直接関係のない評価面で二枚舌を見せていなかった
・彼女の人格は注意を引きつけたがり、またはヒステリーではない
・彼女はその子どもと父親の人間関係の維持の重要性を認めている

ゴードン・ブラッシュ教授とキャロル・ロス教授は男性を虚偽で訴えた女性は、彼女自身を身体的に脅威で経済的に罰する夫をもつ無力な被害者として観る性格の傾向があることを発見した(61)。彼女はよく正当な証拠が論証される前に法律が彼を罰するよう主張する。（養育時間争いの中で）部外者に復讐行動であると見られそうな行為は、彼女自身が弱者であるため正当であると彼女は考える。

この女性の恐怖が、冤罪の結果いかに子どもが損害を受けるか考えることなしに、いかに専門家に告発された事件を実際に起きた事件として報告するように脅迫できるか理解することは簡単だ。

子どもが、彼や彼女が性的虐待されたと言ったとき、ガードナーは以下のことが真実なときその告発が真実であると立証される傾向があることを発見した。

・その子どもは性的虐待を漏らすことを非常に躊躇する
・その子どもは告発された人がトラブルになるかもしれないことに罪悪感を持っている
・その子どもは性的行動に参加したことに罪の意識を感じている
・その性的虐待の具体的な詳細がある
・その詳細はインタビューごとに変化しない
・その訴えは親権争いの間に起こされていない

ブラッシュ、ロス両教授は告発が虚偽だった子どもたちは訴える側の親の状況説明の「受け売り」か「鏡」でありがちなことを発見した(62)。その子どもたちは自分たちが本当は意味を理解していない説明を使用し、これらの説明はカウンセラーに面談したときに主導された傾向があり、原告側の親と同じ感情を持ちさえする。彼らはコーチされたようで、トラウマを負っているように見えない。ブラッシュ、ロス両教授は、その子どもたちは自分の親がもう片方の親の批判を伝えるために子どもを利用することから、年齢に不相応に親の弱さに気付き、その結果として小さな独裁者のようにしばしばふるまう。

アメリカ精神医科学会（American Psychiatric Association）の代表は、子どもが主導して起こした告発は大部分の場合、最終的に真実だと判断されることを見いだした。反対に、親によって主導された申し立てた全てのケースが冤罪だったことを発見した。

実際に性的虐待を受けた未成年はよく泣き、感情が抑えられ、その虐待について話すことを恥ずかしく感じる傾向がある。彼らは心的外傷があるように見える。

告発が虚偽だった未成年は批判をより公表したがり、典型的に「二度と、金輪際」そのもう一方の親に会いたくないと主張することをブラッシュ教授とロス教授は発見している。彼らが虐待したと訴えている親は、通常、彼らに制限を与えていたり、彼らが嫌いな大人と一緒に最近引っ越していた。彼らの隠された目的は、その制限や日課、しつけ、規定、または関心を奪われたため嫌ったり怒っているその新たな大人を避けることだ。

女性を虚偽で訴える男性は、その女性を直接的に訴えることは非常に稀である――彼らはその女性の恋人や新しいステップファーザーを訴え、彼女がそれに黙っていたことが消極的是認に等しいと示唆して、間接的にのみ母親を性的虐待で訴える。彼の人格は、知的厳格、「正しく」なるべきという強い気持ち、結婚してから母親への慢性的な批判、その母親が注意が足りず不適格という例が非常に重箱の隅をつつくようなものである傾向がある。

本当の虐待者の男性たちは、受動的で、依存的、未成熟である傾向がある。残念なことに、冤罪で訴えられる男性たちもまた受動的で、依存的、未成熟である傾向がある(63)。

どのようにしてその法律は子どもを守り、そして親たちを守れるだろうか?

虐待をより生み出すことを許すことなしに、この虚偽の虐待の波を止めるために法的に何ができるだろうか? 第一に、虐待が犯罪である以上、犯罪者に与えられる法律に従うことだ――疑わしきは罰せずだ。同じ立証責任を求めるべきだ。二つ目に、告発者が被告を疑う理由があるかどうか調べること。三つ目に、故意に嘘の報告をしたことが発覚したとき、告発された側が受けるであろうものと全く同等の刑罰を原告に与えること。四つ目に、もし親が有罪であると立証されたら、カウンセラーとその子ども、虐待した親は厳密な監視下で全体的な活動を乗り越える、必要な場合だけその親を移動させる。「乗り越える」ことはその子どものための解決法を作り、また単独親権を得るために配偶者を性的虐待で訴えるモチベーションを減らす(64)。

より根本的な解決法は基礎となる態度から出てくる。娘が家に帰って来て「パパが私のこの下の辺りを触ったの……」と言ったあと母親が無意識に父親を虐待で告発することを理解するのと同じように、私たちは警察とソーシャルワーカーを父親を隔離したり家に乗り込む前に父親の観点もまた聞くようにトレーニングする必要がある。例えば、「私のこの下の辺りを触った」父親は二歳の娘をお風呂に入れ、性器を避けることが彼女の性器やセックスが汚れているというメッセージを与える虐待だと信じていたかもしれないことだ。

私たちはこの考え方に同意するかもしれないし、しないかもしれないが、警察やソーシャルワーカーが父親や母親を子どもから引き離すのは子どもにほぼ一〇〇%心的外傷を与えるし、搾取的なマナーで全くなく父親や母親がお風呂に入れて、乳児や幼い子どもにトラウマを与える可能性はほとんどない。子どもは世話されることで、搾取を感じることはない。彼らは、一人の親があなたが世話だと思っているものが本当は搾取だと伝えたときの混乱によって搾取されたと感じる。

二一世紀の最初の内は、特にその「虐待」のカードが子どもの生活から父親を消すために使われるとき、虐待の悪用が増加して表れるだろうと私は確信している。

（注）

（1）AP通信社、"Official Takes Life, Unaware Accuser Recanted Her Story,"The New York Times, July 7, 1988. タラント（Tarrant）はフロリダ州ピネラス（Pinellas）郡の学校に勤めていた。

（2）Dr. Robert Emans, "Abuse in the Name of Protecting Children, "Phi Delta Kappan, June, 1987, p.740.

（3）The Orlando Sentinel, February 7, 1989, and The Bradenton Herald, February 15,1989.

（4）Emans, op. cit.

（5）Diane Schetky, forensic psychiatrist, as quoted in David Gelman, "The Sex-Abuse Puzzle,"Newsweek, November 12,1989,pp.99-100. その（一九八六年時点の）最新の見積もりでは年間三二万五〇〇〇件の申し立てがあった。

（6）Martha Brannigan, "The Accused: Child-Abuse Charges Ensnare Some Parents in Baseless Proceedings," The Wall Street Journal ,August 23,1989.

（7）AP通信社、"Norway Man Frees Last of 35 Hostages After He's Granted TV Time,"San Diego Union Tribune, May 16, 2000, p.A-7. 私がその男性の名前を言わなかったことに気付いてほしい。ノルウェー、オーストラリア、その他多くの国ではアメリカと違い、有罪判決を受けていない人の名前は報道されることはない。犯罪者として訴えられる——そして虚偽で訴えられる——人の大多数が男性である以上、これは重要な男性の問題である。

（8）Ibid.

（9）U.S. Department of Health& Human Services, National Study of the Incidence and Severity of Child Abuse and Neglect, Study Findings（Washington,D.C.:G.P.O.,1981）,Publication 81-03-325,p.11.Cited in LeRoy Schultz,"One Hundred Cases of Unfounded Child Sexual Abuse: A Survey and Recommendations,"Issues in Child Abuse Accusations, Vol.1, No.1, 1989, p.29. シャルツはウエストバージニア大学の社会事業学部の教授であった。

（10）U.S. Department of Health and Human Services, Andrea J. Sedlak and Diane D. Broadhurst,"Third National Incidence Study of Child Abuse and Neglect: Final Report,"Administration for Children and Families, Washington,D.C.,September,1996. 四分の一という数字はオリジナルのNIS-3レポートの表からアンドレア・J・セドラク博士によって示されている。セドラク博士は、企業ウェスタット（Westat）のアソシエイト・エリア・ディレクターである。Personal correspondence, April 4, 2000.

（11）この父親の％は、実際にはこれでも誇張されている。ＤＨＨＳに使用された測定は一八歳以上の大人しか含まれていないため、ベビーシッターや一部の友人などを排除しており、生物学的父親を性的虐待者にする調査の％は現実には一〇〇〇分の一に近くなる。（その使用された尺度は虐待基準［Harm Standard］であり、危険基準［Endangerment Standard］のみが大人と一八歳以下を含んでいる。）

（12）"Child Abuse and Neglect in Missouri: Report for Calendar Year 1998." ミズーリ州社会支援課（Missouri Department of Social Services）、一九九九年九月。

（13）U.S. Department of Commerce, Bureau of the Census, Population Estimates Program, Population Division, Washington, D.C. December 8, 1999.

（14）The Orlando Sentinel, op. cit. , and The Bradenton Herald, op. cit.

（15）Interview, October 23, 1990, with Tom Young, attorney for the Florida Education Association-United.

（16）John Caher, "Child Protection, Parental Rights on Collision Course,"［Albany, NY］Sunday Times Union, April 30,1989,p.A-1.

（17）April 11, 1990, オーストラリアの心理学者、作家、大学教授のFrank Brennanへのインタビュー。ブレナン教授には95 Clydesdale Street, Como, Perth, WA（Western Australia）, 6152にてコンタクトをとることができる。

（18）Susan Ager, "'Daddy Hurt Me'", Detroit Free Press, February 22, 1987.

（19）Daniel Goleman, "Perils Seen in Warnings About Abuse," The New York Times, November 21,1989,p.B5.

（20）Ibid.
（21）Ibid. カリフォルニア大学バークレー校、社会福祉学部のニール・ギルバート（Neal Gilbert）教授の研究で発見された。
（22）Ibid. 調査は全米児童虐待防止委員会（the National Committee for the Prevention of Child Abuse）によって一九八九年に行われた。またバージニア大学の心理学者N・ディックン・レプッチ（N. Dickon Repucci）がThe American Psychologist, November 1989に寄稿したレビューも参照。
（23）Caher, op. cit.
（24）Ibid.
（25）Journal News Service, "Almost Over: Court Will Clear Man on Molest Charge," Livingston County Press, November 9,1989.
（26）Ibid.
（27）この供述はPat Plarskiのレポート"The System,"Not Dad, Abused Tot,"Palm Beach Post, July 30,1989とPeter Gianino（ジャネットの弁護士）、Richard Kibbey（セシルの弁護士）、セシル・スミスとの一九九〇年一〇月二三日のインタビューを統合したものである。
（28）Janet Singerの弁護士はフロリダ州スチュアート（Stuart）のPeter Gianinoであった。
（29）Fran Hovey, "Five Life Sentences for Nothing,"Transitions, November/December 1989, pp. 1-2.
（30）St. Paul Pioneer Press/Dispatch, October 13, 1989.
（31）Fred Hayward, Westworld, September 5,1989, and interview, January 7,1991. その少年と父親の名前は法律的な理由で秘匿された。
（32）Kimberly Hart, national office, Victims of Child Abuse Legislation（VOCAL）;interview on August 16,1990.
（33）Credit for the "nuclear weapons"phrase to Phoenix attorney Robert Hirschfeld.
（34）Emans, op. cit.
（35）ミシガン大学の精神医学部による一〇〇〇件以上の親権争いの事例を評価した研究。以下参照、"Sexuality Update"section, Medical Aspects of Human Sexuality, April 1987, p.8.
（36）ベネディック（Benedek）教授はミシガン州アナーバー（Ann Arbor）のミシガン全州の法廷精神医学センター（the Statewide Center for Forensic Psychiatry）に所属しており、アメリカ精神医学学会（American Psychiatric Association）の前代表である。
（37）Donna L. Wongは"False Allegations of Child Abuse: The Other Side of the Tragedy,"Pediatric Nursing, Vol.13, September/October 1987, pp.329-332.Cited in Bryce J. Christensen, "The Child Abuse' Crisis' : Forgotten Facts and Hidden Agendas,"The Family in America, February,

1989, Vol.3, No.2. の中で両方の研究について議論している。
（38）Robert Fay, M.D.,F.A.A.P.,“Scenario of an ‘Incorrect Allegation of Child Sexual Abuse’ {Documented},”AVID（A Voice In Defense),Vol. II, April 1988, p.1.A publication of RIP-TITAN,Inc.,4100 US 19 North T-207,Palm Harbor,FL,34684,（813）934-6908.
（39）Maureen Dowd,“Bush Signs Bill to Release a Mother,”The New York Times, September 24, 1989.
（40）Caryl Murphy, staff writer, Washington Post, February 18, 1987.
（41）“A Mother's Right : The Elizabeth Morgan Story” aired on ABC as Shattered Silence in 1992.
（42）Dowd, op. cit.
（43）Felicity Barringer, “Prison in Washington Releases a Defiant Mother, ”The New York Times,September,26,1989.
（44）Paul Clancy,“Morgan Has Media Edge in Battle,”USA Today, September 29,1989,p.1A. クランシーは男性の五五%がまたエリザベス側の話を信じていたと報告していた。
（45）定義と幅広い例は拙著『Women Can't Hear What Men Don't Say』、第八章を参照。
（46）Time, July 10, 1989.“Doing Time for No Crime.” というタイトルの写真。
（47）Ibid.
（48）“Morgan& Foretich,”Leberator,Vol.15,No.9,September,1989.
（49）Jonathan Groner , Hilary's Trial（NY: Simon& Schuster,1991）, especially p.119.
（50）Ibid., pp.179-180.
（51）Ibid., p.177.
（52）Op. cit., “Morgan & Foretich.”
（53）Groner, op. cit. , pp.178-179.
（54）Dowd, op. cit.
（55）この類似については Credit to John Macchietto.
（56）「性的虐待の訴えが虚偽であるとき私たちはどのように伝えることができるのか」内の項を参照してほしい。
（57）Howard Rosenberg, “Trail of Abuse in the ‘Hilary's Custody Case,” Los Angeles Times, April 24, 1990, p. F1.
（58）Ibid.
（59）Ibid.

（60）Richard A. Gardner, M.D., The Parental Alienation Syndrome and the Differentiation Between Fabricated and Genuine Child Sex Abuse（Cresskill, NJ: Creative Therapeutics, 1987）. これらは一九九〇年にアップデートされた"Sex Abuse Legitimacy Scale"（SAL Scale）とのわずかな区別基準である。尺度の完全版はCreative Therapeutics, PO Box R, Cresskill, NJ, 07626 の出版社に連絡することで手に入れることができる。

（61）Gordon J. Blush and Karol L. Ross, "Sexual Allegations in Divorce: The SAID Syndrome," March 1986.<http://primenet.com/-azclua/said.txt>

（62）Ibid.

（63）Ibid.

（64）また以下も参照。Victims of Child Abuse Legislation（VOCAL）"Solutions in Divorce/Custody Disputes," as cited in Liberator, Volume.15, No.9, September 1989.

第一一章…父親を無視することの政治的結果

なぜ私たちが父親の権利を支持しないとき、実際には「胎児の生きる権利（プロライフ）」運動を支持することになるか

「生きる権利（プロライフ）」運動の燃料の一部は、中絶の頻度と中絶を避ける努力の欠如である。「胎児の生きる権利」運動がアメリカ合衆国で強くなってきたのは、一つの理由としてアメリカにおける妊娠の五一％が無計画だったからだ（オランダのそれが一七％であるのと比較して(1)。そしてこれらの無計画な妊娠の約六〇％が中絶に終わっている。

毎年中絶で殺される胎児の数は、アメリカの全ての戦争でのアメリカ市民の戦死者数の二倍である(2)。私たちは、戦死で作られるタイプの感情を知っている。そしてこれらの死が不必要だと認識されたとき、ベトナム戦争のように国の集団的罪悪感を促し深い社会的な対立を生む。もちろん、プロチョイスの女性は殺された子どもはおらず、中絶は必要であると感じている。そのため深い対立なのである。

生きる権利支持（プロライフ）の女性が、プロチョイスの女性が、子どもを愛して育てたい父親がいるのに、その父親に子どもへと成長したい胎児の存在を教えないのを見るとき、それはプロライフの女性に子どもたちの死は不必要だと感じさせる。これは「プロチョイスの女性の本当の政治目標はプロ利己性だ――他者の命を思い通りにしたい――」というプロライフの女性の信念を確信させる。（訳者注：「プロ」は支持の意味。プロライフは胎児の命支持。プロチョイスは女性の

選択支持。）

胎児が父親を見つけることができればできるほど、「胎児の生きる権利（プロライフ）」運動は国民の集団的罪悪感とアンビバレントな感情を利用しにくい。

プロチョイスの女性とプロライフ（胎児の生きる権利）の女性に共通していること

実際には、プロライフの女性はプロチョイスの女性よりも自己の利益を危険にさらしている。どちらかというと、プロライフの女性にとって、子どもを育てることは彼女の仕事だ。そして子どもを育てることは、彼女の感覚的なアイデンティティだ（「私は母親」）。彼女のこの仕事に対する「権利」は、夫やコミュニティーの「女性は――母親は――生得的な保護本能を持っている」という信念によって強化される。中絶に賛成する別の女性たちは、女性が生得的な子どもの保護者として見られることを弱める。それは彼女のこの分野における「自然権（natural right：生得の権利）」を弱め、この分野で生得的に優れているという感覚を弱める。しばしば彼女の暗黙のモットーは「私たちの子どもは、私のなわ張り」である。

プロライフの女性は中絶を、彼女の目的意識が感情的に拒絶され、職の保障――または経済――を危険にさらすものとして経験することができる。主要な運動の公式を思い出そう。多くの人々が経済的損失と感情的拒絶を同時に経験すること？　それはもうそこにある。――プロライフ（生きる権利）運動だ。そしてプロチョイス運動だ。両方の理由はこうだ……。

プロチョイスとプロライフの両方の女性は三つの懸念を共通して持っている。職業の権利、アイデンティティとしての職業、なわ張りを守ること：

1　職業の権利
プロチョイス：子どもを克服して仕事を選ぶ権利
プロライフ：　子どもが仕事

2　アイデンティティとしての仕事
プロチョイス：「私は法律家」
プロライフ：　「私は母親」

3　なわばり意識
プロチョイス：私の体は私の勝手
プロライフ：　私たちの子どもは私の担当範囲

その父親権利運動の子どもの育児に平等な権利を持つという望みは、プロチョイス、プロライフ両方の女性の仕事の権利、アイデンティティの感覚、なわばり意識に挑戦している。常にどちらの性別が仕事の権利、アイデンティティの感覚、なわばり意識に連想されるか考えてみよう。その通り。事実としては、男女両性がこれらの不安を持っている。

これらの三つの懸念は、女性が職場に入るときに、男性の不安の地雷原を通るナビゲーションを必要にしたのと同じくらい、子どもに対する父親の権利の旅が、女性の不安の地雷原を通るためのナビゲーションを必要とするもう一つの理由である。

どちらの運動のリーダーたちにとっても、相手の立場を見ることは難しい。しかし現在、他に選択肢はない。一九九一年から二〇〇〇年の間、ロー対ウェイド判決（訳者注：一九七三年アメリカの有名な判決。中絶禁止法をプライバシー権を理由に違憲とみなした。このときの原告のノーマ・マコービー〈Norma L. McCorvey〉は、ジェーン・ロー〈Jane Roe〉という仮名を裁判で使用した）の支持率は五六％から四三％に低下した。そして女性はよりその反対者になる傾向がある(3)。選択肢がほしい人々は自分たちの政治的な土台を広げる必要があるため、選択肢はもはや女性の権利だけではない——女性の中絶する権利、男性の子どもを愛する権利、胎児の子どもに成長する権利のバランスだ。

「父親スタイル」と「母親スタイル」があるが、裁判所が「父親スタイル」が何を意味するか理解しない限り、父親の貢献は児童虐待に間違えられるだろう

女性が職場に進出したとき、多くの男性が彼女らの助言者になり、また女性のユニークな貢献を尊敬することを学んだ（例えば、仕事での彼女たちのリスニングスキルや物事を潤滑に進めるスキル）。現在、私たちは男性に育児をする責任を与えつつ、女性は助言者にならなくてはならず、私たちはまた男性のユニークな貢献を学ばなくてはならない。私たちが男性の貢献を理解することが欠如していれば男性の法的不利という結果になる。親権訴訟だけでなく、児童虐待訴訟さえ。例をあげれば……。

マークと彼の娘、ロザリーはドタバタとレスリングをすることが大好きだった。ロザリーが転んで痛がっても、彼女がなおったらすぐにまたやりだした。ロザリーの母親サラは、それを裁判で彼が無責任な父親であると立証するために使った。しかしマークはもし彼がロザリーが生活で転ぶことを避けるために保護していたら、ロザリーが自分自身をどのようにして守るかを学習することを妨げることになると信じていた。彼は子どもを失敗から保護することは、その子の成功達成を妨げるものだと信じていた……そして無責任だと信じていた、なぜならそれは彼女を男性に頼らせるからだ。しかしマークがなぜこれをするのかはっきり主張することができなかったら、彼は娘の主な養育時間を失ってしまう――彼が深く愛している娘の。

もしマークがこの方針で育児をしてきたなら、なぜ、それをはっきりと主張できないのだろうか？　マークは、人はどれくらい人生の失敗から学ぶかを直感的に知っていた――彼は急斜面の丘をスケートボードに乗って下ったり、軍隊でお尻をけられたり、父親とドタバタ遊んだり、空き地でフットボールをしたり、野球でバットを振ったり、高い木をよじ登ったり、自転車で後輪だけで走ってみたり、一気にスキーで斜面を滑ってみたり、転覆しないでサーフボードで〝波乗りする〟ことから最良の学習をしてきたと感じているだけだ。彼は、少年たちが「これらのことが得意」であるのに少女たちは結果を見て怖がっていると感じた。もし彼の娘が成功したいならば、彼女が知らなくてはいけない一時的な失敗――転

がり落ちたり、ひっくり返ったり——は成功に至るプロセスの一部であることを彼は知っていた。次に、マークはロザリーに彼女自身の人生のコントロールをする準備をさせたいと感じた。彼にとって、それは本当に解放された女性を作ることを助けることだ。

マークはまた、ロザリーとセックスについてオープンに議論することに関して妻と感じ方が異なる。彼は——多くの男性がするように——体を見せびらかしたり隠したりするのは同じ問題のコインの裏表であると感じていた。それは子どもに彼女や彼の体が不自然であると教えることだ。しかし法廷では自然さは裸であることに変わり、法廷で私たちが議論するのはマークの男性器に関するロザリーの質問だけになる。その男性器に焦点が置かれた議論——それはマークが体を自然な状態にしてきたことの正反対だ。マークが話を聞く限りでは、これは共同養育のチャンスが無くなることのはじまりであるように見えた。もしこの先、共同養育を実現する機会を持ちたいなら、彼は自分の考え方を公に謝り、妻の考え方に公然と適応しなければならないことを認識する。彼は女性化しなければならないだろう。皮肉にも、父親になるために、彼は父親として父親であることを消さなければならなかった。

もし母親や法廷のどちらも男性の貢献について教育を受けておらず、父親がそれをはっきりと主張できないなら、ファザーフッドはマザーフッドの模倣として展開するだろう。そしてそれは男女がお互いを学ぶよりもむしろ女性管理職が男性管理職のイミテーションになるのと同じくらい悲しいことだろう。それぞれの事例で、社会はその性別の貢献の特質を奪ってしまう。

そしてこれは氷山の一角に過ぎない。もし私たちが「男性スタイル」の育児のユニークな貢献を無視し、それを責任持って貢献した男性を留置場に送るなら、ファザーフッドは別の危険な職業になる。より正確には、それは危険率が最大一〇〇%の男性の職業になる。そしてその過程で、私たちの子どもはステージⅡの潜在的な最大の贈り物を失う——真のファザーフッドだ。それは悪いニュースだ。しかし良いニュースは父親と子どものリユニオンを作る方法があることだ……。

（注）

（1）その研究は、ニューヨークのアラン・グットマッハー研究所（Alan Guttmacher Institute）による二〇の先進国で一九八二年から一九八六年の間に避妊具の使用率の調査である。以下を是非見てほしい。The New York Times, June 2, 1988, and Newsweek, June 13, 1988.

（2）全てのアメリカの戦争での戦死者は六五万六〇四人であるが、一九九六年だけでも一三六万五七三〇人の中絶があった。中絶のソースは、Alan Guttmacher Institute,"Facts in Brief,"February 2000;<http://www.agiusa.org/pubs/fb_induced_abortion.html> 戦死のソースは、"Casualties in Principal Wars of the U.S."The World Almanac and Book of Facts, 1998. (Mahwah, NJ: World Almanac Books, 1998), p.161.

（3）Alissa J. Rubin, "Americans Narrowing Support for Abortion,"Los Angeles Times, June 18, 2000, pp.A1 and A14. その質問は「あなたはロー対ウェイド係争の女性はどんなときも中絶することが許可されるという最高裁判所の決定に賛成、反対どちらですか？」というものである。二〇〇〇年の回答は：

賛成：	全体四三％	男性四二％	女性四四％
反対：	全体四二％	男性三九％	女性四四％
関心なし：	全体一五％	男性一九％	女性一二％

であった。

第一二章…結論：父親と子どものリユニオンに向けて

父親の役割は最も多様であった。ある時は私たちは彼にヒトラーを取り抑えて頭に銃弾を撃ってほしがる。別のときは私たちは彼に赤ん坊を抱きかかえその口にほ乳瓶を入れてほしがる。もし誰かが拍手すれば、その男性は一周して走りそれをホームランと呼ぶだろう。男性は感謝が来る場所に行く。

私たちが挑戦すべきことはその感謝を移行することだ。父親の愛情を発揮させるために、ある程度父親のお金を諦めようとすることだ。そして、そのプロセスは、彼の精神を愛情深く変える。

私たちが感謝によって、男性の行動を変えることができる事実は、私たちが変えたがっていることを意味しない――男性の愛情をもっと得ることと、男性の給料を減らすことを引き換えにすることを。なぜそうなのだろうか？　しばしば子どもたちはお金で愛を買えることに混乱する。女性は滅多に未来の収入源が低い未来の父親と結婚しない。そして家族を支えるプロセスは、家族に愛情を与えるための時間や内省としばしば真逆に関係しているので、父親は彼らが愛されている理由や、彼らが愛する者のためにそれをしているのかどうか自分自身に聞くことを恐れる。これらの全ての結果が、私たちに父親をお金の奴隷にさせる感謝をしたくさせる――私たちが心の内では知っていることを否定しながら。その感謝は奴隷を奴隷のままにする。

しかし幸運にも、子どもたち、母親たち、父親たちはまた、それに対抗する力になる感情を持っている。子どもたちは、父親の世話が親密で継続的なとき、自分たちが将来なるであろう父親を好きになる。母親は父親からより注意を向けられたとき、もっと注意を引くために買い物をする必要はないことを知る。そして父親が家族の愛に投資すればするほど、家族の愛を受け取るために株式市場に投資する必要はないと感じるようになる。愛情が愛情を増やす。

科学技術は協力的である。科学技術は家庭にいる父親に友好的だ。テクノロジーは産業化が拡大させてきた有形財の飢えをいくらか満たしてきたが、産業化と違って、父親と母親両方に家庭にいる選択肢を与える。それは人々に郊外や田舎のコミュニティーから働くことを可能にさせる。数多くの理由で、それは家族に、過去ではそのプロセスをとると貧困にならずにはできなかった、よりクリエイティブで柔軟な役割を許す。

そしてそのプロセスで、多くの男性たちは子どもたちを発見しだしている。(一部の人はチャイルドホリックにさえなっている)。多くの女性たちが、母親本能は子どもが確実に——遠くはなれてではなく、毎日——父親を持てるようにする責任を暗に伴うことを発見しだしている。そして一部の女性は、経済的自立によって、まるで彼女の仕事であるかのように子どもを抱え続けることが必要ないことに気付く。

私たちが、母親が育てる子どものために父親にお金を払わせることをやめない限り、母親は彼女の仕事であるかのように子どもを手放さないだろう。

どのようにして私たちはこの移行を母親と子どもを傷つけることなくできるだろうか？ 私たちの娘に、一時的な経済的保証（仕事としての子ども）が、長期の経済的不安定（子どもが大きくなったあとキャリアがない）を作ってしまうことを知らせるよう再社会化することによってだ。それは私たちの息子に、一時的な情緒的安定（例えばカウンセリングを避けること）は長期の情緒的不安定（離婚）を生んでしまうことを知らせるように再社会化することと並行してされなければならない。

正確にはどのようにして私たちは再社会化すればいいのだろうか？ 例えば、娘が株に投資することを手伝い、長期の利率を銀行の利子と比較させる。または低年齢で小さなビジネス（例えば一二歳か一三歳でウェブサイトをデザインするような）を始めるように促す、成功することを期待せず、それをやること自体を成功として考える。拒否される率が高くても彼女が好きな少年にデートを頼むように励まし、彼女にアプローチをかける少年の中だけから相手を選択することがもたらす長期的な結果と比べさせる。私たちの娘は彼女たち自身のキャリアを簡単に形成できるときにのみ、キャリアとしてのこどもを手放すだろう。そしてその過程で彼女らはよりよい母親にさえなるだろう――失敗から子どもを保護して、成功から遠ざけてしまわない母親に。

父親の未来についての私たちの態度を変えるには、父親が愛する方法について私たちの態度を変えることが必要になる。過去の強固な性役割は、男性だけの利益のために男性だけによって設計されたものではないことを認識することは、父親についての私たちの態度を移行するのに無関係ではない。

私たちが男性を利己的であるとして考える場合、育児する人として父親を考えることはできない。強固な性役割は生存をもたらした。強固な性役割は男性の利益になるように設計されていたわけではなかった。過去では、強固な性役割は生存をもたらした。強固な性役割は男性の利益になるように設計されていたわけではなかった。「結婚前にセックスしない」は男のファンタジーではない。自分ではなく国に仕えて前線で戦うこと。鉱山で働くことは家族に栄養を与えたが、彼の肺は衰弱したこと。前線や鉱山の中で死ぬことはほとんど利己的とは言い難い。両方の性別は、彼らの子どもたちが十分に生存でき、自分たち自身よりもよい生活が送れるようになってほしいほど彼らを愛していたため、子どもたちを固い性役割で社会化した。(『男性権力の神話―男性差別の可視化と撤廃のための学問』第二章のステージⅠ、ステージⅡの議論参照)。

最終的にそれは達成された。強固な性役割は生存の基礎を与えただけでなく、また柔軟な性役割も供給した。(そして生存ができなかったら、もちろん、柔軟な性役割も無意味であっただろう。)

では私たちはどのようにしてこの父親と子どものリユニオンを作り出すのだろう? ええ、もし人々に関する事柄で、それが政治的でないなら、それは起きない。アメリカ、カナダ、イギリス、オーストラリア、ニュージーランドでは、数百――もしかすると一〇〇〇以上――の父親と女性(大部分が二人目の妻)の団体があり、その政治目標は父親と子どものリユニオンだ(1)。しかしこれらの組織の大多数は、特にアメリカ合衆国では、実質的に基金を持っていない。それらはふつう共同親権の係争を戦っている男性のボランティアのスタッフによって運営されている、彼らはフルタイムまたは複数の仕事を持ち、しばしばアパートの家賃、子どもの母親の家のローン、母親助成金(養育費)、慰謝料、子どもに会うための交通費、弁護士代を払っている……自由な時間は貴重品だ。お金はさらにない――それはただ他の誰かに全て行く。政治的勢力として、これらの組織は一握りを除いて無力である。

民間や国から資金提供が欠けていることは、フェミニストの男性に対する見方に毎年数十億ドル払われていなければ、もう少し問題にならないかもしれない。この資金提供は男性学抜きで女性学を作り、養育費を踏み倒す父親（dead beat dad）の研究はしても、ボロボロになっていたり行き詰まりになっている父親（dead end dad）の研究はしない――または子どもを父親に会わせない母親や、親権を得るために虚偽の申告をする母親を研究しない。これが作り出すポリティカルコレクトネスの空気はあまりに強力なため、国勢調査局は養育費を払わない父親に関して母親に聞いても、面会交流を否定されたかに関して父親に聞かない。

フェミニストだけに対する資金提供は、離婚した母親が離婚した男性よりも経済的に損害を受けているという誤った情報を政府に伝える研究を作り、だから裁判官は男性の将来における収入を女性に与えないといけないと義務を感じ、立法府は、女性が受け取ったお金に税金をかけない一方、男性側の母親助成金（養育費）支払いの税額控除を拒否しても問題ないと感じる。そしてこの全てが、彼の方がよりお金を稼いでいるという信仰を永続させる……。

一方では、ますます増加する男性の聞こえない抗議の妥当性を研究するのに、実質的にどんな資金提供もされていない。虚偽の訴えが父親から子どもを引き離す武器として使われるとき、または子どもがもう片方の親から悪口を吹き込まれたとき、または子どもへの面会が妨害されたとき、養育費を払わない父親の統計に死亡した男性、失業した男性、自分の子どもであることを否定している男性も含まれているとき、男性がドメスティックバイオレンスの被害者になるときの研究を(2)。

片側だけへの資金提供は、女性問題だけの検証を進歩的と定義している報道機関を補強する一方的なイメージを作り出す。そのため、男性に対するドメスティックバイオレンスが女性に対するドメスティックバイオレンスよりも同等以上にあると示した、四半世紀耐えうる研究はあまりにわずかしか報道されなかったため、かろうじて世論の意識をわずかに変えただけだ。

その問題は、フェミニストの基金が女性を拒絶し失望させた男性に向けて感じる怒りによって動機付けられてきたことだが、しかしそのイメージは女性の息子たちと彼女の息子の父親に影響を与える――息子は彼の遺伝子の五〇％が父親のものであることを感じることでその作用をうける。彼女が憎む男性を打ち負かすかもしれないが、しかしそれは彼女が愛する息子を毒し、彼女の娘の愛する能力に障害を与える。

これらのバイアスがかかった研究からはバイアスがかかった社会的政策が出てくる。数億ドルが母親に支払わない父親に対して制裁を強制するために使われる。父親に子どもを会わせない母親に対して制裁を強制するために使われるお金はほとんどない。同じように女性だけへのドメスティックバイオレンスを防止する資金提供によって、女性が傷つくことだけ恐れられるため、ほとんどの裁判官はその暴力が女性から始められたのかどうか、告発が共同親権をめぐる争いで彼を負かせたい願望によって動機付けられているのかどうか尋ねる余裕はない。

つまり、マスキュリズムへの資金提供のニーズの一部は、男性に対する「態度」へ資金提供してきた三分の一世紀にバランスをとるニーズから出てくる。そして一部は、男女両性がいかにこれらの強固な性役割をより柔軟な生き方に変えていくことができるかという研究のニーズから出てくる。その道中にある多くの崖を見逃すことのないロードマップを持って……殺人と自殺の崖だ。少年たちは自分の感情を表現することはできず、私たちも何を聞けばいいかわからないため、または男性はセクシャルハラスメント、デートレイプ、ＤＶ、児童性的虐待の冤罪にあったときどうしようもできないと感じるため。誰も話を聞いてくれない人生は短い。これらは必要もなく失われている父親たち、息子たち、家族である。

それぞれの世代で、女性や子どもやその他の人を保護するために、男性を戦争で犠牲にしてきたことは私たちの遺伝子に組み込まれている。だからこれらの男性のニーズを無視することは、単に私たちの遺伝的遺産による行動の最新版に過ぎない。しかし今日では、男性を戦争に備えさせる必要はあまりなく、だから、過去には私たちが生存するために死に向かった男性に与えてきた感謝とメダルは、未来において私たちが男性に求めるコミュニケーションにとって非機能的になってきている。その殺人者兼保護者を作り出すプロセスは、養育者兼コネクターを作り出すプロセスとは全く正反対の関係にある。これは瞬間的な進化として起こってきた。私たちの進化の遺産の一部は適応力だ——生き残る種は適応する。人類は発展してきた価値観に合わせるために自分たちの優先順位を変えることで適応する。

私たちが消費するものは、価値があると私たちが明確に主張したものだ。個人の消費に倣い、国が価値があると明確に主張したものがその政府の予算になる。もし国が父親と子どものリユニオンに導く最短で堅実な道を評価したなら、どんな変化を民間と政府の財源に向け直すことができるだろうか？

私たちは虚偽の訴えや、法の適正手続きや憲法修正一四条の違反、父親の面会時間の否定、妻に不貞をはたらかれて自分の子どもではない子どもを育てさせられたことに対する調査に資金提供する必要がある。

その調査は子どもの一〇％が、彼らが生物学的父親でないことに——半世紀以上——気付いていなかった父親に育てられていることを発見した——それは血液テストが現在のDNAテストが確かめられることの一部しか探れなかった時代に行われた。もしこれがその通りなら、事実として一五％から二〇％の父親が知らずに自分自身のではない一人かそれ以上の子どもを育てていることを意味する。これは波及効果を持つのに十分な量だ。

父親が人生を捧げて支えてきた、彼のだと信じていた子どもが、事実は妻の別の男との浮気によってできた子どもである事を発見したとき、彼は不本意の奴隷の境遇の感情以上のものを経験する。彼はしばしば最も深いレベルでの感情的裏切りを感じる。男性にとって、これ以上に精神的にレイプされた感情を作り出す経験はない。もし男女の生殖の役割が逆だったら、DNAテストは女性が人生を夫が浮気で身ごもった別の女性の子どものためにお金を稼いで過ごすことがないことを確実にするため必須になっただろう。DNAテストを可能な限り早く行うことは女性のリプロダクティブライツの最大の基本になるだろう。父親を確かめるDNAテストは男性のリプロダクティブライツの最大の基本にならなくてはならない。

もっと明るいことを書くなら、私たちは学校で人間関係の言語を教えることに資金提供する必要がある。それによって未来の両親はどのように子どもを持つかをコミュニケーションするか、持った子どもたちとどのようにコミュニケーションするか、そして彼らの子どもたちに世界とどうコミュニケーションするかを教える方法を知るだろう。社会スキルなしでの技術の進歩は、バベルの塔になる。

そのコミュニケーションの最初のテストは私たちがプロライフvsプロチョイスの中絶の独白を、重なり合う母親の権利、父親の権利、胎児の権利の対話で置き換えることができるかどうかだ。中絶の正しさと間違いは、私たちが男性と女性に生存のための強固なルールに従わせる（例えば、結婚前のセックスは誰も世話することのできない子どもを導くため）ステージⅠの社会の意思を決定し、グレーゾーンをより考えることができる（例えば避妊のようなテクノロジーは結婚前のセックスを誰かの生存を破壊することなくできるため）ステージⅡの社会の意思決定キーとなる違いの完璧なメタファーの一つだ。

ステージⅠの世界で中絶を許可することは、生涯の責任ぬきでセックスを許可する長い道のりを歩き始めることだった。ステージⅡの世界では、私たちはその選択肢を被っている。私たちはどこで選択肢を与えるのをやめるか分けているだけだ——RU-486（フランスの中絶ピル）までか、またはレイプされた女性までか。ステージⅡの社会の疑問は、次に、どのようにしてよりグレーゾーンの問題を取り決めるかになっている。私たちが敵対者が正しいか間違っているかという判断にすぐに飛ぶとき、私たちはステージⅠの世界の思考に没頭している。ステージⅡの世界では、私たちはより自分たち自身が堅い判断をするよりも折り合いを考えていることを発見する。絶対的な正しさと間違いではなく、倫理的道徳的ジレンマを含んだ、あらゆる解決策を見ることで。

プロライフとプロチョイスの両サイドは一つのことに同意している。それが女性の問題であるということだ。プロチョイスの人々はそれをとても明確にする——それは女性の選択だ。しかしプロライフの人々はまたそれを女性の問題と感じている——それは彼女の子どもを産み育てる義務だ。プロライフ支持者もプロチョイス支持者のどちらも父親を議論に入れない。

女性の権利だけに——または男性の権利だけに——焦点を当てることは、自由の特徴ではない。政治的に、それは絶対権力の性質である——そして絶対権力は絶対に腐敗する。心理学的に、「絶対権力——他に何があるの？」と言う甘やかされた子どもの性質を生み出す。

中絶の疑問に対する解決策は、究極的にグレーゾーンを含むだろう——中絶する自由（例えば、最初の数ヶ月）と自由の制限の確かな割合だ。妊娠後最初の数ヶ月は養子の選択を考えることは義務として求めないだろう。次の数ヶ月はその両親は少なくとも選択肢を考えることができたことを立証する義務があり（例えば、二つ以上の養子機関がそのカップルに会ったことを証明する）、そしてさらに次の数ヶ月は中絶ではなく養子に出そうとした義務を求め、最後の数ヶ月は、特別に区分された殺人と最終的に考慮されない限り（自動車事故の殺人が特別な分類になるのと同じ方法で）中絶はますます非合法になるだろう。

中絶の疑問へのその解決策はまた一度女性と男性が胎児を作り出したら、彼らはその運命の決定に対し平等な責任と平等な権利を持っていることを理解することを含むだろう。

ひょっとしたら、女性は妊娠を発見したら可能な限りすぐ男性に知らせる「あらゆる合理的な試み(3)」をすることを法的に要求する法改正よりも（母親、父親、子どもにとって）win-winなシチュエーションを作り出すものはないかもしれない。その一つの変化は、男女が共に子どもを持つか、中絶を通してお互いをサポートするか、子どもを養子に出すかどうかを決めるすべての情緒的プロセスを男女に共有させる。どちらかの性別が、喜び、痛み、決定のプロセスをパートナーより多く持つ場合、男女不平等な権利、不平等な責任、胎児が生きて愛される子どもに成長する可能な限りのチャンスへの不公平さを生む。

父親と子どもをリユニオンさせる社会方針は常に自問自答することになるだろう「私たちは父親を存在させようとするのか、どこかへどけてしまおうとしているのか？」もしシングルマザーが父親がいるときよりもいないときにより多くお金を受け取るのならば、父親がそばにいることは少なくなるだろう。政府が彼女の夫の代わりになるのだ。

女性に子どもといるインセンティブを与える法律は、無意識に働く女性を差別する。職場での真の男女平等の機会を得たい女性は、男性が父親であると感じるよりも女性が母親であると感じるプレッシャーを受けないことを求める必要がある。これは母親になる選択を女性がしなくなるという意味ではなく、それが彼女たちやそのパートナーの飴とムチの反応ではなく、彼女たちやそのパートナーの選択になることを意味する。

現在まで、政府は女性の経済的権利とリプロダクティブの権利と、男性の経済的責任とリプロダクティブの責任に焦点を当てることで、職場の女性に不利にしている。

選択の自由が含んでいる骨組みを作りだすことは、八つの考察にバランスを与える法律を求めることで動き出す。これらを養育機会平等の八項目と呼ぼう。このようなものだ。

育児機会平等の八項目（The Octant of Equal Opportunity Parenting）

・女性のリプロダクティブの権利
・男性のリプロダクティブの権利
・女性のリプロダクティブの責任
・男性のリプロダクティブの責任
・女性の経済的権利
・男性の経済的権利
・女性の経済的責任
・男性の経済的責任

社会政策は資金提供するだけでなく、またインスパイアする。インスパイアするだけでなく、またインスピレーションを維持し育むコミュニティーを作り出す――教会がしばしばやっているような。父親の団体、家庭の中に男性を入れるプラン、学校制度に男性を入れるプラン、男性教師団体、女性の働く団体（私が第五章でそれぞれ議論した）を作り出す教会、学校、政府の産業パートナーのように、私たちは男性が過去には彼らがそうなることは機能的でなかった全てのことになる許可を作り出す複数のコミュニティーの必要性を発達させ始めるだろう。

家族よりも強力な――または複合的な――勢力はない。これはもし私たちが父親と子どもを今までとは異なる形でリユニオンさせたいのならば、私たちの息子や娘が今までとは異なる形で承認されるかどうか聞く必要がある。私たちは少年をデートに誘うためにお金を娘が貯金して、だから彼女は愛情のために支払う財布としての少年を考え始めないことを承認しているだろうか？　私たちは息子がキックしてゴールする能力と同じくらい彼が少女の話を聞く能力を承認しているだろうか？　（それとも私たちはボールをキャッチすることで少女を捕まえるように教えているだろうか？）全ての父親と母親が何をすることができるかという第五章のリトマス紙テストは、私たちが父親と子どもをリユニオンする力として家族を使用するかということだ。

ひょっとしたら、私たちに必要な最大の感謝の適応はステップペアレントと私たちが呼ぶ何百万人の男女に向けられるかもしれない。私たちは自分自身の子どもではない子どもを育てて、他から大した収入ももらえず、にも関わらず子どもに愛情、時間、お金を投資しているステップペアレントたちを当たり前のことのように思っている。ステップペアレントへのこの感謝を、彼らがやることを選んだ社会的役割を讃えて「ソーシャルペアレント」と呼ぶことで始めることを提案してもよいだろうか？

ファザーリングは、マーガレット・ミードが指摘するように、マザーリングよりも、より社会的役割だ。だから自分自身のではない子どもを育てており、そして配偶者から大きく収入を受け取っていない多数のステップペアレントはソーシャルな父親であるのは驚くにはあたらない。これは可能な限り多くの女性を妊娠させ遺伝子を伝える男性のイメージと対称的だ。社会的な父親は他の男性の遺伝子に愛情を与え、守っている。

もし私たちが男性を父親にインスパイアすれば、それはまた契約を恐れ、彼らが何に恐れているかに言及を恐れる男性を反射的に責め立てることを止めることに役立つ。離婚した男性の再婚への恐怖の研究では、離婚した男性の三分の二以上が「司法は男性に不利になるように、しきられている」、そしてその女性の利益が離婚裁判を支配すると信じていることを見いだした。この研究は、男性は契約ではなく、法的結婚、「裁判所で有り金を残らず巻き上げられる恐怖……単純に社会が〝彼女は子どもを獲得し男性はひどい目にあう〟と言っているから」恐れていることを発見した(4)。

だから私たちには、たくさんのしなくてはならない仕事がある。しかしちょうどたくさんのコンピュータープログラミングが選択肢を生み出すように、たくさんの社会的再プログラミングは社会的選択肢を作り出す。選択肢――そして折り合いの選択肢――は二一世紀の核となる性質になるだろう。父親も母親もどちらもいる家庭はますます少なくなっていくだろう。共同親権は何百の選択肢と多様な生活を子どもに導入する。そして離婚が変化と不安定を生む一方、それはまた不安定なときに変化を起こし、内的なリソースを発達させることを生む。それは二一世紀が子どもの生活は人生を通して全く変わらないものとして意志決定されずに、柔軟性によって特徴付けられていることだ。その親たちは離婚することができるか、両方の親が良い親になったり愛することができる……。

究極的に、その静かな革命は父親の革命ではなく、しかし父親を家庭と社会に再構成する私たちの全ての革命なのだ。

それは父親と子どものリユニオンだけではない、それは私たちの息子や娘がどうなるかの新しい道の発見だ――彼ら自身の中の、そしてお互いの。親たちが羨ましがりつつそして誇りに思う道だ。

（注）

（1）これらのリストのグループのリソース部分を参照。

（2）拙著"Women Can't Hear What Men Don't Say" (NY: Tarcher /Putnam, 1999). 第六章参照。

（3）「あらゆる合理的な試み (every reasonable attempt)」として私が意図しているのは、速達で彼に手紙を送る、彼の留守電に「電話してほしい、重要な話があるの」とメッセージを残すことなどだ。彼女がこれらのことをする責任がある一方で、彼が不在だったり返事をしない場合彼女は責任を持ちえない。

（4）Bryan D. Brook, Ph.D. , Design Your Love Life (NY: Walker and Company, 1989), pp. 28-29. 残念なことに同僚であり友人であるブライアンは、五七歳の若さで二〇〇〇年七月にこの世を去った。

付録

もし離婚が避けられない場合、男性は何をする必要があるだろうか

私はコミュニケーションに失敗した人々によって因果の値段として弁護士報酬が支払われると考える。弁護士報酬は正しい状態を必要とする人たちによって払われる特別税として考えることができる。その弁護士たちは自分の裏庭にプールを作るお礼に、私たちに家庭の法廷で剣闘士として戦う機会を与えてくれる。だから、離婚や弁護士の前に、一年程度のカウンセリングや仲裁を試みるべきという私の主張を聞いてもあなたを驚かせないだろう。

しかしもし離婚や弁護士が避けられないなら、次に男性は、とりわけ「子どもは母親を必要とし、母親は（夫が払う〝べき〟お金を払わせるために）裁判所を必要とする」という思い込みによって作られた制度から自身を守る必要があるだろう。

離婚が避けられないとき男性がする必要があること……（1）

可能ならば、子どもを保護しペアレントタイムを巡る争いを避けること

・子どもにもっと関心を置き、仕事へのそれを減らす。
・子どもたちにあなたが彼らと離婚したわけではないと確実に理解させる。
・あなたの妻に子どもの人生における父親の価値についての書籍、論文、オーディオテープをわたす。よいファザーリングを提供するための彼女のマザーリング本能にアピールする。
・お互いの悪口を決して子どもに言わないように連絡する。
・一緒に使うことができる共同の口座とクレジットカードを閉じる。
・あなたとあなたの妻の両方が自分たち自身のビジネスと個人的な家計簿を持つことを確かにする。あなたのそのコピーを自宅より安全な場所で保管する。
・手頃な値段で、できるなら裁判を通さない取り決めで解決を試みる。
・様々な男性権利団体や離婚の立て直し団体に連絡をとり、そこに参加することを考える。弁護士を選ぶ際の助言を彼らに求める。
・その弁護士報酬がどれくらいになるか決めるよう試みる。
・あなたの裁判で座るだろう判事について学ぼう。もしあなたの所に偏見を持っているように見える裁判官が任命された場合、違う裁判官を要求する。
・離婚に関連するあらゆる出来事の記録を書いておく、名前や日付など。
・あなたが妻に開かれたり見られたりするリスクを持ちたくないなら、弁護士などからの返答を受け取る郵便受けをレンタルする。

・エンターテイメントにぜいたくに使ったり大規模な旅行はしないほうがよい。洋服代や家具代は抑えた方がよい。判事は常に、夫婦の離婚前の生活水準に基づいて生活費を裁定する。だからあなたの低い消費水準は、あなたが払わなくてはならないかもしれない額を減らす。
・あなたが話したり遊んだりできる男性たちと友人ネットワークを広げよう。
・合意の決着がつくまであなたの妻と子どもの家にとどまる。
・男性団体を作る――特に子どもがいて離婚しており、最小限に対立してきた男性たちと。
・裁判所が指定したソーシャルワーカーがあなたの子どもと会うとき、あなたの弁護士を同席させることを考える。

裁判前、してはいけないこと――

・あなたの妻の弁護士は使ってはいけない。
・あなたの勝つチャンスに対して敗北主義者の弁護士は雇ってはいけない。
・あなたのケースを依頼しようかと考える弁護士に、あらゆる聞きたい質問を尋ねることを恐れてはいけない。
・あなたの弁護士が同席する前に、あなたの妻や彼女の弁護士と提案されたあらゆる合意について議論してはいけない。
・仮にあなたが彼らに長時間試されるかもしれなくても、家から出て行っても、子どもと会うことを避けてはいけない。
・あなたがやることとそれが相手に与える効果が確実にわかるまで、家から出るときに子どもを一緒に連れて行かない。
・裁判所の予定された訴訟であなたをサポートしてくれる精神科医、心理学者、ソーシャルワーカーに頼らない。彼らはそのようなシチュエーションの証人になるのは乗り気ではない。

裁判中にすること――

・仮にあなたが出る必要がないと伝えても、全ての宣誓証明書、裁判立ち合いなどに出席する。
・全ての議事録の証明書のコピーを手に入れ保管する。
・もしあなたが主要な親権を得られないなら特定の訪問権を得る。
・あなたが養う子どものための扶養控除を主張すること。
・あなたの弁護士の報酬の請求書をとっておくこと。またあなたの妻の報酬も見積もること。
・あなたが得られる限り最も額が低い合意をとる。なぜなら裁判を始めたことはあなたの人生を終わらせなくてはいけないことを意味しない。
・子どもを司法の場に連れてこなくてはいけなくなるようなこと全てと戦う。
・あなたは一部の男性が自殺するようなことになる試練を経験中だということを理解してほしい。あなたが感じるかもしれない不安は、異常でも弱さの印でもない。男性は離婚裁判でほとんど避けがたく弱者であり、あなたが感じていることはその事実にマッチしている。

裁判中やってはいけないこと――

・あなたが全ての語句を理解しない限り、裁定や合意書にサインしないこと。
・もしあなたの利益が、そうであるべきと考えているように守られていないなら、弁護士を変えることを恐れない。
・裁判所があなたの元妻に子どもを渡しても、パニックにならないこと。いかにあなたに勝ち目が薄いか思い出してほしい、そしてどんな公共機関も、州も、悪意ある人間も、あなたの子どものあなたに対する感情を指図することはできないことを認識してほしい。それはあなたとあなたの子どもの事だ。

・あなたができるかぎり育児に参加している間、彼女自身を支えることができる以上の慰謝料を妻に支払うことに同意しない。

・あなたの収入にのみ厳密に基づいて算出された母親補助金には同意してはいけない。

・実際に病気がないのに、信じられない額の請求書を見ることになる、子どものための全ての医療費を払うことに同意しない。医療保険は別の問題である。

・意志、信用、保険に甘くならないこと。利益受容者があなたがなってほしい人か注意する。

裁判後、するべきこと――

・あなたの子どもに頻繁に会うこと。

・仮に妻が違反したとしてもその離婚の取り決めに従ってほしい。彼女が父親の養育時間に応じなくても、母親補助金を払い続けること。あなたは裁判所に戻ることになる隙のない根拠を持てる。

・あなたの子どもに渡した全ての経済的サポートの完全な記録を保持しておく。離婚に関する全ての往復書簡、通信を保持しておく。

・あなたの子どもを自尊感情がある人で、悪い状況でも最善のことができる人として向き合う。

裁判後、してはいけないこと――

・あなたの子どもに離婚の詳細を批評しない。

・あなたの子どもを過剰に所有しない。彼らも、同じく、その新しい環境に適応する時間が必要である。

（注）

（1）Asa Baber, "A Divorce Manual For Men," Playboy, December, 1978 より、アイディアの影響を受けたり、適用した。

参考文献

Abraham, Jed H. *From Courtship to Courtroom.* New York: Bloch Publishing Company, Inc., 1999.

Amneus, Daniel. *The Case for Father Custody.* Alhambra, CA: Primrose Press, 1999.

Baber, Asa. *Naked at Gender Gap*. New York: Birch Lane Press, 1992.

Biller, Henry B. *Fathers and Families.* Westport, CT: Auburn House, 1993.

Blankenhorn, David. *Fatherless America.* New York: Basic Books, 1995.

Braver, Sanford L. &Diane O'Connell. Divorced Dads. New York: Jeremy P. Tarcher/ Putnam,1998.

Brennan, Carleen and Michael Brennan. *Custody for Fathers.* Costa Mesa, CA: Brennan Publishing,1996.

Brott, Armin A. *The Single Father.* New York: Abbeville Press,1999.

Farrell, Warren. *The Liberated Man.* New York: Random House, 1975; Bantam, 1975; Putnam/Berkley, 1993.

Farrell, Warren. *The Myth of Male Power.* New York: Simon& Schuster, 1993; Putnam/Berkley, 1994; revised intro, 2001. ワレン・ファレル著、久米泰介訳『男性権力の神話——《男性差別》の可視化と撤廃のための学問』（作品社、二〇一四年）

Farrell, Warren. *Women Can't Hear What Men Don't Say.* New York: Jeremy P. Tarcher/ Putnam, 1999.

Gilder, George. *Men and Marriage.* Gretna, LA: Pelican Publishing Company,1987.

Greenberg, Martin. *The Birth of a Father.* New York: Continuum, 1985. マーチン・グリーンバーグ著、竹内徹訳『父親の誕生』（メディカ出版、一九九四年）

Gurian, Michael. *The Wonder of Boys.* New York: Jeremy P. Tarcher/ Putnam, 1996.

Halpern, Howard. *Cutting Loose.* New York: Simon& Schuster, 1976.

Heinowitz, Jack. *Pregnant Fathers.* San Diego, CA: Parents As Partners Press, 1995.

Horn, Wade F. *Father Facts 3.*Lancaster, PA: National Fatherhood Initiative, 1998.

Horn, Wade F. and Jeffrey Rosenberg. *The New Father Book.* Des Moines, IA: Better Homes and Gardens Books, 1998.

Jeffers, Susan. *I'm Okay; You're a Brat.* Los Angeles: Renaissance Books, 1999.

Kimball, Gayle.*50/50 Parenting.* Lexington, MA: Lexington Books, 1988.

Kipnis, Aaron R. *Angry Young Men.* San Francisco: Jossey-Bass Publishers,1999.

LaFramboise, Donna. *The Princess at the Window.* Toronto: Penguin Books,1996.

Levine, James A. and Todd L. Pittinsky. *Working Fathers.* New York: A Harvest Book, 1998.

Leving, Jeffery M. &Kenneth A. Dachman. *Father's Rights.* New York: Basic Books, 1997.

Levy, David L., ed. T*he Best Parent is Both Parents.* Norfolk, VA: Hampton Roads Publishing Company, 1993.

Masson, Jeffrey Moussaieff. *The Emperor's Embrace.* New York: Pocket Books,1999. ジェフリー・M・マッソン著、安原和見訳『良い父親、悪い父親　動物行動学から見た父性』（河出書房新社、二〇〇〇年）

Novak, James. *Wisconsin Father's Guide to Divorce and Custody.* Madison, WI: Prairie Oak Press, 1996.

Osherson, Samuel. *Finding Our Fathers.* New York: The Free Press, 1986.

Popenoe, David. *Life Without Father.* Cambridge, MA: Harvard University Press, 1999

Prengel, Serge. *Still a Dad.* New York: Mission Creative Energy, 1999.

Pruett, Kyle D. *Fatherneed.* New York: The Free Press, 2000.

Seidenberg, Robert. *The Father's Emergency Guide to Divorce-Custody Battle.* Takoma Park, MD: JES Books, 1997.

Sommers, Christina Hoff. *The War Against Boys* .New York :Simon &Schuster 2000

Tiger, Lionel. *The Decline of Males.* New York: Golden Books, 1999.

Walker, Glynnis. *Solomon's Children.* New York: Arbor House, 1986.

Wallerstein, Judith S. &Sandra Blakeslee. *Second Chances.* New York: Ticknor& Fields, 1989. ジュディス・S・ウォラースタイン、サンドラ・ブレイクスリー著、高橋早苗訳『セカンドチャンス離婚後の人生』（草思社、一九九七年）

Warshak, Richard A. *The Custody Revolution.* New York: Poseidon Press, 1992.

Whitehead, Barbara Dafoe. *The Divorce Culture.* New York: Alfred A. Knopf, 1997.

Wilber, Ken. *The Eye of Sprit.* Boston: Shambhala, 1997. ケン・ウィルバー著、松永太郎訳『統合的心理学への道』（春秋社、二〇〇四年）

訳者あとがき

ファーザー・アンド・チャイルド・リユニオン

言うまでもなく、『father and child reunion』はポール・サイモンの曲タイトルにもなっている母親と子どもの絆、つながりを象徴する言葉「mother and child reunion」へのもじり、皮肉、挑戦である。「mother and child reunion」という常識的に誰も違和感を持たない響きに対して、では当然「father and child reunion」にも違和感はないはずだという提示である。

意味を訳せば父親と子どものリユニオン（再会）ということであるが、父親と子どもの〝リ〟ユニオンという響きが、保守的にとられそうな感じがあったため、邦訳タイトルも、ファーザー・アンド・チャイルド・リユニオンという英語タイトルにした。サブタイトルに共同親権と司法の男性差別というわかりやすい日本語を入れているので、それで理解できると考えた。

またサブタイトルは共同親権となっているが、ファレルは本書で書いている通り共同親権（joint custody）よりも、共同養育（shared parent time）を意識して使っている。これは、ファレルだけでなく、英語圏の共同親権（養育）運動や、司法もそれらの言葉を共同親権から移行して使用する割合が増えている。これは訪問権「visitation」も同じで、この「訪問」する、つまり週に一度程度しか会えないという響きがよくないため、運動の政治的戦略的に、養育時間（parenting time）という言葉に変えてきている。

ただし、日本はそもそも、そこまでのレベル、段階に全く達していないので、現時点では離婚後の共同養育や養育時間と言われても全く、ピンとこないと思ったため、共同親権にしている。その方が現在日本では何を意味するかわかりやすいからだ。訪問権も同じで、日本では面会交流という名前になっているが、隔週土日では足りない、少ないという「平等ではない」という主張以前に、日本では月一回の面会交流ですら同居親に強制できないのが現状である。

アメリカ含め欧米（北欧三国含む）の共同養育への流れはまず、面会交流の義務化＋共同親権を目指す動きがあり、ある程度共同親権が（必ずしも物理的に一八〇日子どもと過ごせているわけでないが）実現できた中で、さらに完全な平等（最終的には一八〇日子どもと過ごす）を求める段階でこの「共同養育」という言葉が出てきている。日本は完全に、まず、離婚後に父親に子どもを育て会う権利があるということを認識させる状態レベルなため、共同養育という言葉はまだ通じないと考えた。

本書はワレン・ファレルのマスキュリズム系の著作の内、おそらく『男性権力の神話（the myth of male power）』に続いて、影響力があると思われるので翻訳した。三冊の内もう一冊は『男性権力の神話』（一九九三年）と本書（二〇〇一年）の間に出された『woman can't hear men don't say』（二〇〇〇年）である。これはマスメディアなどの男性差別に触れるなどした評価の高いマスキュリズムの学術書であるが、テーマとしては男性権力の神話の続編にあたる。本書は完全に親権やリプロダクティブライツ、つまり生殖から子どもを育てるまでの男女平等、そして性差別に触れたものだ。

この本が欧米で、共同親権運動や父親運動に多く影響を与え、引用されることが多い理由は、法律の視点や監護権の男性不利を指摘するだけでなく、ジェンダーの根本的男性差別（及び父親差別）と、またリプロダクティブの男性の権利にまで含めて深いところから理論を構築しているからだ。これもやはりフェミニズムを学んでこなければ不可能だっただろう。

共同親権と司法の男性差別

本書は、ファレルの著書の内、『男性権力の神話』に続いて、知名度の高いマスキュリズムの書である。『男性権力の神話』では包括的にあらゆる分野の男性差別を分析、指摘していたが、本書ではそのうち、親権、離婚裁判、子育ての男性差別に焦点を絞っている。

親権の男性差別を批判した優れた学術書には、政治学の視点から学者が書いた『taken into custody』（二〇〇七年）などもあるのだが、ジェンダー、とりわけリプロダクションの部分まで掘り下げて、この子育ての男性差別を書いたのは、フェミニストであったワレン・ファレル氏（おそらくフェミニズムが男女平等を意味するのならばファレルは今も自身をフェミニストであると規定し続けているかも知れないが）だからこそである。本書は親権の男性差別において、引用されることの多い文献の一つである。

前半はいわゆる子育ては母親の方が優れているというジェンダーの偏見を批判するため、父親の子育てが同等、もしくはそれ以上にできるということを指摘していく。第Ⅱ部は実際の（男女〝平等〟）先進国における親権の男性差別である。働く女性への差別がかわいく見えるほど、離婚時の父親の差別は凄惨極まるものであり、そしてジェンダーの平等、男女平等をつかさどるフェミニズムはそれは見て見ぬふりをする、いや手のひらを返して、男女の差別はあってもしょうがないと言い出すのである（全員ではなくても、現時点の多くの主流派にそれが見える）。

これらはまず、すべての男性は当事者として読んでほしいということである。同じ目にあっている人がいたら、助けてあげてほしい。情報を共有するだけでよいのだ。そして、あなたが、父親であるなら、これらのことは決して他人事ではないことを自覚してほしい。

日本では離婚時の親権の男性差別について述べた学術書は、リチャード・ウォーシャック『離婚毒（divorce poison）』（誠信書房、二〇一二年）などもあるが、これはＰＡＳ（片親疎外症候群 Parental Alienation Syndrome リチャード・ガードナーが提唱した。同居親が別居親の悪口を子どもに伝え、子どもと別居親の関係を引き離す行為）についての本であり、またその他は当事者の父親の人達が子どもに会うために試行錯誤している本はあっても、「男性差別、セクシズム」の観点から述べた学術書はない。アメリカの司法と比較して法的な男性差別があると指摘した書籍にコリン・ＰＡ・ジョーンズ『子供の連れ去り問題』（平凡社新書、二〇一一年）があるくらいである。

父親が離婚時に共同親権を得ることの難しさはまず、セクシズムが前提にあることを自覚してほしい。そして本書でリプロダクションにおけるフェミニズムのダブルスタンダード、つまり例によって、過去の伝統社会における男性差別と女性差別の内、女性差別は批判しても男性差別は批判しない（親権のとりにくさ、リプロダクションの意思決定での不利、DNA鑑定が試行されないという基本的な権利の侵害）が明らかになるだろう。繰り返すが、これらはマスキュリストが批判しない限り、なくならない。さらに離婚裁判など、男性の養育時間が減ればそれだけ女性の養育時間が増えるゼロサムゲームなのだから（離婚調停で男性不利ということはそれだけ女性有利を獲得できる）、間違いなく性差別主義者として一部のフェミニズム（また少なくない女性）は抵抗してくるだろう。しかしそれはやはり男性が女性を職場に入れるのに抵抗しようとした性役割の縄張り意識と同じである。

このリプロダクションの男性差別を克服して、初めて、本当に根本から男性差別はなくなり、本当に男女が子どもを生み育てるという点において平等になり、それが平等になれば、徴兵などの命の男女差別もなくなるだろう。（例えば、根本的に女性は産み育てる性別だから命は尊いという性差別が、無意識にしても、社会にあまりに深く根付いているにしても、男性に対する徴兵などには存在しているだろう。）

久米泰介

著者：**ワレン・ファレル**（Warren Farrell）

1942年、アメリカ、ニューヨーク州生まれ。ニュージャージー州のモンテクレア州立大学卒業（社会科学）。カリフォルニア大学で修士号（政治学）、ニューヨーク大学で政治学博士号を取得。その後、カリフォルニア大学サンディエゴ校、ブルックリン大学、ジョージタウン大学、ラトガース大学で心理学、社会学、政治学、ジェンダー学についての教鞭をとる。1970年代から、National Organization for Women（NOW、全米女性機構）の役員に三度選出される。1974年、“The Liberated Man”を出版し、86年には“Why Men Are the Way They Are”（『男の不可解　女の不機嫌――男心の裏読み・速読み・斜め読み』石井清子訳、1987年、主婦の友社）が、ナショナルベストセラー賞を受容、『ニューヨーク・ポスト』紙において「恋愛、性そして性的関係について書かれてきた今までの本で最も重要な本」と称される。1993年に発表された“Myth of Male Power”（『男性権力の神話――男性差別の可視化と撤廃のための学問』久米泰介訳、2014年、作品社）もベストセラー賞を受賞し、男性差別を命題化した書籍として現在も高い評価を得ている。

訳者：**久米泰介**（くめ・たいすけ）

1986年愛知県生まれ。関西大学社会学部卒業。ウィスコンシン大学スタウト校で家族学の修士（ＭＳ）取得。専門は社会心理学、ジェンダー（男性における）、父親の育児。訳書にワレン・ファレル『男性権力の神話――《男性差別》の可視化と撤廃のための学問』（作品社、2014）、ポール・ナサンソン、キャサリン・K・ヤング『広がるミサンドリー――ポピュラーカルチャー、メディアにおける男性差別』（彩流社、2016）。

ファーザー・アンド・チャイルド・リユニオン
共同親権と司法の男性差別

2017年9月30日　初版第1刷発行

著　者＊ワレン・ファレル
訳　者＊久米泰介
発行人＊松田健二
発行所＊株式会社社会評論社
東京都文京区本郷2-3-10　tel.03-3814-3861/fax.03-3818-2808
http://www.shahyo.com/
印刷・製本＊倉敷印刷株式会社

Printed in Japan

子どもに会いたい親のためのハンドブック

●共同親権運動ネットワーク編著

改版中

夫婦間の関係はどうあれ、それを理由に親子関係を絶つ権限が子どもを見ている親にあるわけではない。離婚後も、双方の親が子どもの養育の責任を引き続き担っていく共同養育を模索するための実践的手引き。

戸籍解体講座

●戸籍と天皇制研究会編

四六判★2200円

夫婦別姓・民法改正論議の中でも、戸籍それ自体が問われることはなかった。「家制度」のシンボルとしてさまざまな差別を生み出す、戸籍制度解体に向けた連続講座の記録。

〈家族〉からの離脱

●芹野陽一編

四六判★2300円

非婚化、晩婚化、セックスレス、少子化。家族の減量化の流れはどこにゆきつくのか？四国学院大学研究チームによる、現代家族のはらむ諸問題に関する多面的・総合的解明。

ジェンダーと「家」文化

●坂西友秀

四六判★2400円

「家」制度は廃止されたが、「家」文化は大きく変容しつつ、なおも影響を及ぼしている。ジェンダーを基軸に、現代の企業社会、地域社会における「家」意識を分析し、「家」文化をこえる新たな社会のあり方を探る。

女と男の経済学
暮らしとエロス

●渋谷要

四六判★1650円

日本人の性感覚、性道徳を支える風土、婚姻制度を衝き、女と男のエロス的関係を追求するユニークな経済学の本。暮らしのひとつひとつと世界の結びつきを具体的に平易な語り口で解き明かす。

女たちの共同体
七〇年代ウーマンリブを再読する

●西村光子

四六判★1700円

「性の解放」と「個の解放」めざして、鮮烈に登場した1970年代のウーマンリブ運動。全国各地に女たちの生活共同体（コレクティブ）が生まれた。同時代に生きた著者が、運動の実態と思想の意味をさぐる。

近代日本児童生活史序説

●野本三吉

四六判★2500円

供は時代の鏡だ！日本の近代化と共に激変した子供の世界。それは「子供集団の崩壊過程」でもあった。日記や綴り方など、江戸時代から第二次大戦にいたる生の資料を使って描く子供たちの社会史。

子どもの世界へ
メルヘンと遊びの文化誌

●石塚正英編

A5判★2500円

ムーミン物語、グリム童話、いばら姫、人喰い山姥などのメルヘンをとおして、子どもの世界の秘密を探り、ベンヤミン、ライヒ、カイヨワの作品から遊びの文化史を読む。

表示価格は税抜きです。